南長街54號梁氏檔案

下册

中華書局編輯部
北京匡時國際拍賣有限公司 編

中華書局

手稿

講學社簡章

一 本社因欲將現代高尚精粹之學說隨時介紹於國中，使國民思想發揚健實，擬逐年延聘各國最著名之專門學者巡迴講演。

二 以每年聘請一人，若基金充裕時，再圖擴充。

三 所聘請者先注重當代大思想家，其各分科之專門學者，俟擴充後以次續聘

四本社設董事若干人計畫事業之進行其每年所聘之人由董事議定

五本社設管理基金員若干人專司募集基金且保管之

六關於講演事務隨時與國中各學校各團體接洽

名　稱：講學社簡章
作　者：梁啟超
數　量：1紙
時　間：1920年左右

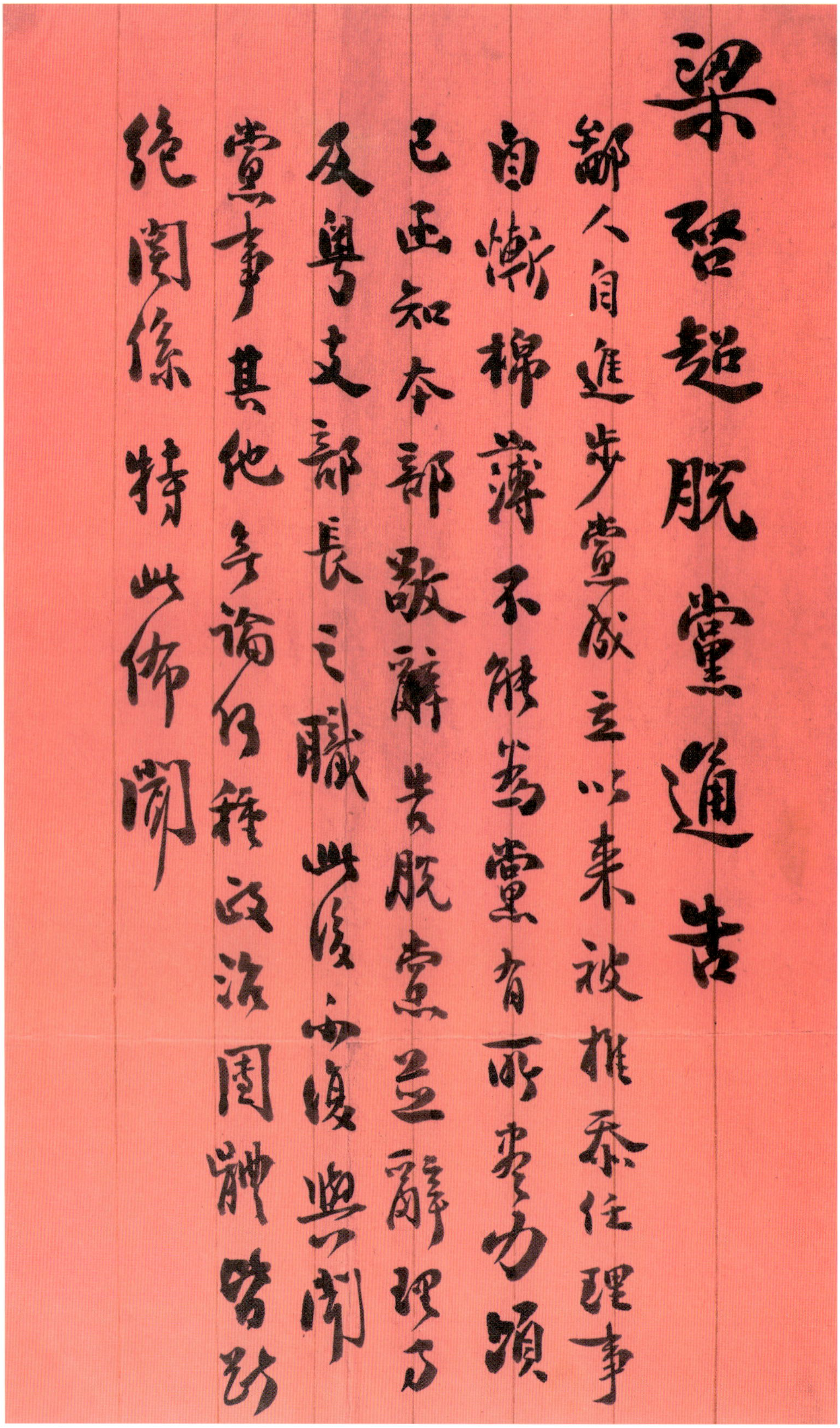

梁啓超脫黨通告

鄙人自進步黨成立以來被推忝任理事自慚棉薄不能爲黨有所盡力頃已函知本部敬辭告脫黨並辭理事及粵支部部長之職此後不復與聞黨事其他無論何種政治團體皆斷絕關係特此佈聞

名　稱：梁啟超脱黨通告
作　者：梁啟超
數　量：1紙
時　間：1915年

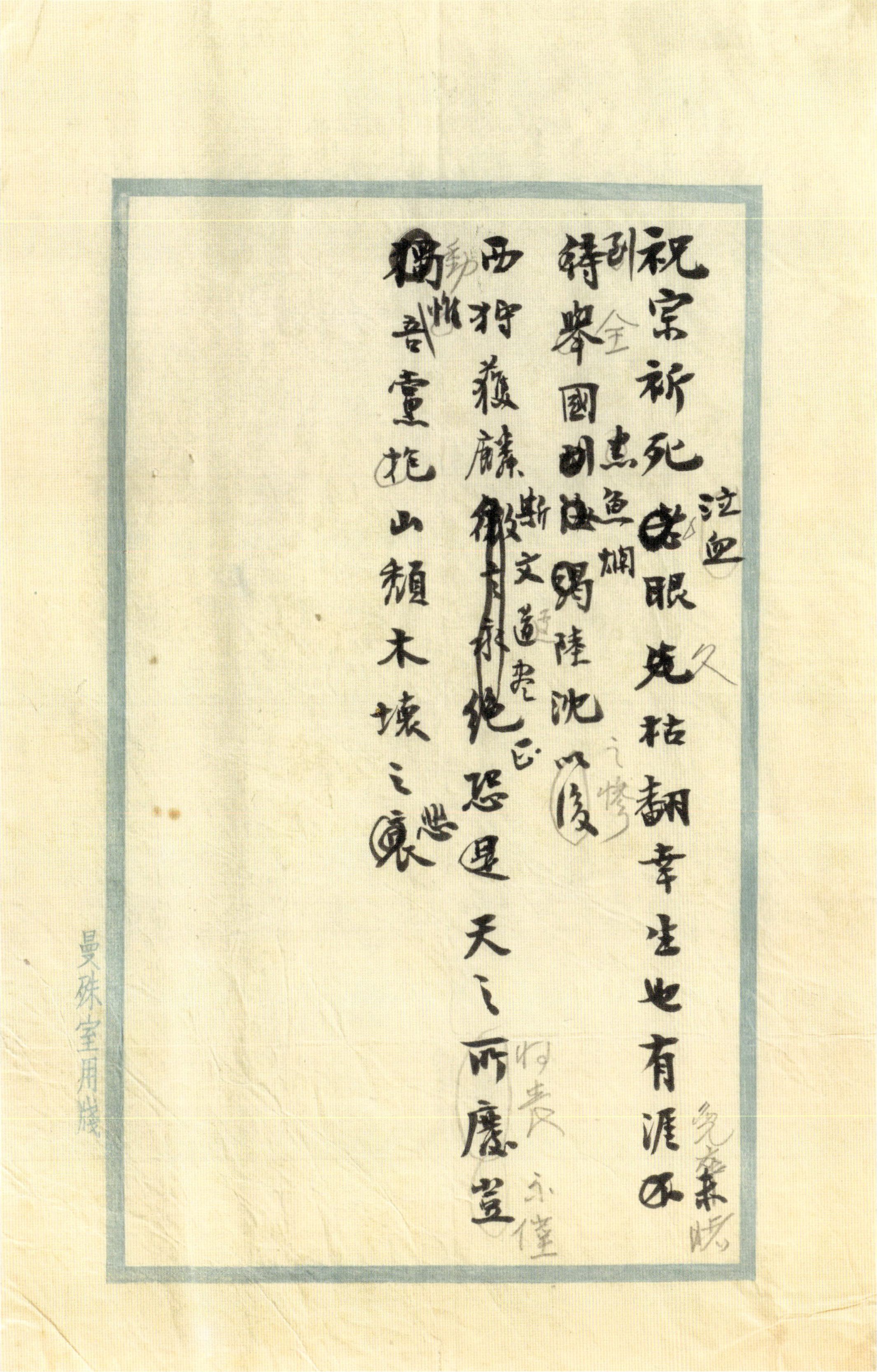

名　稱：挽康有爲聯（草稿）
作　者：梁啟超
數　量：1紙
時　間：1927年

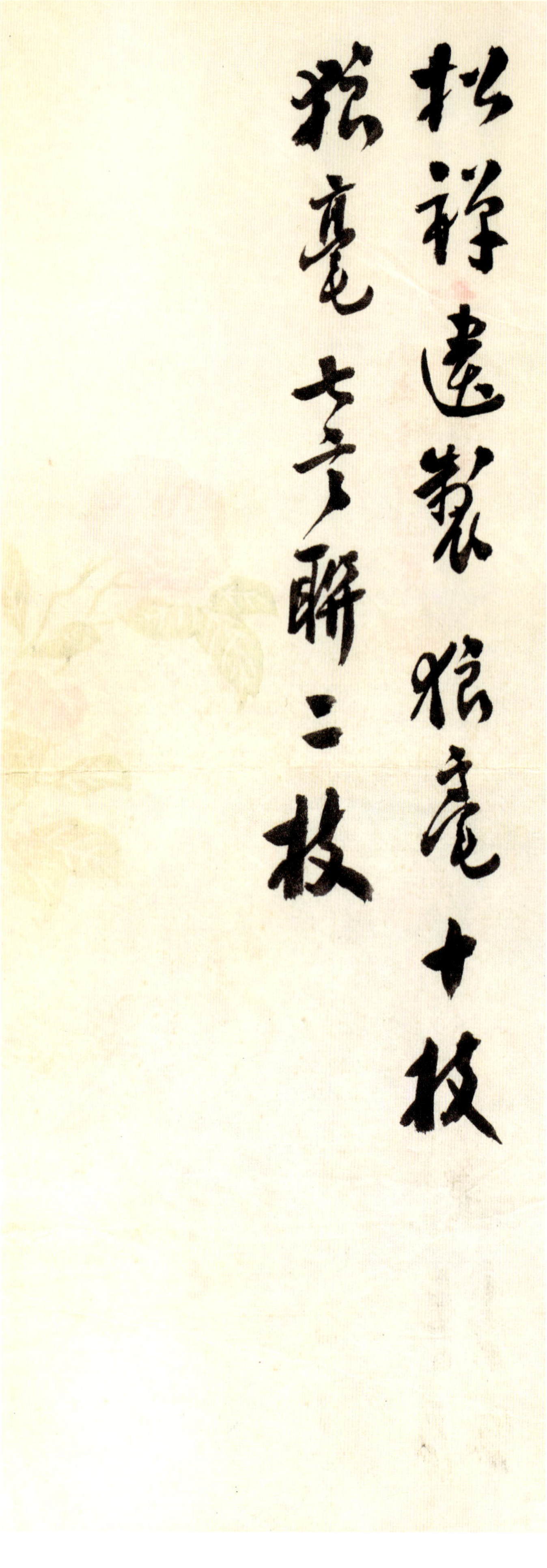

名　稱：便條
作　者：梁啟超
數　量：1紙
時　間：不詳

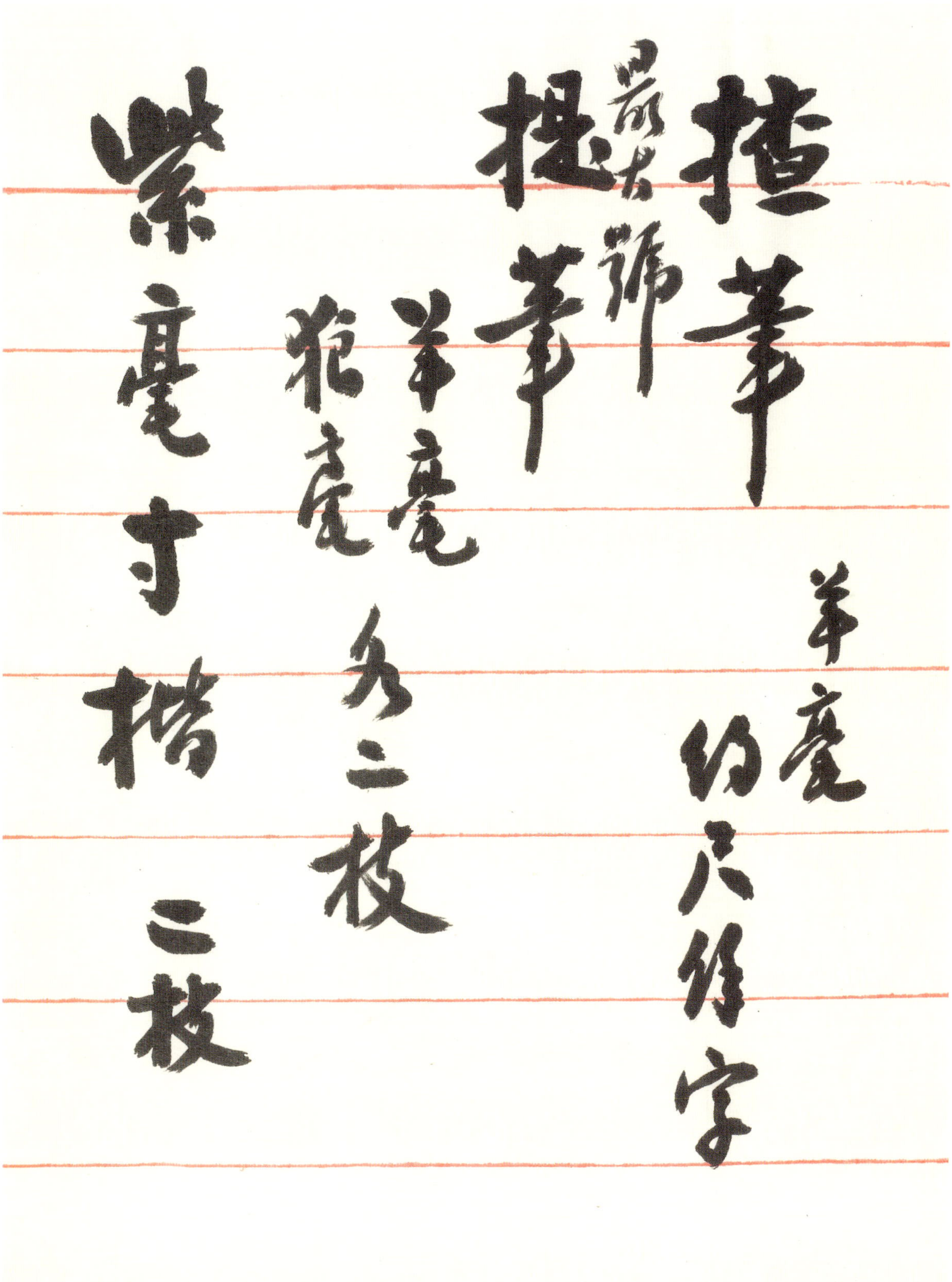

揸筆 羊毫 幼尺牘字

提筆（最大號） 羊毫

狼毫 各二枝

紫毫寸楷 二枝

名　稱：便條
作　者：梁啟超
數　量：1紙
時　間：不詳

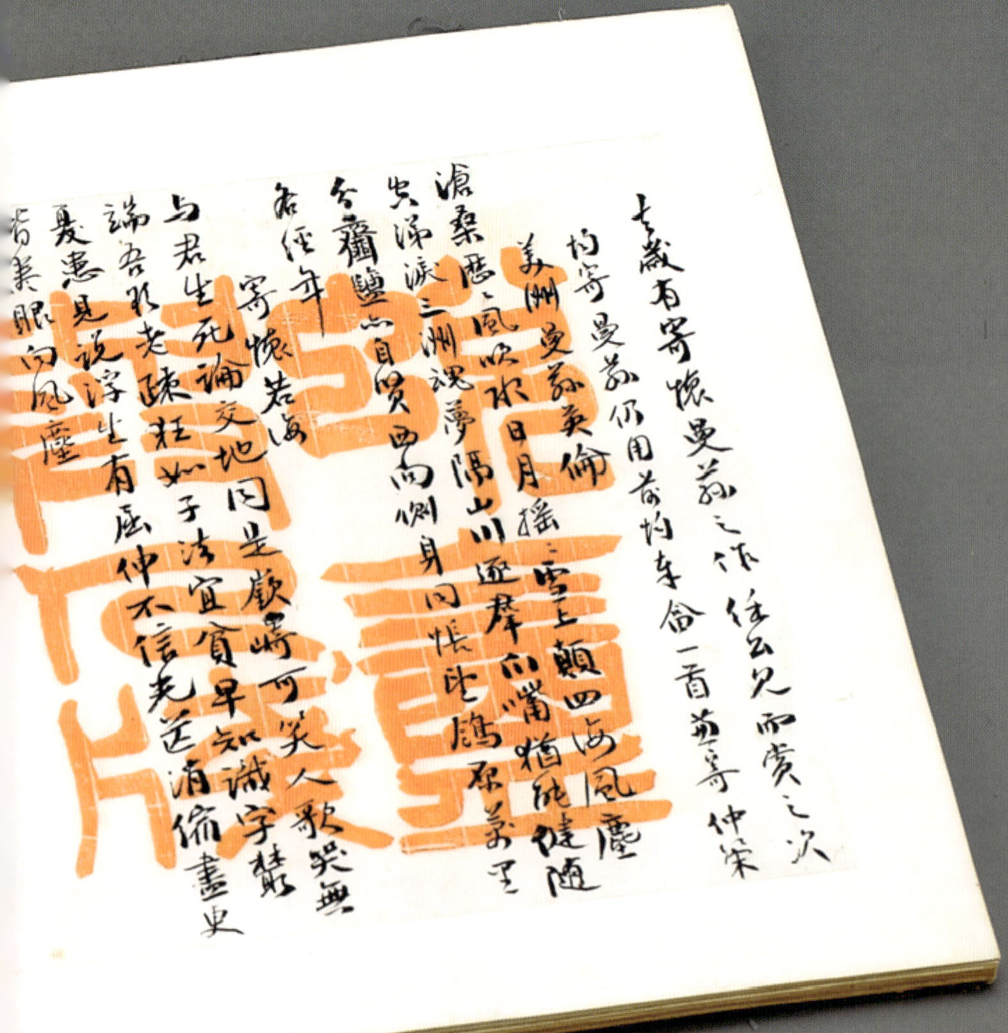

名　稱：麥孟華詩詞稿
作　者：麥孟華
數　量：12紙
時　間：1891年至1902年
備　注：有梁啟超1927年跋

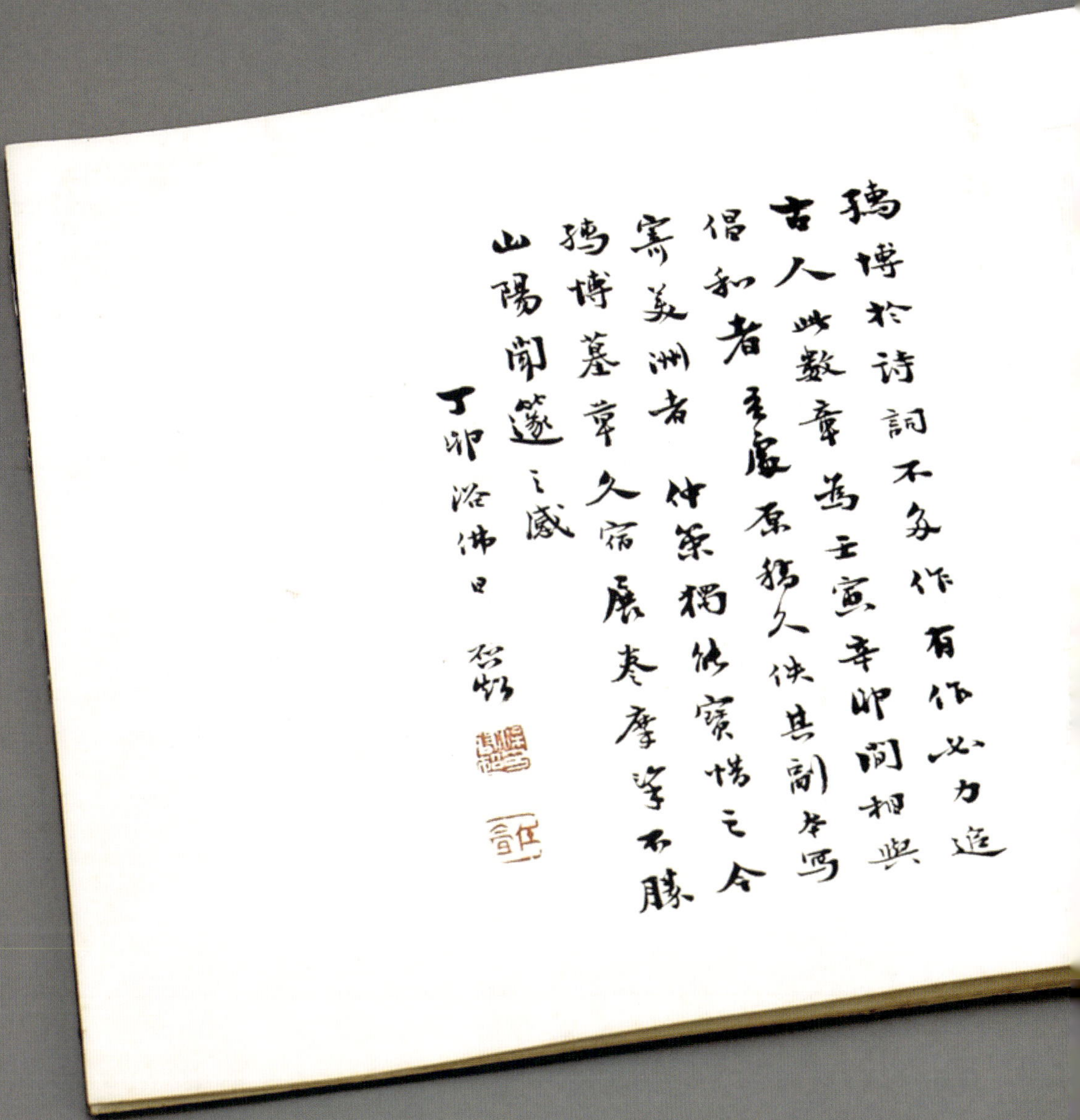

瑀博於詩詞不多作，有作必力追古人。此數章為壬寅辛卯間相與倡和者。其家原稿久佚，其副本寫寄美洲者，仲策獨能寶惜之。今瑀博墓草久宿，展卷摩挲，不勝山陽聞篴之感。丁卯浴佛日 啟功

蘭陵王

晚煙直一抹平蕪瘦碧南浦畔淒槳蘭橈抵死催人渡
江北湯天飛絮白腸斷江南倦客章臺路迴首舊游
柳外輦鐙照坊陌俊游漸非昔悵露泣嬌花月暗離
席一聲珍重安眠食便玉勒人去錦帆風駛江雲道遮
過數驛旅懷自悽惻追憶試鐙夕記鏡底薰香花
下吹笛春心渺渺愁無極待夢裏重見問伊消息
屋梁落月怕不似舊顏色

月下笛

二月十四夜泊舟煙臺外獨坐舵樓遠眺明月中天寒江如練水天一色光景奇絕賦此歌之海濤若相应荅也

千頃寒漪搖空盪碎一輪明鏡星垂野闊萬籟沈沈入煙暝掠舟孤鶴驚飛起驀點破寒空月影認微茫一點風鐙搖過隔江漁艇人定沙洲靜斷拍拍潮生宿鷗鷺醒露華輕泫起夜來微覺衣冷湖山寒夜清無寐待付与冷人消領試吹竹高調應有老蛟潛聽

九日偕同人登龍華塔
市居無計避囂埃木落天高眼一開滾滾
江流隨地盡蒼蒼秋色拍天來過江
屐履宜名士摩眼風塵愧不才賸有
壯懷消未得關河迢遞角聲哀
履跡昔痕不可尋百無聊賴更登臨十
年湖海還今日千里關山付默唫俯看
斜陽搖塔影怕逢旅雁話鄉心憑高
莫更傷搖落菊老萸香儻不任

手稿

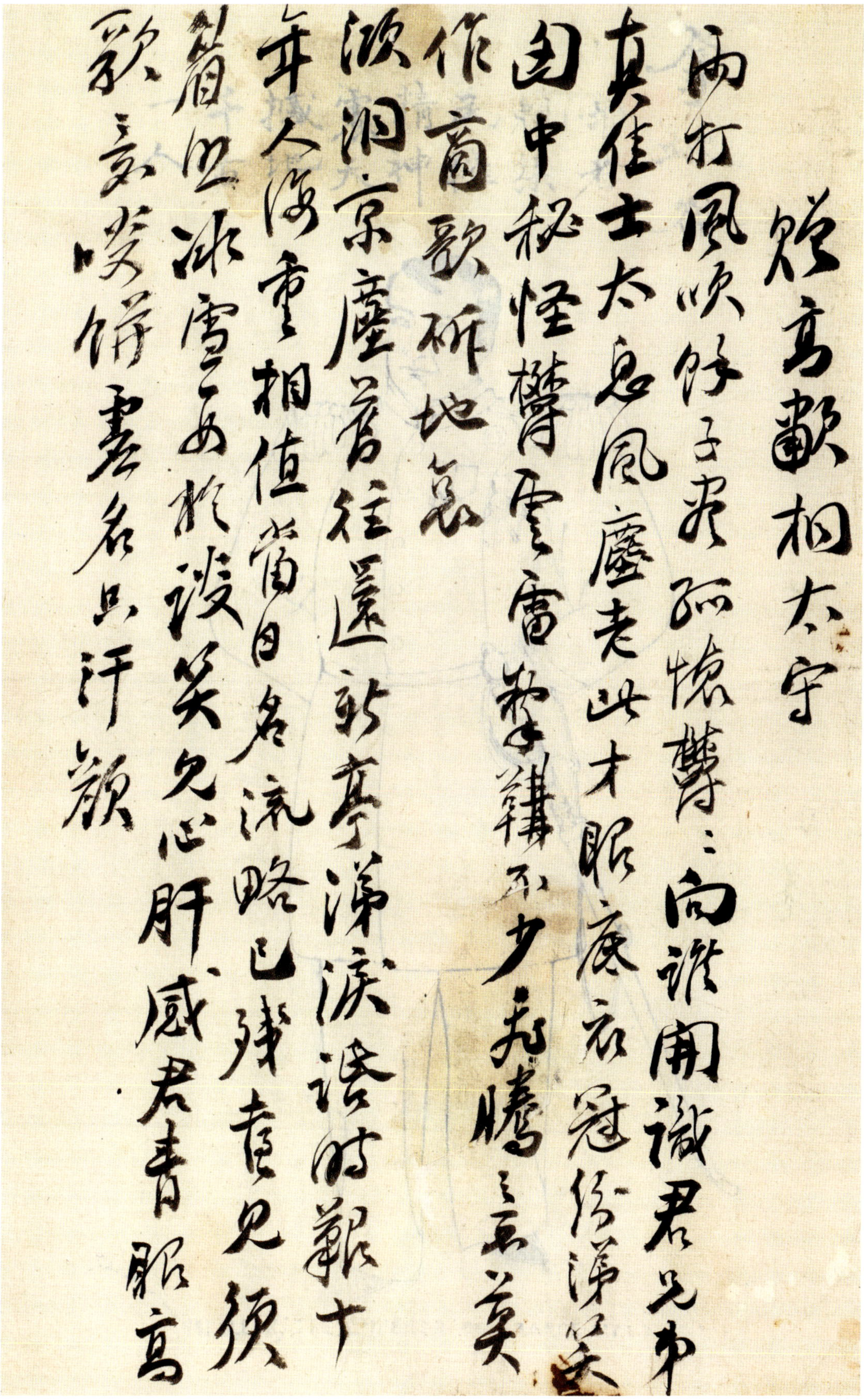

贈高歡相太守

雨打風吹好子孫孤懷鬱々向誰開識君兄弟真佳士太息風塵老此才眼底衣冠徒落寞胸中秘怪鬱雲雷樊籠不少飛騰意莫作商歌斫地哀

頻洞京塵首往還新亭涕淚話時艱十年人海重相值當日名流路已殘喜見須眉似冰雪亦於談笑見心肝感君青眼高歌意嘆愧書名只汗顏

歲晚送從兄還家

十年奔走躋埃塵，骨肉天涯勝子親。
已是殘年催急景，更從客路送歸人。
由來貧賤難爲別，此意悲酸那可陳。
蓮華江南風雪路，宵來一夢故園春。

閑門冷雨尖風裏若我妻梅
子鶴身壓瓦霜寒清徹骨擁鑪
肺渴欲生塵微吟便有青山想久
客驚看白髮新遥想故園諸弟妹
團欒鑪火話羈人

歲暮寄懷叟蓀弟英倫

去年風雨聯牀夜，高覗雄譚各放顛。別後夢中見顏色，愁來夜起視山川。三人各瘦知誰健，四弟公立時客日本。四海論才覺汝賢。同有看雲心事在，強持倦抱入新年。

加餐一首呈若海擎一

書空咄咄緣何事，來日悠悠亦大難。要仗道心戰憂患，靜觀世態自波瀾。百年到眼駒過隙，萬事隨緣水下灘。未作婦人醇酒計，閑門珎重學加餐。

蒼海以新詩見示意思甚美
戲以賦之
桃閣獸夢太淒淒點鶯鶯情
春日啼慘綠年華情晚晚
落紅滿地怨東西似問蒲
岸側盤花可許天雲如井
淚別有銷刀壞絕絕不貫

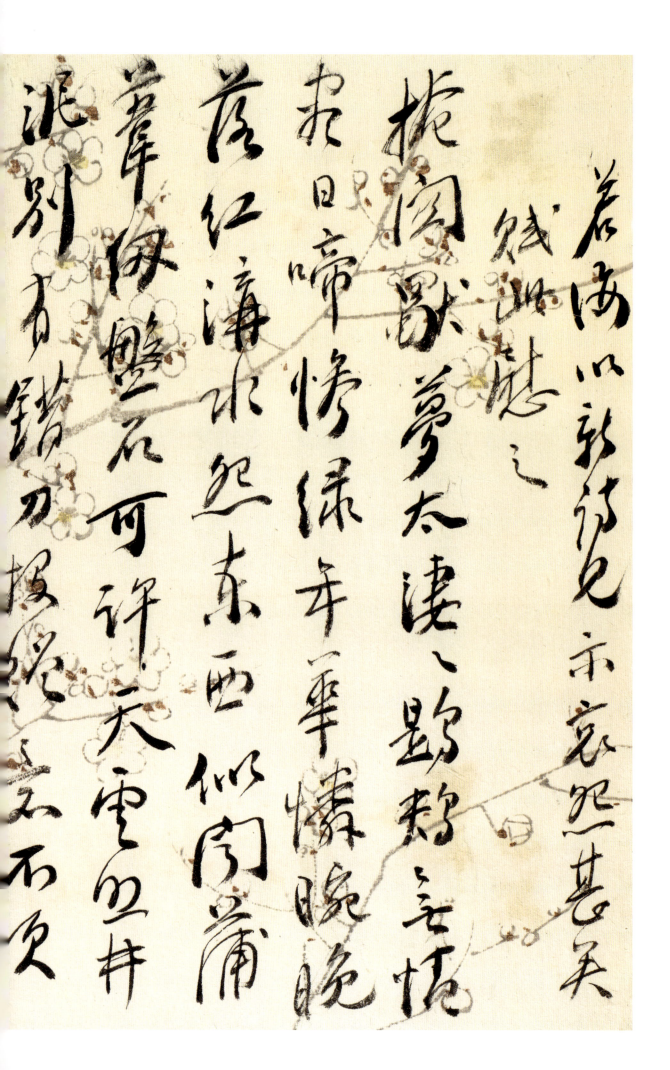

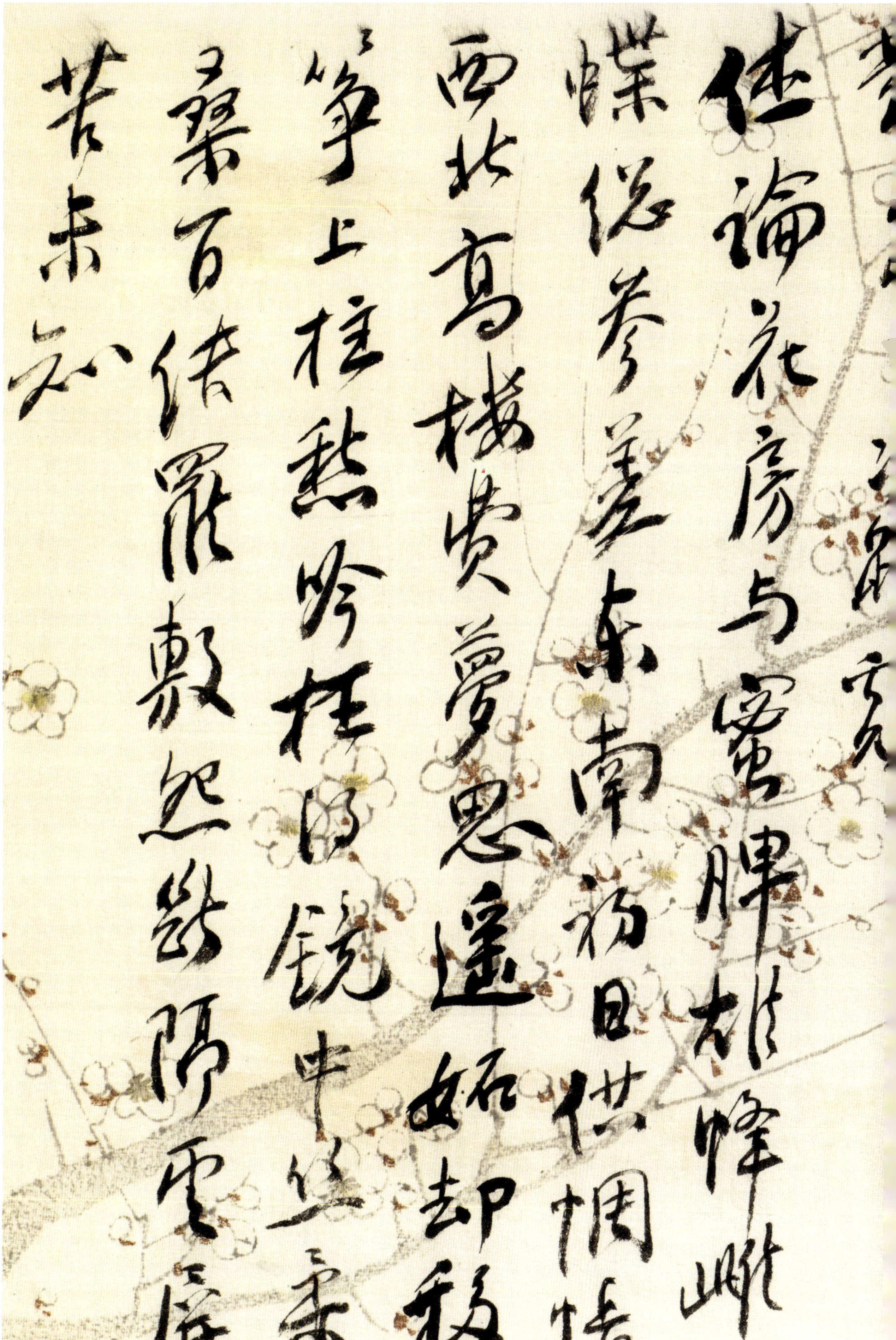
佳論花房与蜜脾雄蜂雌蝶從參差東南初日供惆悵西北高樓貴夢思遥妬却移箏上柱愁吟枉對鏡中絲柔腸百結羅敷怨斷陽雲屏苦未知

秋感和任公

星河不動夜如年獨夢孤嚬劃自憐別後清
輝隨月減書來細字似蠶眠宵宵殘燭啼紅怨
嫋嫋涼蟾墮碧煙入骨相思忘不得雁行箏柱十
三弦
髻梛鬖鬖傍玉闌羅衣惻惻不寒勝寒鸞霜
鸚鵡知還夜裁被鴛鴦夢墜歡未怨葉梢紈扇
早止愁消瘦帶圍寬挑鐙起識相思字識就迴文
獨自看
露重衣單不自知危闌倚立更移時未應青鳥無
消息可柰斑騅怨別離金燼穿窗夢尋斷夢
玉璫迢遞誤佳期明朝撤涉秋江去為采芙蓉
贈所思

自卷綃衣怯嫩涼曲闌微月坐秋香墻苔半
死蟪蛄泣園草淒樓蝴蝶黃赴攪秋心不盡擱
坐看涼露飛成霜娉婷不嫁誰人惜擬託良媒
卻自傷

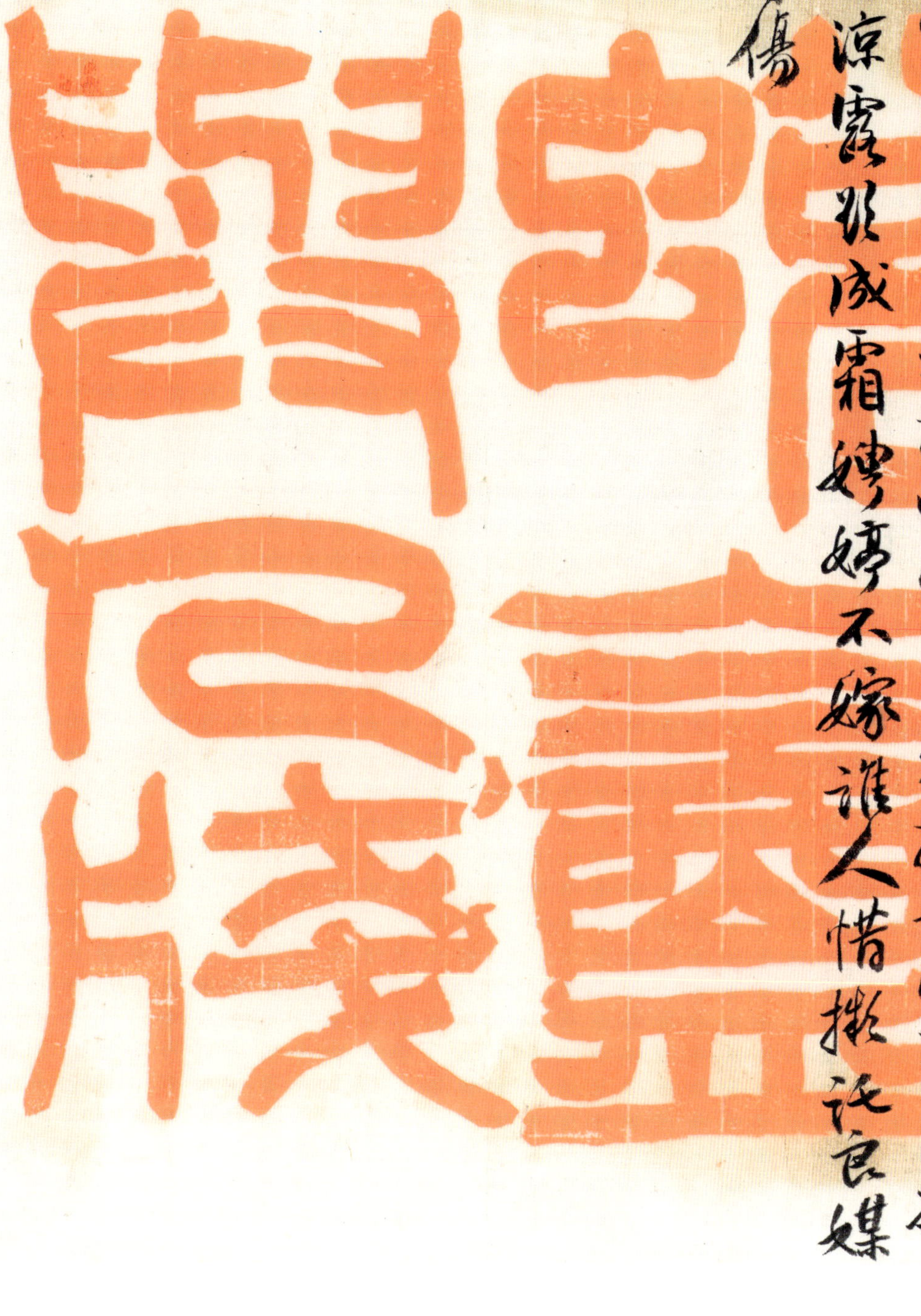

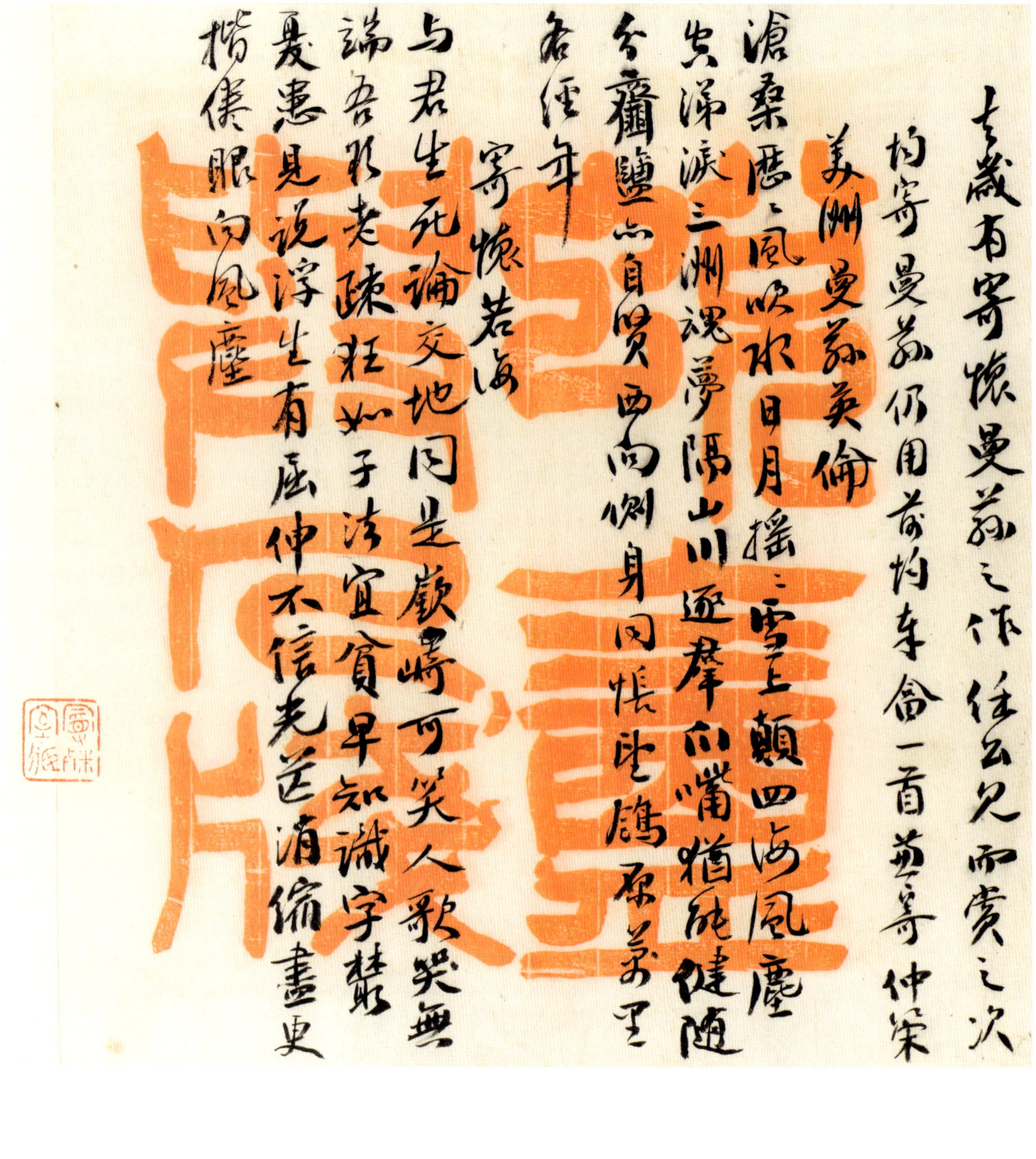

去歲有寄懷曼蘇之作 任公見而賞之次
均寄曼蘇仍用前均奉俞一首並寄 仲策
美洲曼蘇英倫
滄桑歷歷風吹水日月搖搖雲上顛四海風塵
共涕淚三洲魂夢隔山川逐群少嘗猶能健隨
分齎鹽亦自賢西向側身同悵望鵑聲萬里
各經年
寄懷若海
與君生死論交地同是欽崎可笑人歌哭無
端吾非老疏狂如子法宜貧早知識字慧
憂患是說浮生有厄伸不信先芝消偷盡史
情俟眼向風塵

璱博於詩詞不多作有作必力追古人此數章爲壬寅辛卯間相與倡和者王虞原稿久佚其副本寫寄美洲者仲策獨能寶惜之令璱博墓草久宿展卷摩挲不勝山陽聞篴之感

丁卯浴佛日 啓功

名　稱：李義山詩
作　者：梁啟超書
數　量：1冊
時　間：1915年前
備　注：有麥孟華題簽

李義山詩

任庵寫貽仲棻

蛻弇題

李義山七言律詩

錦瑟

錦瑟無端五十絃一絃一柱思華
年莊生曉夢迷胡蝶望帝春心託
杜鵑滄海月明珠有淚藍田日煖
玉生煙此情可待成追憶祇是當

時已惘然

重過聖女祠

白石巖扉碧蘚滋上清淪謫得歸
遲一春夢雨常飄瓦盡日靈風不
滿旗萼綠華來無定所杜蘭香去
未移時玉郎會此通仙籍憶向天

階閒紫芝

題僧壁

捨生求道有前蹤乞腦剜身結願
重大去便應欺粟顆小來兼可隱
鍼鋒蚌胎未滿思新桂琥珀初成
憶舊松若信貝多真實語三生同

聽一樓鐘

潭州

潭州官舍暮樓空今古無端入望

中湘淚淺深滋竹色楚歌重疊怨

蘭叢陶公戰艦空灘雨賈傅承塵

破廟風目斷故園人不至松醪一

醉與誰同

贈劉司戶 蕡

江風吹浪動雲根重碇危檣白日昏已斷燕鴻初起勢更驚騷客後歸魂漢廷急詔誰先入楚路高歌自欲飛萬里相逢歡復泣鳳巢西

隔九重門

南朝

玄武湖中玉漏催雞鳴埭口繡襦
迴誰言瓊樹朝朝見不及金蓮步
步来敵國軍營漂木柹前朝神廟
鎖煙煤滿宮學士皆顏色江令當

年只費才

送崔玨往西川

年少因何有旅愁欲為東下更西

遊一條雪浪吼巫峽千里火雲燒

益州卜肆至今多寂寞酒壚從古

擅風流浣花牋紙桃花色好々題

詩詠玉鉤

飲席戲贈同舍

洞中屐響省分携不是花迷客自
迷珠樹重行憐翡翠玉樓雙舞羨
鵾雞蘭迴舊蘂緣屏緑樹綴新香
和壁泥唱盡陽關無限疊半杯松

葉湅頻黎

令狐八拾遺綯見招送裴十四歸

華州

二十中郎未足希驪駒先自有光

輝蘭亭讌罷方回去雪夜詩成道

韞歸漢苑風煙吹客夢雲臺洞穴

接郊扉嗟予久抱臨邛渴便欲因君問釣磯

寄令狐學士

秘殿崔嵬拂彩霓曹司今在殿東西賡歌太液飜黃鵠從獵陳倉獲碧雞曉飲豈知金掌迥夜吟應訝

玉繩低鈎天雖許人間聽閶闔門多夢自迷

哭劉蕡

上帝深宮閉九閽巫咸不下問銜寃廣陵別後春濤隔湓浦書来秋雨飜只有安仁能作誄何曾宋玉

解招䰟平生風義兼師友不敢同
君哭寢門
荆門西下
一夕南風一葉危荆雲迴望夏雲
時人生豈得輕離别天意何曾忌
嶮巇骨肉書題安絕徼蕙蘭蹊徑

失佳期洞庭湖闊蛟龍惡卻羨楊
朱泣路岐
少年
外戚平羌第一功生年二十有重
封直登宣室螭頭上横過甘泉豹
尾中別館覺來雲雨夢後門歸去

蕙蘭叢灞陵夜獵隨田竇不識寒
郊自轉蓬

藥轉

欝金堂北畫樓東換骨神方上藥
通露氣暗連青桂苑風聲偏獵紫
蘭叢長籌未必輸孫皓香棗何勞

閒石崇憶事懷人蕭淂句翠衾歸

卧繡簾中

杜工部蜀中離席

人生何處不離羣世路干戈惜暫

分雪嶺未歸天外使松州猶駐殿

前軍座中醉客延醒客江上晴雲

雜雨雲美酒成都堪送老當壚仍是卓文君

隋宫

紫泉宫殿鎖煙霞欲取蕪城作帝家玉璽不緣歸日角錦帆應是到天涯于今腐草無螢火終古垂楊

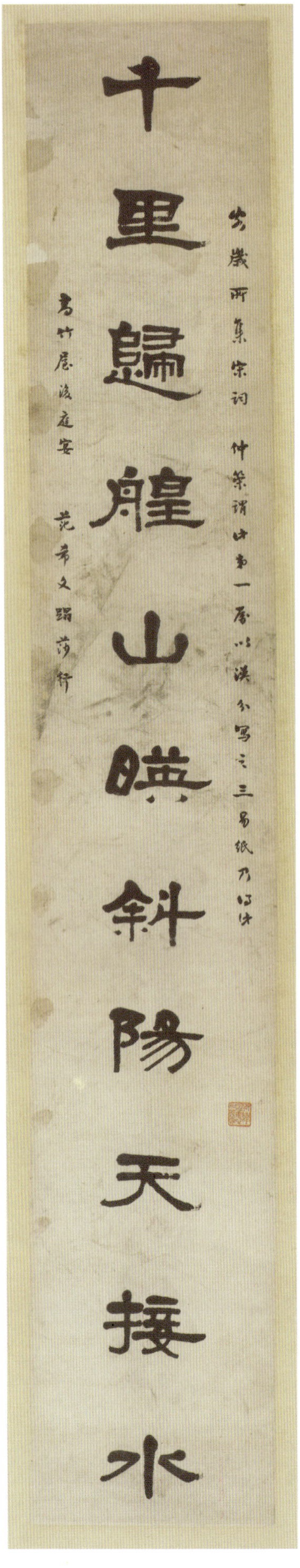

名　稱：對聯（殘存上聯）
作　者：梁啟超
時　間：1927年左右

名　稱：袁世凱之解剖
作　者：梁啟超
數　量：21紙
時　間：1916年跋
備　注：梁啟勳跋，此文收入《飲冰室合集》文集三十四P4-19，中華書局，1936年。

序

我國此次演變更國體之喜劇。吾料凡在場下觀劇者。無論爲本國人爲外國人。必皆有種種疑雲浮漾於腦際。其一。變更國體。何等大事。何以四年以來全國中輿論。未嘗有幾微痕跡。表示其求變之意。而自籌安會發生後。僅一月間。靡然從風。遽徧全國。其二。在共和國體之下。而忽謀改建帝政。按諸現行約法刑律及各種法令。其爲犯革命內亂之罪。毫無疑義。而楊度孫毓筠等數人。何以敢在京師公然召集徒黨開會煽動。其三。北京固有警察。有法庭。當此種犯罪國體初發生時。何以熟視無覩。不一過問。（而同時有維持共和之國體者也。乃反被解散。）袁世凱居民國大總統[illegible]

黨煽動革命，曾不設法禁止，且容罪犯日日出入於其府中。其四。何以此議發起後不及一月，而各省請變更國體之願書，已屢集於北京之資參政院。就中如新疆、青海、蒙古、甘肅、雲南、貴州、西藏諸地。距北京程途或四五月或一二月，而請願書及請願人，何以能遽飛越雲集。其五。參政院收到此項請願書後，即議定取決於國民投票，用複選舉法舉國民代表。我國選舉，政府素認為極煩難，以故約法上所規定之民選立法院一擱閣，遷延數年，不肯召集。何以此次僅費三四十日行兩重選舉，妥速完竣，行所無事。而全國中曾無一處因競爭選舉小釀紛擾。其六。昔法國拿破侖一世之為帝，贊成者雖三百五十七萬二千三百二十九票，反對者仍二千五百六十九票。拿破侖三世之為帝。贊成者七百八十三萬九千票。反對者二十五萬三千票。蓋政治上之意見。無論何國無論何時。皆有兩黨。所謂絕對的全國一致。實情理上所必無也。何以此次所謂國民代表者共一千九百九十三人。而贊成君主者恰為一千九百九十三票。曾無有一票之反對。其七名省國民代表投票後。何以皆同時以其總代表推委託於北京之參政院。曾無一省之參差。何以投票後皆以當日推舉皇帝。曾無一省之延緩。何以各省之推戴書中。皆有國民代表等謹以國民公意、恭戴今大總統袁世凱為中華帝國皇帝、並以國家最上完全主權奉之於皇帝、承天建極、傳之萬世、之四十五字亦嘗無一字之異居其大此項國民投票於去年十二月十一日在參政院開票。嘗未開票之先。無論何人。亦不能知贊成反對之孰爲多票。何以當十月下旬。即已設大典籌備處於總統府中。袁世凱親派其私人朱啓鈐等主持其事。日之預備登極。其九。袁世凱日之宣言決不當帝。何以參政院初次推戴。略示辭讓。再度推戴。即便順受。而此兩度推戴一辭一受。~~其中文合計時間也~~。僅以五小時內辦完。絕不忙迫。其十。五國警告之後。何以各省忽一致催促登極。周自齊使日被拒之後。何以忽焉宣告帝政延期。袁世凱自言爲服從民意。如不敢自由辭帝。何以忽然又敢拂逆民意而自由延期。袁世凱既宣告延期。何以前此各省之霹靂風火以相催迫者。今日遂噤不作響。
此十大疑問者。吾儕觀劇人。無論何人。當不能不生
迷惑。而稍有常識者。當皆能料其(黑)幕中(必)有種(種)鬼蜮不
可告人之隱。但未能確指其據耳。今也北京政府發
造民意之密電五十九通。既已暴露其中最重要之
十五通且已譯成歐文。吾請普天下有心人破數分
鐘之晷刻一賜精讀。當能知北京新華宮中包藏禍
詐妖魔演幾許罪惡。試(抽繹其電文而)以最簡單之語抽繹述其真
相。則最初由新皇帝父子二人蓄意盜國。則乃嗾使
其家奴楊度孫毓筠等辦(入)一會以為嘗試。次則復嗾
使其第二隊家奴段芝貴朱啓鈐梁士詒周自齊等
十餘(餘)人着着實行。實行方法。則先假借一部分人之(民)

名義以行請願其請願書於北京政府寄之代辦
次則授意參政院使議定用國民投票以
變更國體。並制定選舉國民代表之法律。
次則命令各省軍巡長官由在省各機關人員中
選定所謂國民代表者。及所謂各縣初選當選人者。
而指揮支配之。或給以金錢。或脅以威加。使之各就
範圍。次則命彼等於投票後即推戴皇帝。而推戴文
中之四十五字由北京政府代為擬定。一字不許改。
次則命彼等以其總代表權委託於參政院。使參政
院得再四推戴。而袁世凱辭讓之文與承諾之詔。皆
先期擬定。一面則於未投票之先。即預設大典籌備
處預備登極。及五國警告後。則一面使各內外官稱臣稱

奏以示決心。一面仍勒令所謂各省公民者紛電敦
迫冀以嚇脅外人。直至雲南軍興。特使被拒。乃始狼
狽失據。欲即真則不敢。欲將帆則不能。乃以成今日
非皇帝非總統之滑稽局面。凡茲經過之事。證以此
五十九通之密電。鐵案如山。雖合全球之律師。不能
為袁世凱強辯一語。抑已甚明。而袁世凱猶醜然號
於衆。曰法律解決。曰民意推戴。使我國法律猶能保
絲豪之効力。試問袁世凱及其徒黨此等謀叛行為。
應受何種刑罰之宣告。使我國民意而猶有絲毫自
由發表之餘地。則袁世凱及其徒黨豈復能一日立足
於中國。試問袁世凱心目中。曾否視中國人民為人
類。況益以為一大戲矣。各省長官各參及究為其命。

彼所指定之國民代表爲其執表民與其徒黨則司轉捩。而四萬萬人則絞入於機器中以成齏粉也。又如演傀儡戲。袁世凱自爲總統。其徒黨十餘人蠕蠕而動。其徒黨爲第二級。參政院及各省長官蠕蠕而動。彼等復爲第三級。而所謂國民代表者蠕蠕而動。若四萬萬人則以供製造傀儡之原料也。又如施催眠術者。強制受術人使自滅其意識。而以彼之意識爲意識。使之作種種罪惡。而施術者自逃責任。又如強污弱女。使他人爲之代署婚證。而曰彼甘心從我。嗚呼。吾請普天下關心世道之君子一裁判之。人類之所以異於禽獸者。豈非恃良心之自由耶。自袁世凱柄國以來。我國民身體上之自由。財產上之自由。既已蹂躪殆盡。

吾民於籌無可忍之中。猶含辛茹苦以忍之。袁世凱謂吾民之易與也。至今日乃更悍然命於眾曰。汝四萬萬人不許自有其良心。若其有之。斯為叛逆。嗚呼。全世界人類。我國人居四之一焉。今強逼我國人使盡滅其良心。以自淪於禽獸。其禍豈惟中於我國。抑亦全世界人類社會不可恢復之損耗也。抑更有數義宜請我友邦人士諦觀熟思者。其一。當知我國國體之宜於共和抑宜於帝政。自是別問題。然若如袁世凱之弄此等陰謀以求為帝。實乃全國人所共厭棄。若使真正民意能自由表示。則百人中必有九十九人反對袁帝。吾敢斷言之。其二。當知此種反對潮流。既已瀰漫全國。國中有智識有能力有道德之人士。

惰力物理學上用語也

既已瞬為一氣百折不回彼輩為爭回良心之自由起見，為爭擁護人類之價值起見，決非暴力所能鎮壓，就令西南鎮壓一時，而勢力終古不滅，非俟戰勝妖魔後，亂象終無由寧息，其三，當知袁世凱本自有相當之勢力，苟能善用之，誠足以致中國於治強，然彼四年來之行為，正將其勢力日漸減縮，經此次陰謀之後，益復銳減，非久將減至零度，今日之袁世凱，擁其將盡之游魂，利用傳來之惰力，斷不能維持中國之和平，惰力益陷中國於擾亂，其四，當知我國人經數年來苦痛之經驗，其自治能力已漸發展，他日脫離妖魔專制之後，必能以自力善治此國家，謂余不信，試觀雲南貴州兩省現狀何如，以此推之，將來全國

不啻日自取其原有之

日斲喪之。

此非我國民負意氣以與袁世凱為難，實則在今日二十世紀之世界，欲舉全國人為一機無意識之機器，聽一人任意播弄，此為事勢所必不能許也。

秩序。豈复不保。凡此諸義。我友邦人士未深悉我内情者。或猶不免致疑。吾請其平心垂聽吾言。以俟將来事實之一一印證也。鄙人與袁世凱共事數年。固嘗欲竭吾微力所能逮以輔翼之。鄙人本爲袁之友黨而非其敵黨。天下所同見也。吾願讀吾此文者。慎勿視爲袁氏敵黨之言。則以視察中國之真相。其庶不謬也。吾本有讀密電書後一篇。文垂萬言。今更撮其大言補其未盡以作斯序。若有獨未晰。請讀彼文。

袁世凱之解剖

一　引論

吾有數語。吾請讀吾此文者表為注意。其一。當知吾非敵為抨擊袁氏以煽動革命。何以故。以吾生平最憚言破壞。深不願國中頻有革命之舉。吾歷年言論。可以證明。故其二。當知吾非有私怨於袁氏而詆諆之以洩憤。何以故。以吾與袁氏適數年來私交尚稱親善。袁氏至今。猶貴吾心。欲引我與彼共事。吾於袁氏。〔歷年〕常盡友誼以相扶助相匡救。直至一月以前。猶未改此度。故其三。當知吾並非懷挾黨派成見。如彼帶著色眼鏡者。愛憎以不清確之觀察橫生異論。持贊袁氏何以故。以吾生平不好為摹臆之言、偏至之論。且吾數年來政治上之立場。比較的實可稱為袁氏之友黨。與袁氏絕無黨派上先天的惡感情故。且吾與袁氏共事數年。常平心以觀察其為人。精細不怠。從未嘗敢專憑主觀苛相責備故。其四。當知吾非緣反對帝制後與袁氏有隙而始不滿於其人。何以故。以吾本以不信任袁氏故反對帝制。豈非以彼稱帝故然後不信任袁氏。不容倒果為因故。其五。當知吾本文所論袁氏絕非吾一人之私言。何以故。吾嘗徧徵國中各黨派中有識者之意見。無不從同。下逮販夫走卒。雖口不能言。心亦同感。乃至袁氏數十年來共事之親友。其稍有血氣稍有常識者。莫不與我同一般憂國一痛歎。吾此文所論。實可謂全國最大多數人之共同心理。特借吾筆以宣洩之。吾敢力信。吾敢（以良心敢）以名譽作保證。

今無論國內國外人。無論談及中國。則莫不聯想以及袁世凱。袁世凱不惟爲中國現時一大人物（確立中國有一種大勢力）。雖極憎袁世凱（氏）者。亦不能否認也。雖然。袁世凱（氏）固有勢力。然不能謂除袁世凱（袁氏）外。舉國中遂更無勢力。須知無論何國。無論何時代。必常有種種勢力並峙互角於國中。此種種勢力者。只宜利導。不容壓制。愈遏制焉。則愈以助長之。而各種勢力中尤有最絕對不可抗之一種（勢力）焉。此勢力維何。即國民因外界事變之激刺。而喚起內界心靈之反省。個人自覺。和我爲一。應時代思潮。

洲時代思潮者，始亘亦入於少數優秀分子之腦中，漸次乃擴布於全社會，而成為一種潛勢力。為政者蓋不能認識此潛勢力之價值，而蔑視之，甚則反抗之，則無論所挾他項勢力若何雄偉，而必終於失敗。袁世凱氏以其三十年來之資歷，所積勢力，誠不可謂不厚。使其能善用之，以與他種勢力相調和，駢進以謀國福，豈惟國家永（實）利賴之，即彼之勢力亦將永不墜而日益擴大。彼惟不認識國中有他種勢力，且思恃其勢力以蹂躪異己之潛勢力，以故其原有之勢力，反緣此遂日銷滅。吾信其非久將減至零度。然而袁氏至今不寤也。袁氏誠不失為一大人物，然只能謂之中世史暗黑時代東方式之怪魔的人物，而決非立十九二十世紀中有價值的人物。彼善能製造窳（溷）濁腐敗之空氣。而自游泳於此空（種）氣中。獨擅絕技。繫諸甕中醞釀。彼以最能吸取酵質以自榮養故。故循適者生存優者獲勝之公例。儼然稱雄長於甕中。然空氣（流）轉清新之機一動。則其勢決不能復圖存。袁氏人物之價值。寔乃類是。夫一國之人物。必其以國家（利實）為本位者也。一社会之人物。必其以社會利害為本位者也。而袁氏乃純以箇人利實為本位。而不知國家社会為何物。然其不足以列於人物之林者一也。古來大人物。其品性上雖不免各有缺點。而無不以真面目與天下共見。無信鮮恥之豪傑。吾未之前聞。袁氏則以虛榮為性命。以荒語作日用飲食。以為國內國外人皆可運小術以舞弄之，而不知以術乘時者，卒還以術自斃。此其不足以列於人物之林者二也。要之，今日之中國，一方面纏縛於歷史上傳來之惰力，一方面震盪於今世界湧到之新潮。就纏縛於惰力之中國言之，袁氏見識不失為一人物，故袁氏確曾為有勢力者；就震盪於新潮之中國言之，袁氏絕不能算為一人物，故袁氏終變為無勢力者。吾欲細評袁氏，而先揭其要點如右。吾信吾所觀察極精確，而持論極公平，雖千百年後之史家，無以易吾言也。

今外人之談中國事者，有兩種普通之感想焉。其一曰：在袁氏統治下之中國，其能進步與否，雖不敢知；然苟無袁氏，則中國現狀且不能維持，而進更何堪設想。其二曰。袁氏之爲人。不能使人滿意。固也。然國中能代袁氏者果何人。其人是否能優於袁氏。此兩種感想者。非惟外國人共有之。吾國人亦多有之。即鄙人數年來亦以懷抱此種感想之故。乃不惜竭吾才力且犧牲一切以謀輔翼袁氏。今以吾身所經歷吾腦所研察。吾得以強硬直捷之言。答此兩疑問。答第一問曰。袁世凱氏非惟不能併使中國進步而已。而寔絕對的不能維持中國之現狀。中國禍亂種和。全由袁世凱氏所播。袁氏每統治一日。則禍亂之種度加深一日。答第二問曰。何人能與袁氏代興。吾不能言。其人能否優於袁氏。吾亦不必言。但無論何人必不至更劣於袁氏。吾敢斷言。蓋國中至萃一極惡之人其惡決不能有加於袁氏故無論其何不適於統治中國而其不適之程度。亦決不能有加於袁氏也。讀者或疑吾言太過乎。請讀此文終篇後。平心以自判斷之。

二 袁世凱是否可稱為政治家

今之論當代人物者。往往以袁氏廁諸政治家之林。外人皮相。無怪其然。豈惟外人。即國內人稍賸懷政治者。其誰不以此焉望袁氏。苟非爾爾。則此數年來穩健派中之政客。何至群集於京。受其彼愚弄者。須知吾國人以不堪前清秕政之故。乃發憤革命以建共和。共和既建。則舉其積年所懷改革政治之希望。掬誠以奉諸袁氏。袁氏以一身總政樞。亦既四年。四年之歲月。不可謂短。試問國中政治現象。曾否有一二成績可指。藉曰成績不能急就。則試問曾否有所進行。藉曰進行未免困難。則試問曾否有所規畫。豈不曰南北不統一爲之梗也。夫既統一矣。而何如者。豈不曰國會爲之梗也。國會夫既消滅矣。而何如者。豈不曰責任內閣爲之梗也。內閣夫既推棄矣。而何如者。豈不曰臨時約法爲之梗也。約法夫既改正矣。而何如者。豈不曰總統任期爲之梗也。任期夫既終身矣。而何如者。吾國人於此四年中。亦既恕己易地。而曲責相原。亦既諄苦停辛而忍性相待。已假之年。更除其害。夫孰不知數年來之政劇。爲袁氏一人獨占舞臺。夫孰不知數年來之政潮。惟袁氏一人實所游派而其政象之與天下以共見者，乃責若輩。我黨請天下明眼人諦審諦觀，此四年中我國政治為惡為良。夫曰惡曰良，猶有對待比較之可言也。更以嚴格。平心相衡，此四年中，我國為有政治為無政治。政治者，以國家生存發達之目的而表現於動作者也。試向此數年來袁氏政府之動作，有某一事為目注於國家之生存，有某一事為目注於國家之發達，欲其所執行者並非政治，而良不良更於何有。夫以始終未嘗執行政治之人，而字之曰政治家，繩以論理，能勿啞然失笑。是故袁氏之非政治家，即此已可一言而決。猶有疑吾言為武斷者乎。吾更請袁氏識想性格之缺點，以確定其絕無政治家資格之表證。請天下明眼人視吾言有一字冤酷焉否也。抑請袁氏自視吾言有一字冤酷焉否也。

袁氏之第一大缺點，則其頭腦與今世國家之觀念，絕對不能相容也，夫一國有一國之政治。吾非謂中國之政治。事事皆宜蹈襲歐美。雖然。凡為政治家者，必須認識時代之精神，而謀與之相應，蓋立於世界上者不止一國，萬國共遵之軌，而一國獨反之，未有能自存者也，袁氏在前清督撫中。以能辦新政名。外人亦咸翕然稱之。然試問其在山東直隸所辦何政。曾否有絲豪成績可稱道者留存於今日。（大約留存者僅其所練之新兵耳。然其兵之內容如何。讀者諸君自知。）蓋彼當時實假舉辦新政之名，得以向清廷索款，向地方斂財，以廣其私權而營其私利，即其中有一二事稍具規模者，大率由李文忠創之，而彼踵其跡。須知當義和團後，清廷爲輿論所迫，刻意求新，而慶邸以任袁氏，天下之財賦又奧集於北洋，供其揮灑，使袁氏稍有國家思想，而輔以相當之政治能力，則以七八年之直隸總督，其所建設宜何如？今成績若彼，而猶常以此自夸於人，多見其顏厚也。

他何知者及就任總統之後則日日之颺言於衆曰吾有若干政黨可以立致國家於富強無奈為各方面所掣肘不能行吾志於是今日解散一黨派明日復解散一黨派今日破壞一機關明日復破壞一機關今日蹂躪一法律明日復蹂躪一法律終〻援〻一年有餘自所謂「總統制」者確立以來袁氏心目中之障礙物可謂剷除淨盡一切恣彼所欲為矣如是者亦既兩年餘夠其所為何事一一以蔽之則一切規復前清之舊而已且其所規復者又專屬清政中最黑闇最穢濁之一部分夫吾國民曷為而革前清之命豈有所惡仇於清帝惡其徒以此為惡政之所從出而此等惡政與世界之政治潮流太相反循此不變則

我國家決無以自存於今之世也。夫清既以是取亡，而袁氏乃踵其軌轍，一一模擬之，唯恐不肖。譬諸室中之舊主人，既食河豚以死，而繼入其室者，乃必唯河豚之是甘。此等心理，誠令人苦於索解。殊不知彼袁氏者，實生育於前清政治惡空氣之中。且此種惡空氣，又大半為彼所造成。彼腦中之所謂政治者，除卻舞文弄法、罔利營私、賑耀虛榮、魚肉良善之外，更無一物。而今世東西各國之政治理想、政治現象，彼蓋皆視為妖魔，視為鴆毒。則其舍此而取彼也，亦何足怪。夫袁氏出（產）生於六十年以前，且其足跡未嘗出國門一步。（袁氏曾到高麗。其時高麗猶中國領土也。袁氏不獨未嘗出國門，並未一到揚子江。）

者流其不能識（曉解現代）頭會今日世界文明之真相，本不足深責然以表民之聰明及其地位，苟能虛心求益，殊不患無濬發智識之機會。而表民之第二大缺點，則在驕慢自大。不能容人之言。彼因生平游泳官海，著著成功之故。則以為自身之能力智識極偉大。舉中國人舉世界人莫之能及。有進諫於彼者。彼必先設成心以迎距之。嗚呼，吾語至此。吾乃不能不自笑而自悔。吾初以為以表民所處之地位。既與國家同其休戚。在理宜無不欲致國家於安榮。特以新智識缺之而不解今世同現代政治之所長。吾儕謁吾所知以補助之。倘能得當。則以彼之勢力。而用之以更新百度。國家之慶寧有過此。吾抱此志願。乃用吾言用吾筆設種種法欲將現今世界大勢政治公理灌輸於其腦中。忍耐以行之者蓋一年有餘。然而吾之希望与吾之勤勞。遂盡歸水泡。彼豈惟捨之不入而已。方且以為誑言以為邪說。而輕藐之。而忌嫉之。彼以二十年前老瞽極最腐敗最頑固之思想。擴而大之。欲以統治四萬萬人之大國以立於二十世紀之世界。稍有常識者知其不可能。而彼乃修然若有所以自信。吾恐其所以至於覆宗殺身焉而終不寤也。政治之本為活物而非可以一格拘。吾固知之。雖然。其中固自有若干之原理原則焉。由是則治。反是則亂。由是則事舉。反是則事不舉。中外古今歷史所明以語我輩者不知凡幾。其猶輕養二氣合則必成水。服砒霜則必死。此斷非可以一人冥頑之見而使事

粉之臣畢虞僚及兩往來也而老民乃經營而不肯

信政治上有所謂原理原則者存。其治軍政策理財

政策乃至各項大小政策。其顯無觸犯凡政治家所以

認之爲禁。彼族無之不觸犯也。常有吾儕所見。謂某

事某事如此辦法。無異引刀以自戕。雖善口與爭。說

明學理徵引他國先例。終無由得彼之聽信。彼則曰。

吾儕事專恃經驗。君等書生之理想。迂而無當也。質

則彼所冥摘者。乃真吾儕腦中之空想。吾儕所根

據者。乃各國先民積累試驗所得之經驗。然而彼不服

也。坐是之故。彼之施政。絕無通盤之籌策。絕無久遠

之計畫。彼不知事物有相互之關係。不知欲舉某事。

必須有某事與之相維。故於所謂新政者。東塗一鱗。

西抹一爪欲飾美觀以徼譽於外人而實效如何一切不計彼不知事物有必然之因果故凡辦一事其將來豫期進展之路徑何若其流弊之宜補救障礙之宜撤除者為何種皆漫無察覺凡百皆臨時對付而已彼臨時對付之急智誠有過人之處然彼正惟自恃此特長故益不肯為先事之準備所謂國家全局利害所謂國家百年大計袁氏腦中蓋自始未有此物也此袁氏第三大缺點也

袁氏第四之大缺點則其法律觀念之薄弱也國家所以與普通羣集異者全在法律之有無國家威信之所以行全賴法律確保其効力故法律之簡略不備不足為深病也惟當使一法必有一法之功用法

律之刑法及其制定之程序作若具有以決定一
度須布之後，但使未經改廢，則必宜上下共信守之。
自古專制之主，其立法權雖不許人民以參預，然一
法之既立，必身自守之，以為天下先，其貴近有枉法
者，懲之恒特嚴，蓋知非此不足以相維也。袁氏不然，
其自身最厭忌法律之束縛，而又最喜藉法律以為
塗飾之具，試一繙政府公報，其新頒之法律命令章
程條例，無日無之，綜四年來所頒，蓋高可隱人，問其
中實行者有幾，恐什不得一二也。不實行則曷為須
之？彼以此為一種裝飾品，無此則恐以陰陋貽人譏
也。他法勿論，如彼約法者，豈非國家根本大法，最為
神聖不可犯者耶？現行約法十章六十八條，其中第

二章關於人民之規定凡十條，第四章關於立法之規定凡九條，第六章關於司法之規定凡五條，第八章關於會計之規定凡八條，蓋自頒定後迄今昭未嘗一日實行也。夫約法六十八條中，除去內有三條規定國家之組織，有十條規定將來制定憲法改正約法之程序，此皆不必立時發生效力者，除此之外，則所餘僅五十五條，而其中乃有三十二條未嘗一日實行，然則定須此法以費政府公報之紙墨果何為者？使此法而為他機關所制定以限制袁氏，則其不願遵守，猶可言也（實則已說不過去。既不欲遵守。則宜勿就總統之職。）然此約法者固有其原本，袁氏以為不便於己，乃廢而改之，現行之本則字字皆袁氏手定者也，袁氏東其無此三十二條刪去，又誰能禁之，而袁氏以爲非此不足以飾天下之耳目也。乃摹擬他國憲法之東鱗西爪，成此六十八條者，而公布之，而既布之後，則視同無物。夫約法則其最顯著者耳，自餘諸法，蓋莫不然。法律與命令，本已無嚴正之界限。今日須一法律，明日或即須一內容適與相反之法律，且隨時可以命令變更法律，隨時可以行政處分變更法律。上以此倡，下以此和，故京外大小官吏，亦皆視法律如無物。若欲臚舉數年來元首及官吏枉法之事實，恐編著一二千葉之巨冊，猶不能盡也。夫今世國家，以所謂「法治國」者爲一特色，固無論矣。即在昔專制之國，亦豈聞以法律為兒戲而可以圖治，似此混亂杌隉，人民之生命財產名譽常汲汲不自保，固無待言，即政府亦何所依據以督率僚屬執行百務者？稍有常識之人，猶知其不可，而袁氏何為若是？蓋袁氏本以小吏出身，漸躋督撫，前此以屬吏對於長官，以疆吏對於中央，皆極厭法律之束縛，而常思舞文以逃遁於法外，此種伎倆，揣練極熟，譬猶頑劣學生，專以破壞校規為事，習慣既已自少年養成，即長而任教師，亦終不能改，是故無論為何專制之君主，其所發布之法令，一面固用以限制他人之自由，一面則自身之自由，仍必被限制其一部分，袁氏則絕對的不肯自受限制，雖其所手頒之法令，亦惟擇其足便私圖者實行之，稍有不便，如此則人民之法律觀念何由發生，而政治何由清明。試問古今中外之政治家，曾有用此術以獲成功者焉否也。

袁氏事無大小，必欲躬親。若以一事任一人，付以全權而責其成效，此袁氏一生所未嘗有也。其精力過人而勤於任事，吾固不得不敬而服之。雖然，吾類非大綱細目全知全能之上帝，欲以一人總攬百事，而因應悉當，天下甯有是理。袁氏之所以失敗，則亦坐是。袁氏生平所辦之事，雖其爪牙心腹，亦無一人能於事前全知其底蘊者。彼每辦一事，必使將其事分為數部分，使某甲辦一部分，而別使某乙某丙辦他部分，

而務令其不相知不相謀。或某甲方辦及一半。忽然
命其中止。而使某乙續辦其後半。袁氏之政治。實絕
對的祕密政治也。蓋惟祕之於一般人民。即日日與
彼共事者。亦終無由窺其祕也。其用人也。如用機器。
惟許軌之轉動而已。而不許知其所以然。夫政治之
性質各別。其中有必宜祕密者。祕之誠是也。然今世
政治。要以公開為原則。以祕密為例外。若如袁氏之
無一不祕。而自以為極政治家之能事。則吾未之前
聞。袁氏之辦事也。從不肯信任正當之公機關。而必
設特別之私機關以陰持之。例如財政。其實權全操
諸公府之財政委員會。而財政部什有九不能過問
也。例如軍政。其實權全操諸統率辦事處。而陸軍部

[illegible]

能辦事耶？則何不要點之，而以財政委員會統率辦了要之人員代之，而袁氏不肯也。袁氏又最喜疏外各長官而與其屬吏直接，例如外交事，什九皆與外交次長謀，而總長不與聞也。例如交通事，什九皆與交通次長謀，而總長不與聞也。將謂次長之才優於總長耶？則何不進次長以爲總長？然而袁氏不肯也。屬吏攻訐其長官，袁氏所最喜也。官吏各分黨派，互相排擠，袁氏所最喜也。京中各部院互相傾軋，袁氏所最喜也。各省將軍巡按之互相衝突，袁氏所最喜也。若無此等現象，袁氏必設法搆煽以成之，然後快其心也。問其術故如是（彼究何緣乎此），其一則無論何人，彼皆挾猜忌之心以待之。懼其[illegible]以謀職。故斷不肯傾心以專信一人。其二、彼所行事。大半不可告人。故斷不能使正當之各機關得與聞。且又斷不能使有一人盡知其底蘊。懼其所挾制。其三、使各機關及各人皆互相疑忌。則必爭獻媚於彼以圖固寵。彼乃得操縱如意。此袁氏辦事之祕訣也。故權限二字。袁政府所用之字典。決不許其存在。奉職於袁政府者。人人皆有權。人人皆無權。各〔無論何〕機關皆可任意攬事。未辦。而各〔無論何〕機關之事皆不能放手辦去。作弊則法門孔多。持正則束手無策。數年來國事之敗壞。皆由於此。而實由袁氏箇人之性質有以構成之。此袁氏之第五種大缺點也。

袁氏之第六大錯誤則絕對不能用[illegible]正人君子及有用之才也。吾前不云乎，袁氏之用人如機器。夫自愛之士，必自尊其人格，未有甘以其身作一私人之機器者也。所謂有用之才者，必自有其能力，自有其所主見。若袁氏之政治，則吾常名之為催眠術政治。袁氏為施術者，而奉職於其政府之人，皆為受術者。只能以袁氏之意識為意識，其本身之主見乃能力，不許有並存之餘地。故真有才者，譬則神經堅強，受催而不眠之人，固宜為施術者所擯棄也。且凡任事者，必須受有全權，旁人不得掣其肘，需以時日，始終其事，然後乃可責效。權限二字，既為袁家字典之禁品，則雖極才者，亦末由展其才。夫孰肯為之用也。且袁氏尤有一惡劣之癖性焉。彼心中所懷之意旨，從不肯向人傾吐，或心中明明欲如此，而口中所言，乃適與相反，必令人窺探揣摩，迎合之而代為道破，或則並不須〔許〕道破，只許揣承意旨做去。此種妾婦之道，正人君子如何能耐？惟有引身而退耳。故當彼初就任之時，天下之士悵念時艱，咸願為之戮力。卒乃棲棲不相容，相繼遠引，而惟〔餘〕狡黠之佥壬、闒茸之俗士，承其顏色，若蟻附羶。夫此輩豈惟誤國家已而已，且〔竊〕恐袁氏七尺頑軀，〔或且〕終葬送於其手也。袁氏第七大缺點，則〔萬事〕不負責任也。〔彼〕袁氏而如英法等國元首，則政治上安然不負責，義所宜然。袁氏既攬萬事於一身，而一切人但供其頤使，則對於所攬之

事必宜完全負責此情理之無可逃避者也[illegible]
氏生平。乃未嘗一次自公表意見。謂吾對於某事作何
主張。其所欲作之事。惟微示意旨於一二左右便佞
小人。更由彼轉授意於某種機關。使之承旨建議。或以
別種方法。刺激人之感情。有時雖正人君子。亦或中
其計而為之效力。夫彼所作事。什九皆罪業也。而其
罪責恒必以嫁諸人。而己身則始終陰謀巧卸。即如
此次運動帝制。全由彼一人之淫慾。而出之。老鬼蜮伎
倆以強姦民意。觀各報所載布之三十五通密電。其醜
態蓋盡人同見也。夫豈惟此一事而已。彼其三十餘
年之行為。何一非如是者。惟其如是。故雖積孽稔惡。
而國內國外人。猶多不知其真相。注之佩誦其本。且

過事而曲為之諱。袁氏亦以此自鳴得意。謂藏身可以永固。殊不知居首長地位之人而將其本身所應負之責任嫁諸僚屬。其僚屬又必更轉嫁於其僚屬。遞相轉嫁。結果遂卒無負責之人。所辦者為善事耶。以無人負責故。終無成效。所辦者為惡事耶。轉相嫁責。至無可復嫁時。仍必還元。而其責究必復歸於實際主動者而已。今日全國人怨毒所以悉集於袁氏一人之身者。豈非以彼巧卸責任故。以致更無人為彼分擔責任。彼惟極巧。乃成極拙也。夫使袁氏而能自同於英法等國無責任之元首。則天下人亦誰復問其責者。今彼既欲據實權。而又欲規避與實權相隨屬之實責。徒見其進退失據而已。

政治家不能不參用權術，吾亦承認之，然權術必要不得已時而偶一用，且權術之種類，亦當別擇，其甚悖於理者，無論何時，在所必禁也，為目的而不擇手段，雖目的甚正，猶且不可，況所向者既為不正之目的，而所用者又常為不正之手段，則流毒安知所終極，而手段亦終安能見效者，袁氏一生，以權術為布帛菽粟，就使其目的全為國家利害起見，然為道固已甚危，況其所乃欲舉天下人志玩弄之於股掌中，以饜其個人之虛榮心及權利思想，夫安能有濟，欲袁氏心中，常覺天下人皆愚，惟吾一人獨智，彼宣惟視國內人民惷同芻狗而已，即對於友邦，亦無往而不用其操縱伎倆二字，又袁世凱字典中之絕對的此稿作於滇黔軍興之後袁世凱未死之先當在丙辰春夏之間全稿似未成即已成者其亦不止此數此二十一紙亦不知何时入於余之篋底也捡付裝潢以作永寶

十八年七月一日 啓勳記

名　稱：清代學術講稿
作　者：梁啟超
數　量：27紙
時　間：1918年
備　注：梁啟勳跋，稱前廿六篇爲《清代學術概論》之胚胎，于1918年在天津家居講學之備忘録。最後一紙爲1928年著《稼軒年譜》時，計算《稼軒詞丁集》總數之稿紙。

清代學術開創之祖

顧亭林 炎武 江蘇崑山

黄梨洲 宗羲 浙江餘姚

王船山 夫之 湖南衡陽

清代理學

程朱派

張楊園 履祥 浙江桐鄉

張蒿庵 尔岐 山東濟陽

陸桴亭 世儀 頗兼陸王 江蘇太倉

陸稼書 隴其

李文貞 晉卿 光地 福建安溪

張清恪 伯行 江蘇儀封

楊文定 名時 江蘇江陰

朱文端 軾 山東高安

陳文恭 宏謀 廣西臨桂

方望溪 苞 安徽桐城

曾滌生 國藩 湖南湘鄉

陸王派

李二曲 中孚 山西盩厔

孫夏峯 奇逢 直隸容城

湯文正 斌 河南睢州

魏敏果 象樞 山西蔚州

黄梨洲 見前

李穆堂 紱 江西臨川

新派 實學派

顏習齋 元 直隸博野

李剛主 塨 直隸蠡縣

王崑繩 源 直隸大興

別派

禪悅派

羅臺山 有高 江西瑞金

彭尺木 紹升 江蘇長洲

佛學

楊仁山 文會

二

清代經學

顧亭林 炎武 江蘇崑山
閻百詩 若璩 尚書 山西太原（毛大可）
胡朏明 渭 禹貢 浙江德清
惠定宇 棟 易 江蘇吳縣
錢竹汀 大昕 易 浙江嘉定
戴東原 震 江蘇休寧
段茂堂 玉裁 說文 江蘇金壇
阮芸臺（文達） 元 江蘇儀徵
孔巽軒 廣森 公羊 山東曲阜
王懷祖 念孫 江蘇高郵
王伯申（文簡） 引之 念孫子
孫淵如 星衍 江蘇陽湖
淩次仲 廷堪 儀禮 安徽歙縣
張皋文 惠言 易 江蘇武進
焦里堂 循 易 江蘇甘泉

胡竹村 培翬 江西績溪
莊方耕 存與 [illegible] 公羊 江蘇武進
劉申受 逢祿 公羊 江蘇陽湖
陳卓人 立 公羊 江蘇句容
桂未谷 馥 山東曲阜
陳碩甫 奐 毛詩 江蘇長洲
俞蔭甫 樾 浙江仁和
孫仲容 詒讓 浙江瑞安
陳樸園 壽祺 福建侯官

經學別派

王葵友 筠 山東安邱
鄭子尹 珍 貴州遵義

王船山 見前
萬充宗 斯大 浙江鄞縣
徐健菴 乾學 江蘇崑山
顧震滄 棟高 江蘇無錫
朱竹垞 彝尊 浙江秀水
全謝山 祖望
朱子襄（九江先生） 次琦 廣東南海
陳蘭甫（東塾） 澧 廣東番禺
魏默深 源 湖南邵陽

四

清代史学

黄梨洲 见前
顾亭林 见前
王船山 见前
万季野 斯同 浙江鄞县
马宛斯 骕 山东邹平
顾景范 祖禹 江苏无锡
全谢山 见前
赵瓯北 翼 江苏阳湖
钱竹汀 大昕 见前 见
王西庄 鸣盛 江苏嘉定
毕秋帆 沅 江苏镇洋
章实斋 学诚 浙江会稽
魏默深 源 湖南邵阳

地理学

顾景范 祖禹 江苏无锡
顾亭林 见前
洪稚存 亮吉 江苏阳湖
齐次风 召南 浙江天台
李申耆 兆洛 江苏武进
何願船 秋涛
张石洲 穆
邹叔绩 汉勋 湖南新化

天算学

梅定九 文鼎 安徽宣城
焦里堂 见前
阮芸台 见前
邹特夫 伯奇 广东南海
李壬叔 善兰 江苏海宁

徐星伯 松 直隶大兴
杨星垣 守敬 湖北宜都
陈兰甫 见前
丁益甫 谦 浙江仁和

地理补

目錄及校勘學

紀曉嵐 昀 直隸獻縣

阮芸台

何義門 焯

盧雅雨 見曾 山東德州

黃蕘圃 丕烈 江蘇吳縣

顧千里 廣圻

楊星垣 見前

羅叔蘊 振玉 浙江上虞

七

金石學

顧亭林 見前

朱竹垞 見前

翁覃溪 方綱 直隸大興

王蘭泉 昶 江蘇青浦

黃小松 易 浙江錢塘

吳荷屋 榮光 廣東南海

陳壽卿 介祺 山東濰縣

潘伯寅 祖蔭 江蘇吳縣

吳清卿 大澂 江蘇吳縣

張叔未 廷濟 浙江嘉興

楊星垣 見前

羅叔蘊 見前

列前

王蓮生 懿榮 山東福山

八

清代文學家

古文家

侯朝宗 方域 河南商邱
魏叔子 禧
方望溪 欠考
劉海峯 大櫆 桐城初祖 安徽桐城
姚姬傳 鼐 桐城 安徽桐城
惲子居 敬 江蘇陽湖
張皋文 欠考
李申耆 欠考
包慎伯 世臣 安徽涇縣
龔定菴 自珍 浙江仁和
曾滌生 國藩 湖南湘鄉

駢體文家

胡稚威 天游 浙江山陰
汪容甫 中 江蘇甘泉
孔巽軒 欠考
孫淵如 欠考
洪稚存 欠考

詩家

錢牧齋 謙益
吳梅村 偉業 江蘇太倉
王漁洋 士禎 山東新城
趙秋谷 執信 山東益都
嶺南三家
袁蔣趙
王仲瞿 曇
龔定庵 自珍
黎二樵 簡 廣東順德
鄭子尹 珍 貴州遵義
黃公度 遵憲 廣東嘉應
康南海

詞家

陳其年 維崧
顧梁汾 貞觀
納蘭容若 性德
郭頻伽 麐
張皋文 惠言
鄭叔問 文焯
王幼霞 鵬運
朱古微 祖謀

新思想之開發者

黃梨洲
王船山
顧亭林
戴東原
羅臺山
龔定菴
康南海
譚壯飛

廣東先輩

林月亭 伯桐
曾勉士 釗
張南山 維屏
吳荷屋 榮光
朱子襄 次琦
陳蘭甫 澧
馮魚山 敏昌
梁章冉 廷枏
譚玉生 瑩
李若農 文田
葉南雪 衍蘭
潘瑤初 存
陳慶笙 樹鏞
康長素 有爲
簡竹居 朝亮
黎二樵 簡

清代編纂諸書 十四

明史
續三通 皇朝三通
御纂七經
數理精蘊 曆象考成 儀象考成
圖書集成
全唐詩 全唐文
大清一統志 大清會典 大清通禮
佩文齋書畫譜 大清律例
歷代詩餘 歷代賦彙
四庫全書提要
西清古鑑 續鑑
皇朝文穎

以上官纂

五禮通考 秦蕙田 讀禮通考 徐乾學
經義考 三百卷 朱彝尊
玉函山房輯佚書 馬國翰
全上古三代漢魏六朝文 嚴可均
國朝耆獻類徵
皇朝經世文編 賀長齡
天下郡國利病書 顧炎武

以上私纂

清代最有價值之著述

顧炎武日知錄
黄宗羲明儒學案
顧祖禹讀史方輿紀要
顧棟高春秋大事表
胡渭禹貢錐指
閻若璩古文尚書疏證
孫星衍尚書今古文注疏
簡朝亮尚書集注述疏
陳奂詩毛氏傳疏
胡承珙儀禮正義
孫詒讓周禮正義
陳立公羊義疏
郝懿行爾雅義疏

段玉裁説文解字注
桂馥説文義證
王念孫廣雅疏證
孫詒讓墨子閒詁
王念孫經傳釋詞 讀書雜志
王引之經義述聞
俞樾古書疑義舉例
阮元經籍纂詁
章學誠文史通義
陳澧東塾讀書記
趙翼廿二史劄記

淩廷堪禮經釋例
劉逢祿公羊釋例
王筠說文釋例
黃宗羲金石例

荀子 王先謙校注
孫子 吳子 司馬法 孫星衍校
管子 洪頤煊校注
慎子 嚴可均輯
商子 嚴可均校輯
韓非子 顧廣圻 吳鼒校
尹文子 嚴可均校
墨子 畢沅校 孫詒讓校注
鬼谷子 秦恩復校
尸子 章宗源輯 任兆麟輯
燕丹子 章宗源輯
公孫龍子 馬國翰輯校
呂氏春秋 畢沅校 梁玉繩校
老子 畢沅校
列子 汪繼培校 秦恩復校 任大椿校

素問 錢熙祚校 張琦注

周髀算經 戴震校

九章算術 戴震校

逸周書 盧文弨校 陳逢衡注 朱右曾校注

國語 顧廣圻校 洪亮吉疏 汪遠孫校注

戰國策 顧廣圻校 盧見曾校

山海經 畢沅校 郝懿行疏

竹書紀年 洪頤煊校 陳逢衡注

穆天子傳 洪頤煊校 丁謙校注

世本 孫馮翼輯 秦嘉謨輯補 雷學淇輯 張澍輯

孔子家語 盧文弨校

晏子春秋 孫星衍校注

列女傳 王照圓校注 梁端校注

新序 陳壽祺校注

說苑 陳壽祺校注

水經注 戴震校釋 楊守敬校釋 趙一清校釋

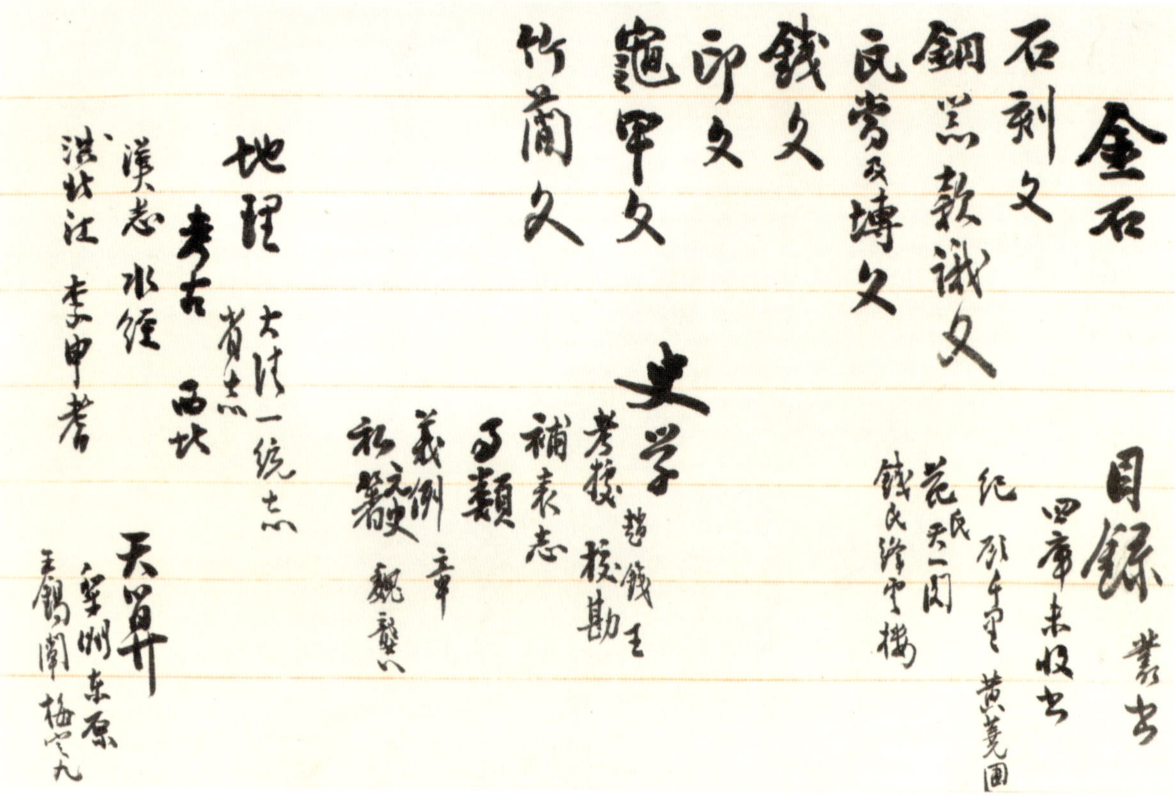

金石
石刻文
銅器款識文
瓦當及塼文
錢文
印文
龜甲文
竹簡文

目錄 叢書
四庫未收書
紀 阮芸臺 黄蕘圃
范氏天一閣
錢氏絳雲樓

史学
考證 趙 錢 王
校勘
補表志
了類
義例 章
私纂文史 魏默深

地理 大清一統志
省志
考古 西域
漢志 水經
洪北江 李申耆

天算 宣州 東原
王錫闡 梅定九

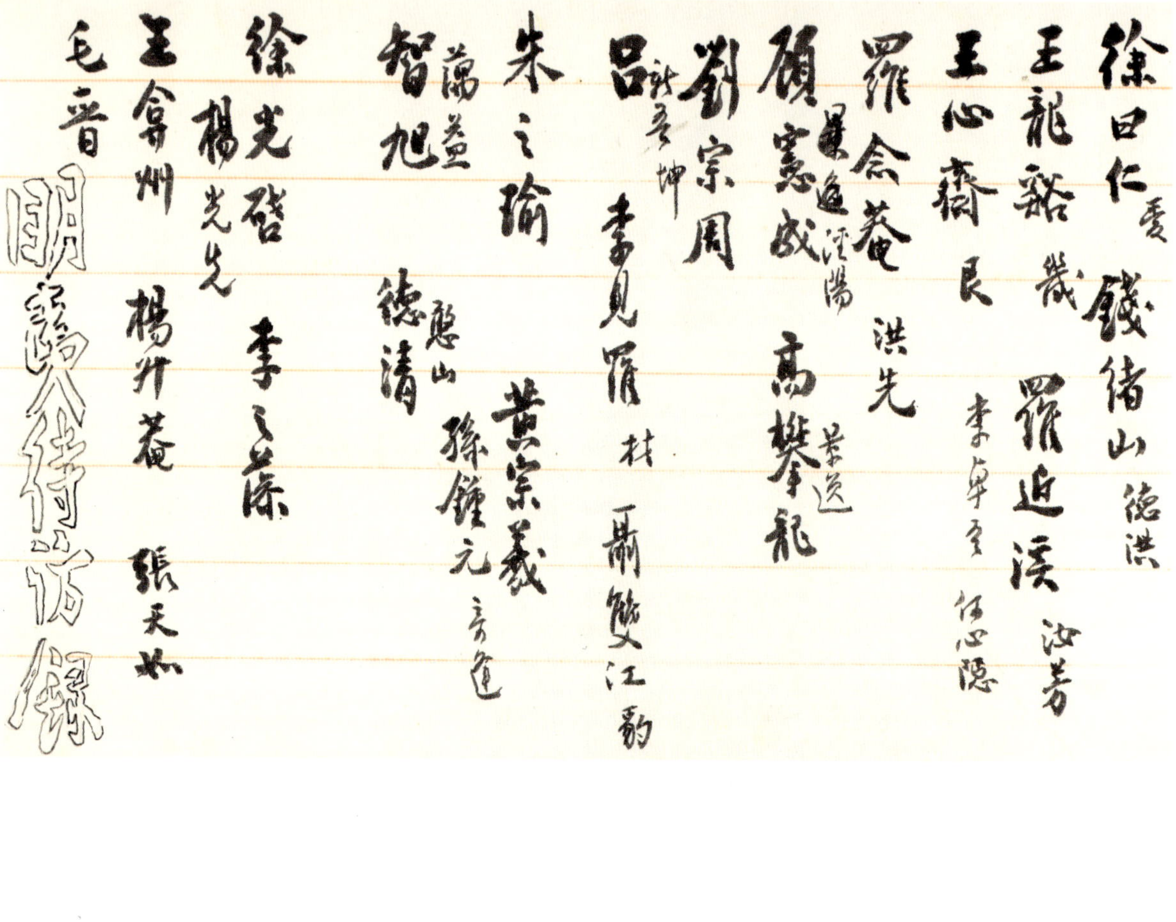

徐日仁 愛
錢緒山 德洪
王龍谿 畿
羅近溪 汝芳
王心齋 艮
李卓吾
何心隱
羅念菴 洪先
顧憲成 景逸 涇陽
高攀龍 景逸
劉宗周
呂新吾 坤
李見羅 材
聶雙江 豹
朱之瑜
黄宗羲
蕅益 智旭
憨山 德清
孫鍾元 奇逢
徐光啓
楊光先
李之藻
王弇州
楊升菴
張天如
毛晉
明儒學術目錄

初唐　自武德至開元初
盛唐　自開元至大曆
中唐　自大曆至元和　長慶
晚唐　自寶曆至唐末
初唐　十八學士　魏徵　虞世南
四傑　王楊盧駱
陳子昂　李嶠　杜審言　沈佺期　宋之問
盛唐　張九齡
李杜　高岑王孟韋　李
中唐　大曆十才子
韓柳元白　~~小李杜~~　郊島　盧
劉禹錫　陸
晚唐
小李杜　李賀　溫庭筠
王建　韋莊　韓偓　羅隱

關漢卿　馬致遠　鄭廷玉　白朴
荊劉拜殺
王實甫　高則誠
湯顯祖　沈璟
王世貞　阮大鋮　燕子箋
尤侗　吳梅村　王船山　孔東塘
李笠翁　洪昉思　蔣苕生
水滸　西遊　王弇州　封神　金瓶
三國　今古奇觀　紅樓　野叟
萬紅友　詞律
納書楹曲譜
戢 [illegible]

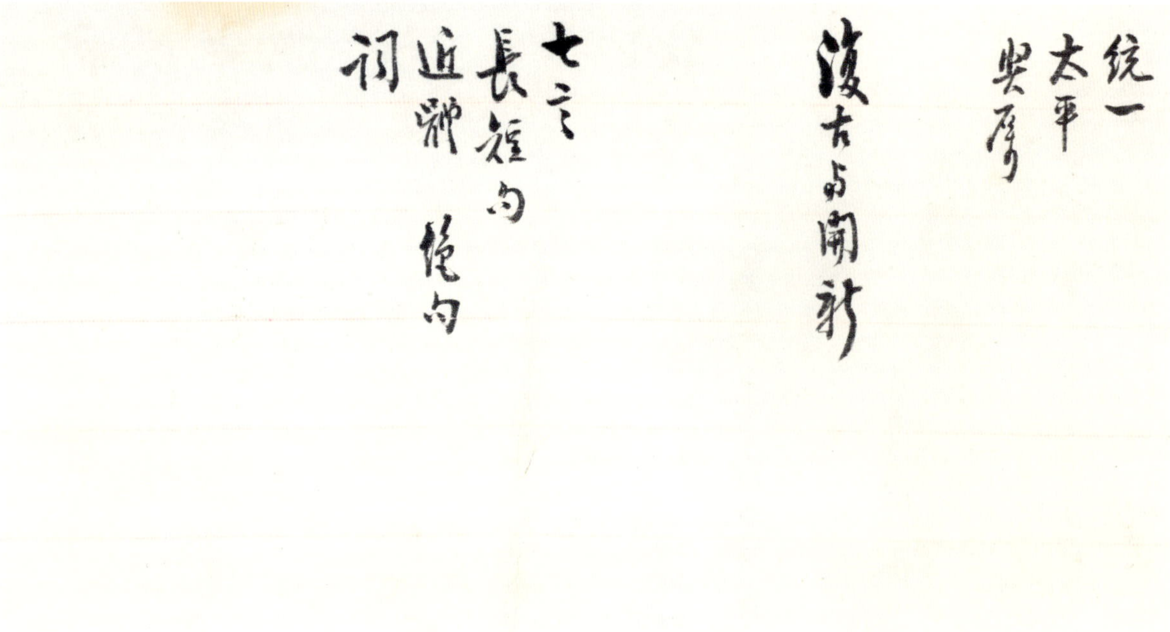

統一
太平
興廢
復古與開新
七言
長短句
近體 絕句
詞

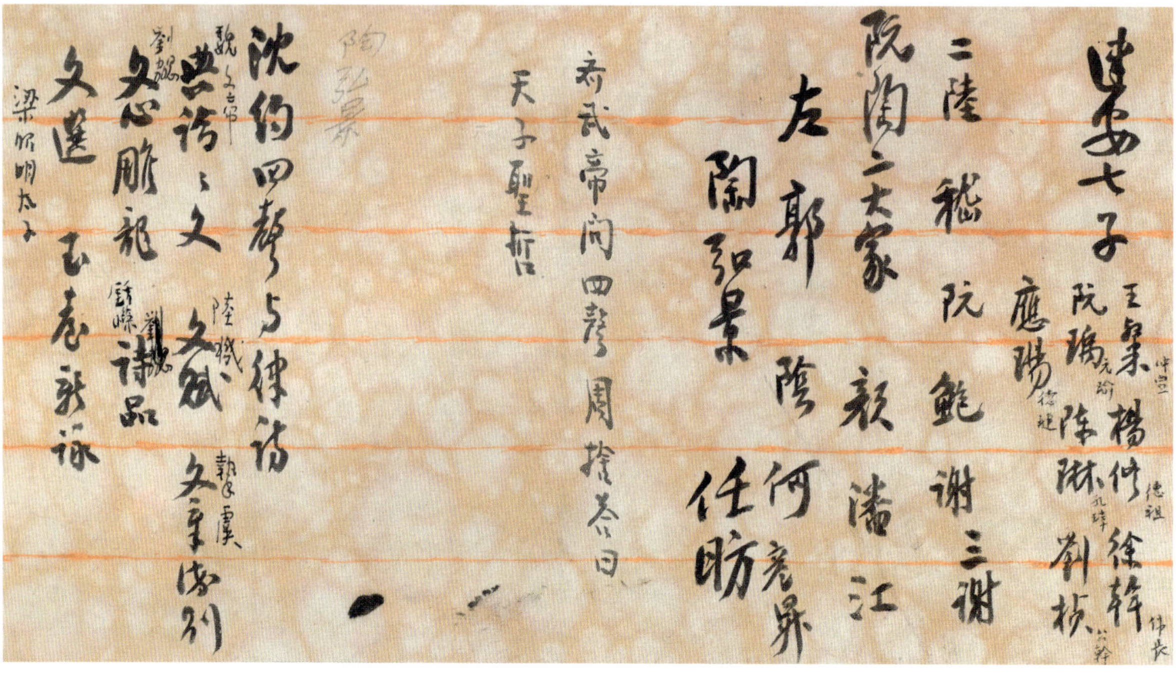

建安七子 王粲 仲宣 楊修 德祖 徐幹 偉長
阮瑀 元瑜 陳琳 孔璋 劉楨 公幹
應瑒 德璉
二陸 嵇 阮 鮑 謝 三謝
阮陶二大家 顏 潘 江
左 郭 陰 何遜
陶弘景 任昉
齊武帝問四聲 周捨答曰
天子聖哲
陶弘景
沈約四聲與律詩
魏文帝 典論論文 陸機 文賦 摯虞 文章流別
劉勰 文心雕龍 鍾嶸 詩品
文選 玉臺新詠
梁昭明太子

稿紙印刷千張一百張

內墨譜本兩套

壽與己集交出

一〇八
四四
一五二

四二七
一五二
五七九
三四
六一三

五七二
四八
六二〇

飲冰室用箋

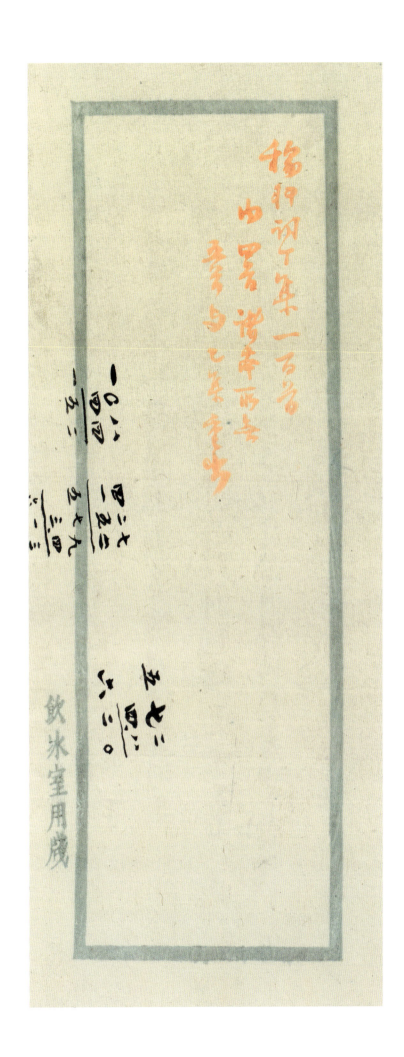

此册共二十七紙，前廿六篇乃七年戊午之夏
伯兄在天津家居與兒曹講學之備忘録，
由今觀之，實「清代學術概論」之胚胎矣。紙
上塗鴉乃當日兒曹之手筆，最後一紙則爲
十七年戊辰初秋箋稼軒年譜時計算詞集
首數之稿紙。彊村本之稼軒詞補遺中有
伯兄一跋，寫於戊辰立秋後二日，謂見明吴訥本
之稼軒詞丁集云云，紙上硃筆乃計算丁集
詞，以知爲初秋手筆。

十八年己巳十二月十八日　啟勳記

名　稱：曼殊室隨筆三集、四集
作　者：梁啟勳
數　量：26紙、1册
時　間：1926年至1946年

曼殊室隨筆（三集）

新會梁啟勳述

一

中國建築物、每見有故將長方形之廳事而兩面開窗者輒刻意摹仿舟式、名曰畫舫、曰船廳。而屋小於舟一語、亦為結構小巧之形容詞。是屋也而偏以舟名。至若頤和園之石舫、則更具體的以屋為舟矣。然而北海公園所殘留之御用船則以舟為屋。其船頂構造、貌為兩翼四簷、獸脊鱗瓦、固具體而微之宮殿式也。使不動如動、動如不動、顛倒物態、斯亦審美之一觀念。

東坡為汝陰守、嘗作擇勝亭、以帷幕為之、讀其銘可以彷彿其構造。銘曰：「乃作斯亭、簷楹棄梁、鑿枘交設、合散靡常。赤油仰承、青幄四張。我所欲往、十夫可將。與水升降、除地布牀。……豈獨臨水、無適不臧。春朝花郊、秋夕月場。無脛而趨、無翼而翔。敝又改作、其費易償。」此更具體的故將不動者而役之使動矣。然而搬運此亭、已頰十人〃，此外茶籠行厨杯盤酒榼之供，應是稱是，亦幾等於張益遊山矣。

二

陶靖節「雖無紀曆志，四時自成歲。」只此二語，已把天壤間一個遺世獨立之桃花源刻畫出来。晉簡文帝「覺鳥獸禽魚自來親人」。寥寥幾字，已能將一座幽深曠遠之華林園描寫盡致。又如「風吹草低見牛羊」，何嘗有一字言及地理，但大平原之氣象如在目前。「眼前羅列盡兒孫」，何嘗有一字道及山川，但泰山之雄偉即在眼底。讀「吳楚東南坼，乾坤日夜浮。」如見洞庭之浩淼。讀「巫峽雨雲摻朝暮，漢陽煙樹帶青江。」如見長江之氣勢。讀「東窮碣石海，羣山立，西帶黃河落日明。」便覺長城之偉大。是曰精警。

時流作詩，莫不有題。其間有不署題意者，則綴以「無題」二字，方諸玉谿。案玉谿之無題詩，多屬側豔之作，每見無題二字，題意卻已自明。唯填詞家則多謂調名已寓題意，竟以無題為當行，是惑也。揆諸古人度曲伊始，調名概寓題意，無事重疊。但時至後世，調名既成符號，已無寓意之可言。東坡之大江東去乃懷赤壁，明月幾時有是詠中秋。試問念奴嬌三字與赤壁何涉，水調歌頭更無關於中秋。既感心有所感而形諸筆墨，從畧標出吟詠之本旨，庸何傷？更何執之焉。白石遺山之詞題動逾百字，蔡松年且有長及數百字者，未必因此而損其價值也。

三

凡曲之疊用前調者，北曲曰么或么篇，南曲則曰前腔；詞之疊闋則曰換頭或過片。曲乃詞之變，所謂么篇與前腔，自然是由換頭演來。前腔二字易明，唯「么」頗費解，疑即「疊」之意。詞調有六么令，試錄晏小山一首而加以說明。

六陰春盡，飛絮繞香閣。晚來翠眉宮樣，巧把遠山學。一寸狂心未說，已向橫波覺。畫簾遮帀。新翻曲妙，暗把閒人帶偷掐。前度書多隱語，意淺愁難答。昨夜詩有回紋，韻險還慵押。都待笙歌散了，記取來時霎。不消紅蠟。閒雲歸後，月在庭花舊闌角。

首句雖只四字，但從音者畧為婉轉而帶「只見」「卻是」「又到」等虛聲即成六字句，此則曲之襯音所由起也。上半闋之閣、學、覺、與下半闋之答、押、霎、實等於用六五句法連疊六韻，音節如一。其上下兩結韻之四四七則尾聲如六幺之名，疑即六疊之意，其義或取於是。

由此言之，凡疊處即謂之幺，事實乃如是。但幺即「幺」字之別寫，有細小之意，有單一之意，無訓疊者；或則為曲師之符號，非幺字也。沈璟南詞九宮譜釋撮頭之總論曰：「篇中幺或衮，大率即是前腔」。可見幺乃衮之省文，幺篇即衮篇之別寫。衮與衮篇皆宋大曲之名稱。但此種專門術語，今已無能釋之者。宋陳暘樂書曰：「大曲前緩疊不舞，唯一工獨進，以手袖為容，蹋足為節。至入破則羯鼓、襄鼓、大鼓與絲竹合奏，句拍益急，舞者登場，投節制容，變態百出。」讀此可以彷彿其歌容舞態。沈括夢溪筆談曰：「霓裳曲凡十三疊，前六疊無拍，至第七疊方謂之疊遍。」兩說可以互證。

史浩鄮峰大曲，其編排之節目曰：延遍、攧遍、入破、衮遍、實催、衮、歇拍、煞衮，前後凡八段。王灼碧雞漫志曰：凡大曲有散序、靸、排遍、顛、正攧、入破、虛催、實催、衮遍、歇指、煞衮，凡十段，始成一曲，謂之大遍。又曰：余嘗見涼州排遍一本，共二十四段。後世就大曲製詞者類從簡省，而管絃家又不肯自首至尾吹彈云。可見大曲之段數，儘有伸縮力。再證以陳暘所謂「前緩疊不舞」一語，及沈括「前六疊無拍」一語，或則入破以後，即變為緊疊妙舞，亦未可知。若是則袞之與疊，亦可以略得其意義相同之邊際矣。「疊鼓」即鼓聲不斷之意，其義與「滾」同，俗語謂之滾花鼓，又疑袞乃滾之省文。

宋大曲之神髓，至今罕能道其詳，已如上述。沈璟生於明中葉，去南宋不過二百有餘歲，其對於宋大曲所用之術語，已作影響之譚，觀於「大樂」二字可知。只因詞至南宋，已入沉悶之境，入元乃大起反動，由獨奏之北曲，再進而為對唱之南曲。單調之場面，一變而為繁複。九十年間，舉南宋沉悶晦澀之歌曲一掃而空，歌詞則回復五代、北宋之活潑，而排場又復革新。是故僅以二百數十年之歲月，宋大曲遂至於無痕跡之可尋。反動之趨，於斯為最。此因循窮則變之原則，以遞嬗而新民族衝入之激刺，亦有以致之也。觀於南曲之所以興，由於北曲無入聲，四聲缺一，為社會之要求，遂不得不努力於創造。此則天時人事，更有互為因果者矣。

陸放翁曰：「詩至晚唐五季，氣格卑陋，千家一律，而長短句獨精巧高麗，後世莫及。此事之不可曉者」云。豈有他哉，亦曰窮則變，變則通之原理以運行而已。放翁生於南宋，所謂「後世」云者，自然是指其生在之當時。可見南宋之詞已入窮境，等於晚唐之詩；即南宋之當代人，亦既自認為不滿人意矣。革新之機，寧待金源。彼臨安之鐘簴不移，而詞壇亦暗起革命矣。然而以晚唐詩之委靡，變化乃起自宋詩；以南宋詞之臨澀，變化乃起自元曲。是氣運之來，亦必有待於易代而後可致也。噫，其機微矣。

四

詩三百篇，約略可區分為比、興、賦三體。鍾嶸曰：「文盡而意有餘，興也；因物喻志，比也；直書其事，寓言寫物，賦也。」僧皎然曰：「取象曰比，取義曰興。」又曰，「比與用事不同。」若以今語釋之，則比興乃漫寫之歌詠，而賦體則為敘事詩也。自楚騷發揚三百篇之比興體，漢魏承其緒，比興遂成為詩體之正宗。如古詩十九首，可稱為比興體之模範，流風所被，至今未已。其間雖未嘗無敘事之賦體詩，如孔雀東南飛、少陵之北征與八哀、昌黎之南山、義山之韓碑等，皆為卓犖之敘事詩，然究不足與比興争衡。至於詞則爲格律与字數所限，不宜於叙事，更無論矣。中间唯趙德麟以十二首蝶戀花寫會真記，開出以詞曲叙事之法门，厥後遂有孔云亭之桃花扇傳奇，以四十齣之長篇叙述晚明南朝故事之傑作。元明之傳奇，實不啻舉詞曲不宜叙事之桎梏揉碎而擴展之也。噫嘻，此非窮則变，变則通之明效欤。試將徐文長之漁洋弄節録十一支，以見證，盡是興平建安间二千餘年之故實也。

（油葫蘆）第一來逼獻帝遷都，又將伏后來殺，使郗慮去拿。唉，可憐那九重天子救不得渾家，帝道后少不得你先行，咱也只在目下。更有那兩箇兒又不是别樹上花，都總是姓劉的親骨血在宫中長大，却怎生把龍雛鳳種做一窶鮓魚蝦。（天下樂）有一箇董貴人，是漢天子第二位美嬌娃，他該甚麽刑罰，你差也不差。他肚子裏又懷着兩三月小哇哇。既殺了他的娘，又連着胞一搭，把娘兒们兩口砍做血蝦蟆。（哪吒令）他若討喫麽你与他幾塊歪剌。他若討穿麽你与他一疋棘麻。他有時傳旨麽教鬼來拿。是石人也動心，總痴人也害怕，羊也咬人家。（鵲踏枝）袁公那兩家，不留他片甲。劉琮那一答，又逼他來獻納。那孫權呵幾遍幾乎，玄德呵兩遍價。

搶他媽媽。是處兒城空戰馬。遞年來屍滿啼鴉。（寄生草）仗威風、只自假。進官爵、不由他。一箇女孩兒竟坐中宮駕。騎中郎直做了侯王霸。銅雀臺直把那雲煙架。僭車旗直接倒朝廷胯。在當时險奪了玉皇尊、到如今遂使得閻羅怕。（六么序）哄他人口似蜜、害賢良只當耍。把一箇楊德祖立斷在轅门下。磣可可血噴零喇。孔先生是丹影靈砂。月卿金蟆似觀瓊花。易奇而法、詩正而葩。他兩人嫌隙於你只是針尖大。不過是口嘮嘈、有甚爭差。一箇是忒聰明忝透了雞肋話。一箇是一言不洽。都雙雙命掩黃沙。（么篇）哎、我的根芽也沒大覷搭。都則為文字兒奇拔。氣槩兒豪達。拜帖兒長拿。沒處兒投納。隸斧金櫃东閣西華。世不曾挂齒沾牙。唉、那孔北海沒来由說有些些緣法。送在他家井底蝦蟆。也一言不洽。怒氣相加。早難道投機少話。因此上暗藏刀把我送与黃江夏。又逢著鸚鵡捺咱彩毫端。滿紙高聲價。鼓影身持觴勸酒、俺擲筆還未了杯茶。（青哥兒）日影移窗櫺、窗櫺一罅。賦草擲金聲、金聲一下。黃祖的心腸忒狠辣。陡起鱗甲。放出槎枒。香怕风刮。粉怪媧搽。士忌才華。

曼殊室隨筆（四集）

新會梁啟勳述

一

宋詞音譜之見於載籍者，並非無痕跡可尋。其為人所共知者，則有姜夔自度曲及張炎詞源。既知ㄣ人フル夂丂一△マ之為上尺工凡六五一合四，則按舊譜而譯以工尺，宜若可以上腔。只是自宋代以至於今日，八九百年間，展轉繙刻，摹寫雕鐫，校對，在在均易致誤。蓋以符號非同正字之有文義可尋，偶或筆誤，尚易於辨證也。歌曲乃原於天籟，決非怫人之性而強人以所難，自應的本能活動。正心工夫既在喜怒哀樂未發之先、已入無明境界、不容與修身緊相銜接。

或曰、正也者、意是發而皆中節之意、非未發也。是未必然。大學章句、固明明曰、有所忿懥則不得其正、有所恐懼則不得其正、有所好樂則不得其正、有所憂患則不得其正。然則無忿懥無恐懼無好樂無憂患乃得謂之正。其義甚明、非未發如何。

成唯識論曰、第八之阿賴耶識亦名心識、亦名種子識。又曰集起的心、即第八識。思量的意、即第七識。了別的識、即第六識。其順序恰爲心意身。蓋有意識的意志活動、自之碑。旌范仲淹墓曰褒賢之碑。旌劉沆之墓則以思賢二字。凡此皆明主懷想賢良而生自本心之所為也。厥後則有慕虛榮而邀寵者矣。觀於仁宗嘉祐五年十一月之詔書可以知之。詔曰，「自今臣僚之家，毋得陳乞御篆神道碑額。」其後神宗為韓琦篆碑額，文曰兩朝顧命定策元勳八個字，則更非汎汎者可比矣。後世碑額，有自刻御賜兩字者，亦有刻蟠龍花紋以作象徵者，則皆北宋榮典遺蛻之痕迹矣。

北宋初期之良相，除韓、范、富、文、杜、寇、王、李諸公外，尚多有可述者。仁宗即位，章獻劉太后臨朝，參知政事魯宗道矣。又曰、宋人歌詞以合下四四下一一上勾尺下工工下凡凡等十二聲配十二律、以六下五五一五配四清聲、共十六聲云。試將白石詞集所用之符號與張炎詞源所用之符號暨詞源釋文、並明代管色、表列如左。

1 十二律呂	2 白石譜	3 詞源譜	4 詞源釋文	5 明朝管色
黃鐘	ム	ム	合	合
大呂	マ	ⓜ	下四	背四
太蔟	マ	マ	四	四
夾鐘	一	㊀	下一	背一
姑洗	一	一	一	一
仲呂	ㄥ	ㄣ	上	上
蕤賓	L	L	勾	勾
林鐘	人	八	尺	尺
夷則	フ	ⓕ	下工	啞工
南呂	フ	フ	工	小工
無射	リ	ⓡ	下凡	啞凡
應鐘	リ	几	凡	小凡
清黃鐘	久	么	六	六
清大呂	ゅ	ⓨ	下五	啞五
清太蔟	ず	ゅ	五	五
清夾鐘	ず	ず	一五	一五

由是觀之，白石與玉田所用之符號，曾無異同，只字勢略

词学概论

中國文字、一字一音、最適宜於作韵文。所以中國的有韵之文，種類特別多。自中原民歌的三百篇起、演變而為楚之騷，漢賦、唐詩、宋詞、元曲。這不過舉其大概，若細工分析，還不止此數。词也是韵文的一種、上承唐詩之統緒，下開元曲之先河。計自六朝以迄金元、這一千一百年間（二二二—一三六八）是中國韵文变化最複雜的一個时期；而词的地位，恰是這個複雜变化的樞紐，值得研究。

這一句話，我要先說在頭裏，溯自元曲成立以後，至今已有六百年，在這個長时期當中，韵文還沒見有創造性的变化。凡是改造或創作的事業，一定要儘先把底子摸清楚，才能談到上創造，所以這個研究、是希望能夠促進新的創造早日发生，不是教人玩古董。

一、词之成立

詞的特殊面貌，在於変易句法整齊的四、五、六、七言詩而為錯落的長短句。這個変化的遠因起自初唐，所以促成這種変化約有兩個途徑：(一)吸收各個小民族的歌曲，使与中原文藝相融合而起変化。(二)整齊的詩句，在歌唱的時候有些地方要加入襯音才能圓諧；久而久之，把襯音填成實字，因此而句法使変整齊而為錯落。試分別論之。

~~徐渭的南詞叙錄王驥德的曲律說~~唐書：「唐高祖武德九年（六二六）春正月己亥，詔太常少卿祖孝孫……」（曲論一二七）——作成雅樂凡八十四調。」又隋書：「隋高祖開皇九年（五八九）柱國沛公鄭譯，……」（曲論一二五）——始為七聲之正。」又徐渭的南詞叙錄：「宋人：古之樂府、叶協宮調……」（詞學一五）——南曲遂繁。」於斯可見，溯自南北朝以後，黃河以北，經過相當的長時期為西北民族所統治，受文化交流的影響，把說的祖戲文推進了一大步。「樂府廣題說：「……」（詞論六九）——風吹草低見牛羊。」這便是促起文化的第一個途徑。

名　稱：詞學概論
作　者：梁啟勳
數　量：9紙
時　間：1932年
備　注：此爲《詞學銓衡》之稿本

朱彝說：——（概論一三六）——即襯音是已。在正文上加襯音而起的變化，表現在曲上較為明顯。詞曲同源，不妨引用以作例證。——（詞學上、三）——在詞裏頭也還可以得些痕跡。——（詞論六七）——這便是促起文化的第二個途徑。

讀以上諸家的論據，我們可以看清楚了，[illegible]唐五代兩宋之間為什麼在文壇上能夠把整齊嚴肅的詩句一變而為搖曳多姿的詞調了。

一、吳、楚：吳，即現代的江蘇地方。楚，即現代的湖南地方。當春秋戰國時代的不野。[illegible]

二、胡：指西北民族

三、夷：指西南民族

四、回紇：即現代新疆省庫車地方

五、突厥：初起於甘肅平涼，後據大至中亞細亞

六、鮮卑：仍在今黑龍江地方

六、詞之組織

徐渭的南词叙录说：永嘉杂剧，——（词学上五四）——容易感动人。（另）王骥德的曲律里头，要适稿的几句话：（句）用宫调须称事之悲欢苦乐，如游赏则用仙吕、双调、等类；哀怨则用商调、越调、等类。以调合情，容易感动得人。

音乐之于诗人，——（词论四八）——皆可就范也。

词是有一定的格律，——（概论一四五）——可勿问矣。

康熙二十六年，——（词学上一〇阴叢）——列为最首倡也。

谢元淮的碎金词谱，——（词论九八）——只上四册有音符可知。

口腔之发音，——（曲论一五二）——乃与谐声而已。

九宫大成谱所载，——（曲论一五三）——必不能执一以例乎余。

~~假定康熙、雍正成~~戈载的词林正韵的十三、十五、十九部的闭口韵，——（词论七七）——与草窗不远矣。

憶舊遊 記愁橫淺黛 周邦彥

送人猶未苦 吴文英

劉克莊 詠村女詩 長短句

謝宏壽 也業詞

舒亶 宋集四二

淮陽樂府 張弘範

中國韵書，通行雜揉——（詞論九七）——如何能夠也。

三、詞之變化

詞在同一調名的作品，每一韵的字數多一定；因此，而每一首的字數當然也是一定了。但是一韵當中分作幾句，每句字數的多少，可以伸縮。——（詞論一五）——粗是淺見。

甚至於陳允平——（詞論三七）——而自用別體者哉。

詞在同一調名同一韵腳當中，新句雖然可以活動；但是句中之逗，最為謹嚴，一點也不能隨便。——（詞學上三二）——嚴整齊如。

四、詞之特殊規律

調的四字句有些用兩個字一字要詞的格調、規律於句逗變化之外、還有陰陽五聲。詩律只分平仄，所謂四聲的，「平上去入」，在詩只是一平對三仄，上去入可以通用，無甚分別。在詞另不能却甚簡單。田同的西圃詞說：「古人名作中轉折跌宕處，多用去聲，蓋三仄之中，上入可以作平，去另楊果的論聲韻以一平對三仄，論歌只當以去對平上入。去中當用去者非去則激不起，用入且不可，斷勿用平上。

試將最普通之調，挑出他必須用去聲的地方，舉幾首名家作品做個例。如解連環的結韻第四個字必要用去聲。

拚今生對花對酒為伊淚落　周邦彥

歎滄波路長夢短甚時到得　吳文英

待攜樽醉歌醉舞勸花自落　蔣捷

更留人紺丸半顆素甌泛雪　王沂孫

還有永遇樂的結韻：

也應暗記　蘇軾

此中看回都晚見

憑誰問廉頗老矣，尚能飯否　辛棄疾

不如向簾兒底下，聽人笑語　李清照

思量怕風驟雨恨，落紅萬點　趙師俠

又如瑞鶴仙的結韻：

向園林鋪遍了殘春，怎生意穩　陸淞

寄殘雲賸雨蓬萊，柔花香水，也應夢見　吳文英

對南溪桃萼翻紅，又成瘦損，~~鳳池舊列~~　史達祖 ~~趙彥端~~

把悶愁付与秋蛩，夜長自語　張炎

又如憶舊遊的結句第四字必要用入聲：

東風竟日吹露桃　周邦彥

殘陽草色歸思賒　　吴文英

愁痕沁碧江上峯　　周密

陽關西出無故人　　張炎

這些地方，除非你不做這個調便罷，要做就要守他的規矩。也許偶然有一兩首例外，但是百分之九十九點幾，是按照這個規律。

還有，詞的規律不但要守四聲，還要遵守五聲。因為平聲也要分出個陰陽來。張炎詞源，說他的父親張樞，有一首詞，中間一句是「瑣窗深」，唱起來深字不協。改為「瑣窗幽」也不協。再改為「瑣窗明」才協。深、幽、明、三個字同是平聲，還有什麼問題呢？原來這個字一定要用陽平才對。深字和幽字都是陰平，所以不行。又周德清中原音韻裏說：有一次唱四塊玉，唱到「彩扇歌，青樓飲」五句，青字聽來像個「晴」字，覺得不對。後來改作

「買笑金、纏頭錦」才的妥貼。因為「秋宵歛、青樓歛」歌字是個陰平、青字也是個陰平，兩個陰平相連接的

把青字映成一個「晴」字音。至於「買笑金、纏頭錦」，金字陰平，緊接上一個纏字

的陽平，才的順當。這是映帶的關係。所以填詞要講究陰陽五聲。

詞的句法結構，有些地方也一定要遵守他的特殊規律。例言如四字句、是行文上最普通的

句法；如「寒來暑往、秋收冬藏」，在詞裏頭，就有不許有的地方。因為來暑兩個字不能連貫，收冬兩個字也不連貫。試舉出兩個最普通而最通行

的調子做個例證。

水龍吟的結韻：

把閒愁換與、樓前晚色，棹滄波遠。　吳文英

向鶯邊按譜、花前覓句，解相思否。　周密

倩何人換取、紅巾翠袖，揾英雄淚。　辛棄疾

且臨風高唱、逍遥舊曲，为先生破。　張埜

又如八聲甘州的結韵：

爭知我、倚闌干處，正恁凝愁。　柳永

連呼酒、上琴臺去，秋與雲平。　吳文英

潮回處、引西風恨，又渡江來。　趙希邁

空懷感、有斜陽處，却怕登樓。　張炎

滄波、相思、英雄、先生、闌干、琴臺、西風、斜陽，每個字一定要連貫。名作多是這樣，間有例外，也不过百分之幾。

詩詞都要押韵，誰都知道。韵脚一定押在一句裏頭末尾一個字，誰都知道。但在詞當中，有些地方，不是韵脚，也不是一句的末尾，然而要押韵。這叫做暗韵，也是詞律裏頭

一個特殊規律。試揀幾個最適的調子舉個例。如

如滿庭芳過片第一句第二字、是個暗韻：

年年如社燕、飄流瀚海、來寄修椽。　周邦彥

銷魂當此際、香囊暗解、羅帶輕分。　秦觀

癡兒公事了、吳蠶纏繞、自吐餘絲。　辛棄疾

思量能幾許、憂愁風雨、一半相妨。　蘇軾

年與椽、魂與分、兒與絲、量與妨、我要把這叫做暗韻。雖不甚難、但名家作品大多如此。又聲調如一樣的多暗韻、如

霜葉飛之第一句：

露迷衰草、疏星掛、涼蟬低下林表。　周邦彥

故園空杳*，霜風勁，南塘吹斷瑤草。　张炎

柳房開了*，鷰語夢、嬌鶯啼破春悄。　张炎

斷煙離緒*，關心事、斜陽紅隱霜樹。　吳文英

杳与草、了与悄、緒与樹，要和協；這是仄聲的暗韻。還有

木蘭花慢這個調子，更中有三個暗韻。錄周密四首。

~~恰芳菲夢醒~~　一

碧霄澄暮靄　陽

覓梅花信息　寒

~~塔輪分斷雨~~遊船人散後　支　尤

這是周密的草窗詞裏頭，詠西湖十景的作品。錄~~蘇堤春曉~~麯院荷風、平湖秋月、斷橋

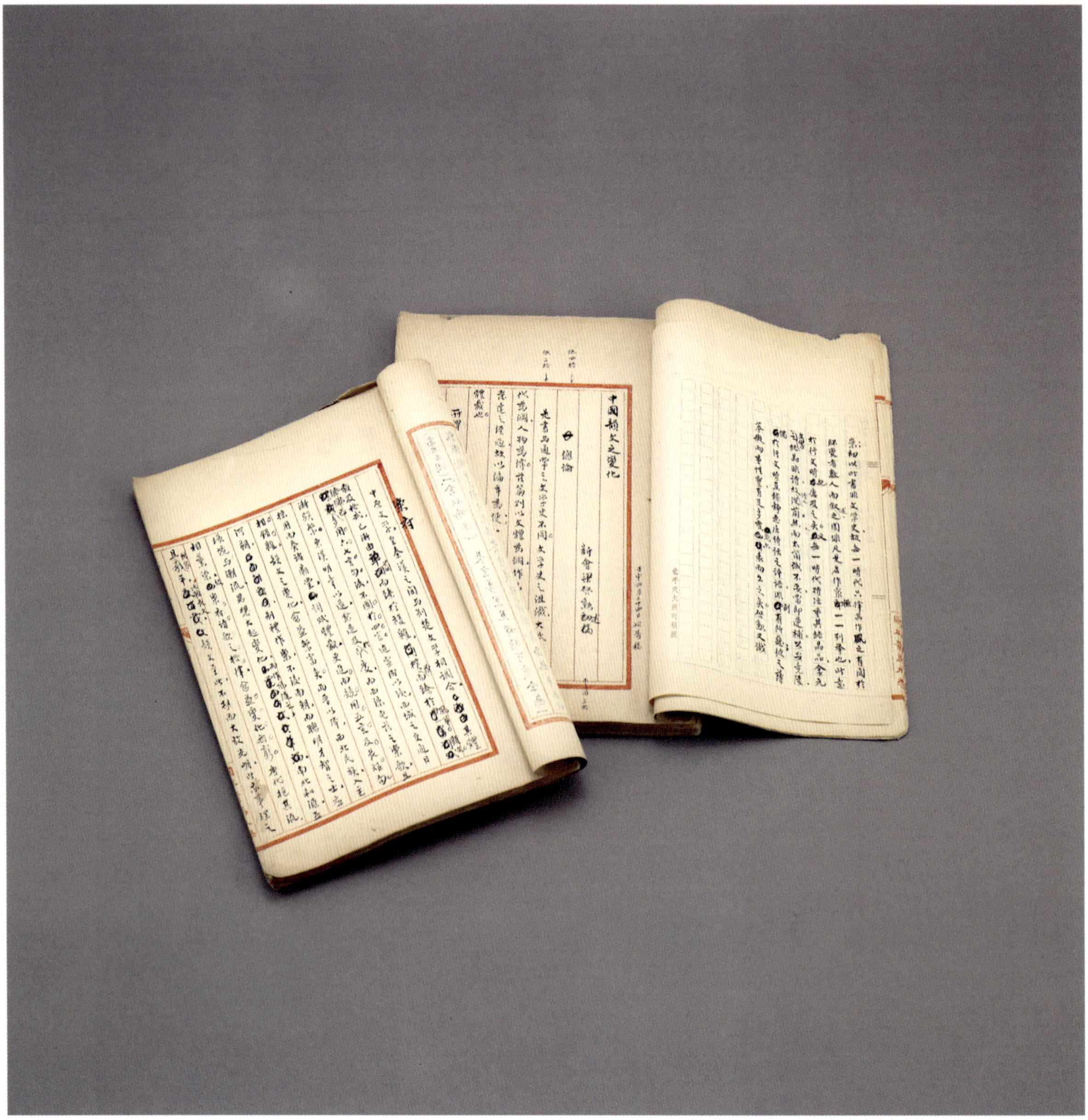

名　稱：中國韻文之變化
作　者：梁啟勳
數　量：2册
時　間：1932年至1937年

中国文学史原可分為兩種講法：

（一）以朝代為綱，人物為緯。

（二）以文體為綱，作品為緯。

就第一種言之，可分作

先秦文学　周秦諸子、左丘、李斯、屈原、宋玉等。

兩漢文学　司馬遷、司馬相如、楊雄、賈誼、班固、張衡、枚乘、馬融、孔融、李陵、蘇武等。

漢魏文学　曹子建、[illegible]、吴季重、王仲宣、楊德祖、徐偉長、阮元瑜、陳孔璋、劉公幹、應德璉等。

六朝文学　陶淵明、左太沖、潘安仁、陸士衡、嵇叔夜、阮嗣宗、張茂先。謝康樂、范蔚宗、鮑明遠、謝希逸。江文通、謝元暉。沈休文、劉孝標、徐孝穆。沈初明。庾子山。梁武帝、梁元帝、陳後主等。[illegible]等。

唐代文学

韻府羣玉分類法 凡五部 （元陰時中撰）

上平	下平	上聲		去聲		入聲
一東	一先	一董	二腫	一送	二宋	一屋
二冬	二蕭	三講	四紙	三絳	四寘	二沃
三江	三肴	五尾	六語	五未	六御	三覺
四支	四豪	七麌	八薺	七遇	八霽	四質
五微	五歌	九蟹	十賄	九泰	十卦	五物
六魚	六麻	十一軫	十二吻	十一隊	十二震	六月
七虞	七陽	十三阮	十四旱	十三問	十四願	七曷
八齊	八庚	十五潸	十六銑	十五翰	十六諫	八黠

樂府

中原文學，至秦漢之間與荊楚文學相調合，其體裁及格式，已漸由單簡而臻於複雜，由樸質而臻於風華。辭文組織已多用六七言句，流不囿於四言。逮宣帝以後，西域之交通日漸頻繁。東漢明章以還，愈遠及於印度，而西涼龜茲之樂歌且採用而奏諸廟堂，詞賦體裁更進而競用五言及長短句。相錯雜，語文之變化，會益繁富矣。西晉以降，西北民族入主河朔，制禮作樂，不讓南朝，而聰明才智之士，各壞境與潮流，思想大起變化，而作風隨之，南北和匯互相薰染，故樂府詩歌之格律，會益變化無窮，歷代擅其流，且國家承平，比較長久，文藝至此不期而大放光明，此亦事理之

補入（己）

唐書曰：舊制雅俗之樂皆隸太常，玄宗精曉音律，以太常禮樂之司，不應典倡優雜伎。開元二年春正月，乃更置左右教坊以教俗樂，命右驍衛將軍范及為之使。又選樂工數百人自教法曲於梨園，謂之皇帝梨園子弟。又教宮中使習之。又選伎女置宜春院，給賜其家。讀此則唐玄宗之音樂天才及其興趣可知矣。歷代樂官，如漢之樂府，隋之清商署，唐之太常，宋之大晟府，皆有為詞。獨玄宗始以政府之力，教俗樂，將通俗音樂普及於民間。明皇雜錄云：上素曉音律，安祿山獻白玉簫管數百事，陳於梨園，諸公主

成之境，孰能御之。唐代之詞，於敦煌石室之枯紙堆中，發見有所謂雲謠曲子十八闋，但無作者名。此卷今存於英京。至於花間尊前兩集，則作者之姓名具在。花間集乃後蜀趙崇祚所輯，有歐陽炯序文。尊前集不知何人輯，但無宋人詞，朱祖謀等定為宋初人輯。兩集所收，皆自唐以迄五代。見於花間集者，則有溫庭筠、牛嶠、韋莊等，皆晚唐人。見於尊前集者，則有唐玄宗、李白、韋應物等，皆盛唐人；白居易、劉禹錫等，中唐人；杜牧、韋莊、韓偓、溫庭筠等，則晚唐人。餘皆五代。花間五百首，尊前三百首，此選本之最古者。至於專集，最先者當推溫庭筠之金荃集，次則為馮

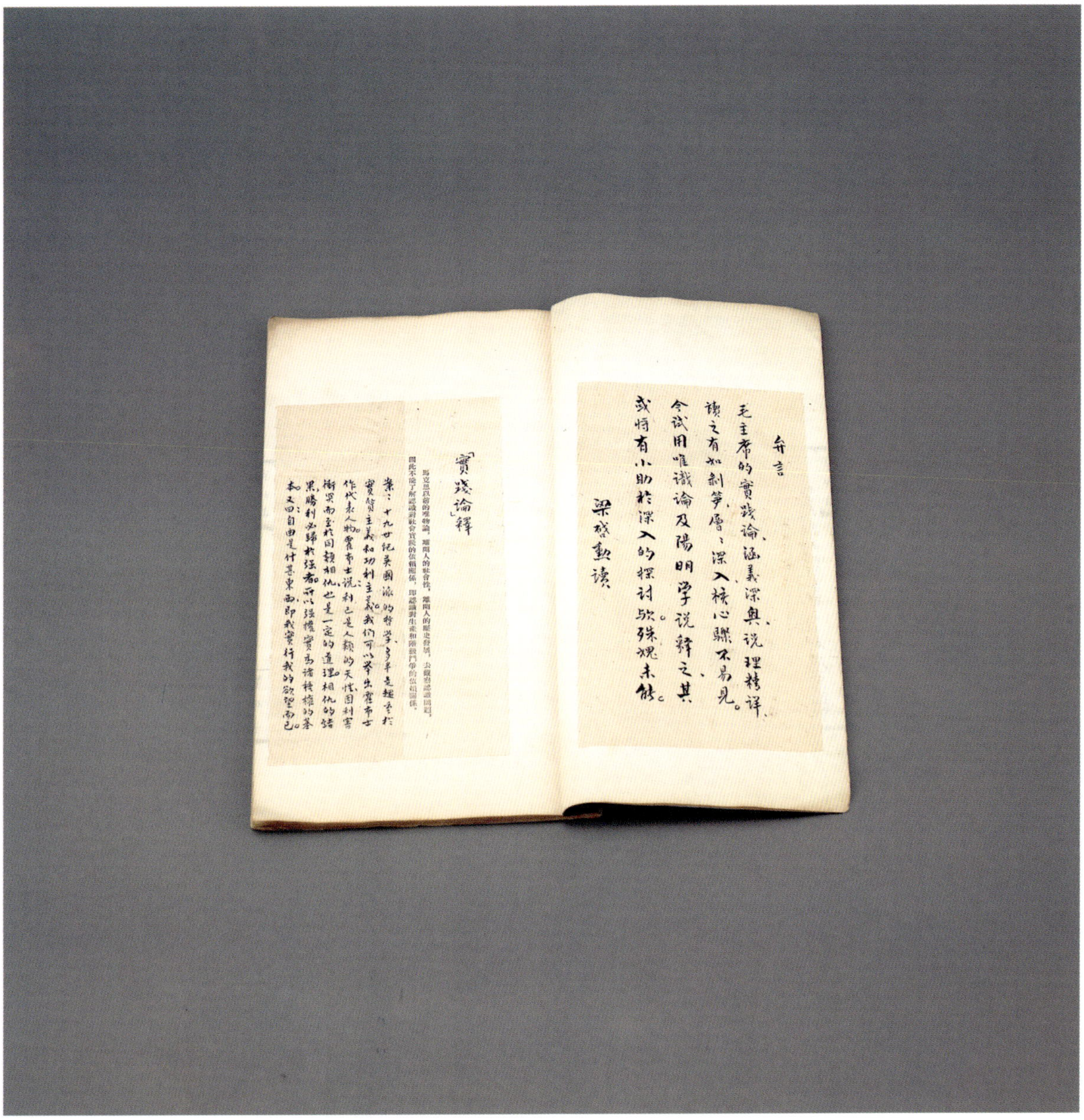

名　稱：《實踐論》釋
作　者：梁啟勳
數　量：1册
時　間：不詳

弁言

毛主席的實践论、涵義深奥、说理精详、讀之有如剥笋、層層深入、核心驟不易見。今試用唯識论及陽明学说释之、其或将有小助於深入的探讨歟。殊愧未能。

梁啓勳讀

「實践論」釋

馬克思以前的唯物論，離開人的社會性，離開人的歷史發展，去觀察認識問題，因此不能了解認識對社會實踐的依賴關係，即認識對生產和階級鬥爭的依賴關係。

案：十九世纪英國派的哲学、多半是趨重於實質主義和功利主義。我們可以举出霍布士作代表人物。霍布士説：利己是人類的天性、因利害衝突而至於同類相仇、也是一定的道理。相仇的結果、勝利必歸於强者。所以强權實為諸種權的基本。又曰：自由是什甚東西、即我實行我的欲望而已。

馬克思主義者認爲人類社會的生產活動，是一步又一步地由低級向高級發展，因此，人們的認識，不論對於自然界方面，對於社會方面，也都是一步又一步地由低級向高級發展，即由淺入深，由片面到更多的方面。在很長的歷史時期內，大家對於社會的歷史只能限於片面的了解，這一方面是由於剝削階級的偏見經常歪曲社會的歷史，另方面，則由於生產規模的狹小，限制了人們的眼界。人們能够對於社會歷史的發展作全面的歷史的了解，把對於社會的認識變成了科學，這只是到了伴隨巨大生產力——大工業而出現近代無產階級的時候，這就是馬克思主義的科學。

案二 最初之人類社會，地廣人稀，土地之所有權無甚界限。耕而食，織而衣，耕織所用最簡陋的工具就是他們的財產了。那時只有家庭的手工業。隨後漸發生了資本合營。小公司併吞了家庭工業，這些家庭的手工業者便成了無產。托辣斯又併吞了小公司，這些小資本家又成了無產。大資本階級的勢力愈雄厚，而無產階級的成員也愈多，其勢亦不弱。這就是階級鬥爭科學的發展。

4

首先，馬克思主義者認爲人類的生産活動是最基本的實踐活動，是決定其他一切活動的東西。人的認識，主要地依賴於物質的生産活動，逐漸地了解自然的現象、自然的性質、自然的規律性、人和自然的關係；而且經過生産活動，也在各種不同程度上逐漸地認識了人和人的一定的相互關係。一切這些知識，離開生産活動是不能得到的。在沒有階級的社會中，每個人以社會一員的資格，同其他社會成員協力，結成一定的生産關係，從事生産活動，以解決人類物質生活問題。在各種階級的社會中，各階級的社會成員，則又以各種不同的方式，結成一定的生産關係，從事生産活動，以解決人類物質生活問題。這是人的認識發展的基本來源。

案：人的認識發展，在同類相處方面，最初只知有母親。隨後因為與自然界威力鬥爭，與猛獸鬥爭，乃逐漸地認識了人和人相互間的關係。在生產活動方面也是一樣。最初以狩獵為生活，多半是單獨行動。隨後因為漸進入於畜牧生活、種植生活，乃認識有無相通的生產關係。

2

人的社會實踐，不限於生產活動一種形式，還有多種其他的形式，階級鬥爭，政治生活，科學和藝術的活動，總之社會實際生活的一切領域都是社會的人所參加的。因此，人的認識，在物質生活以外，還從政治生活文化生活中（與物質生活密切聯繫），在各種不同程度上，知道人和人的各種關係。其中，尤以各種形式的階級鬥爭，給予人的認識發展以深刻的影響。在階級社會中，每一個人都在一定的階級地位中生活，各種思想無不打上階級的烙印。

·1· 3 ·2· 3

案：人本來就是羣居動物，同類相依，乃其天性。經過長時期的与自然界鬥爭与猛獸鬥爭，知道互助的重要性。但維持羣居的秩序不能無首領。因此而經過族長制度、酋長制度，形成了政治生活。又因為社會組織逐漸複雜化，分業漸繁。體力勞動、腦力勞動，自成分野。治人者与治於人者自成階級，乃一定的趨勢。

馬克思主義者認爲，只有人們的社會實踐，才是人們對於外界認識的眞理性的標準。實際的情形是這樣的，只有在社會實踐過程中（物質生產過程中，階級鬥爭過程中，科學實驗過程中），人們達到了思想中所預想的結果時，人們的認識才被證實了。人們要想得到工作的勝利即得到預想的結果，一定要使自己的思想合於客觀外界的規律性，如果不合，就會在實踐中失敗。人們經過失敗之後，也就從失敗取得教訓，改正自己的思想使之適合於外界的規律性，人們就能變失敗爲勝利，所謂『失敗者成功之母』，『吃一塹長一智』，就是這個道理。辯證唯物論的認識論把實踐提到第一的地位，認爲人的認識一點也不能離開實踐，排斥一切否認實踐重要性、使認識離開實踐的錯誤理論。列寧這樣說過：『實踐高於（理論的）認識，因爲它不但有普遍性的品格，而且還有直接現實性的品格。』[5]馬克思主義的哲學辯證唯物論有兩個最顯著的特點：一個是它的階級性，公然申明辯證唯物論是爲無產階級服務的；再一個是它的實踐性，强調理論對於實踐的依賴關係，理論的基礎是實踐，又轉過來爲實踐服務。判定認識或理論之是否眞理，不是依主觀上覺得如何而定，而是依客觀上社會實踐的結果如何而定。眞理的標準只能是社會的實踐。實踐的觀點是辯證唯物論的認識論之第一的和基本的觀點[6]。

案二　認識必要經過實踐，然後知道自己的認識正確不正確。義和團的大師兄們，說他的符咒可以避槍炮。但拿一把快刀在膀子上試一下，不行，失敗了；我們要改變抗戰的方法。至如宋儒談井田，明知這種制度必不能實施，偏要談之不已，像煞有真知灼見。其實他們另有作用，不必去管他。王陽明答顧東橋書曰：「食味之美惡，必待入口而後知，豈有不待入口而已先知食味之美惡者耶。」可作「認識不能離開實踐」的註腳。又曰：「知是行之始，行是知之成。」可作「理論的基礎是實踐，又轉過來為實踐服務」的註腳。知是認識，行即是實踐。

然而人的認識究竟怎樣從實踐發生，而又服務於實踐呢？這只要看一看認識的發展過程就會明瞭的。

原來人在實踐過程中，開始只是看到過程中各個事物的現象方面，看到各個事物的片面，看到各個事物之間的外部聯繫。例如有些外面的人們到延安來考察，頭一二

6

7

天，他們看到了延安的地形、街道、屋宇，接觸了許多的人，參加了宴會、晚會和羣衆大會，聽到了各種說話，看到了各種文件，這些就是事物的現象，事物的各個片面以及這些事物的外部聯繫。這叫做認識的感性階段，就是感覺和印象的階段。[註一]也就是延安這些各別的事物作用於考察團先生們的感官，引起了他們的感覺，在他們的腦子中生起了許多的印象，以及這些印象間的大概的外部的聯繫，這是認識的第一個階段。在這個階段中，人們還不能造成深刻的概念，[註二]作出合乎論理（即合乎邏輯）的結論。

社會實踐的繼續，使人們在實踐中引起感覺和印象的東西反覆了多次，於是在人們的腦子裏生起了一個認識過程中的突變（即飛躍），產生了概念。概念這種東西已經不是事物的現象，不是事物的各個片面，不是它們的外部聯繫，而是抓着了事物的本質，事物的全體，事物的內部聯繫了。[註三]概念同感覺，不但是數量上的差別，而且有了性質上的差別。循此繼進，使用判斷和推理的方法，就可產生出合乎論理的結論來。『三國演義』上所謂『眉頭一皺計上心來』，我們普通說話所謂『讓我想一想』，就是人在腦子中運用概念以作判斷和推理的工夫。這是認識的第二個階段。[註三]外來的考察團先生們在他們集合了各種材料，加上他們『想了一想』之後，他們就能够作出『共產黨的抗日民族統一戰綫的政策是澈底的、誠懇的和眞實的』這樣一個判斷了。在他們作出這個判斷之後，如果他們對於團結救國也是眞實的的話，那末他們就能够進一步作出這樣的結論：『抗日民族統一戰綫是能够成功的。』這個概念、判斷和推理的階段，在人們對於一個事物的整個認識過程中是更重要的階段，也就是理性認識的階段。[註二] 認識的眞正任務在於經過感覺而到達於思維，[註二] 到達於逐步了解客觀事物的內部矛盾，了解它的規律性，了解這一過程和那一過程間的內部聯繫，即到達於論理的認識。[註二] 重複地說，論理的認識所以和感性的認識不同，是因爲感性的認識是屬於事物之片面的、[註一] 現象的、外部聯繫的東西，論理的認識則推進了一大步，[註二] 到達了事物的全體的、本質的、內部聯繫的東西，到達了暴露周圍世界的內在的矛盾，因而能在周圍世界的總體上，在周圍世界一切方面的內部聯繫上去把握周圍世界的發展。

　　這種基於實踐的由淺入深的辯證唯物論的關於認識發展過程的理論，在馬克思主義以前，是沒有一個人這樣解決過的。馬克思主義的唯物論，第一次正確地解決了這個問題，唯物地而且辯證地指出了認識的深化的運動，指出了社會的人在他們的生產和階級鬥爭的複雜的、經常反覆的實踐中，由感性認識到論理認識的推移的運動。[註三] 列寧說過：『物質的抽象，自然規律的抽象，價值的抽象以及其他等等，一句話，一切科學的（正確的、鄭重的、非瞎說的）抽象，都更深刻、更正確、更完全地反映着自然。』(三)馬克思列寧主義認爲：認識過程中兩個階段的特性，在低級階段，認識表現爲感性的，在高級階段，認識表現爲論理的，但任何階段，都是統一的認識過程中的階段。感性和理性二者的性質不同，但又不是互相分離的，它們在實踐的基礎上統一起來了。注三 我們的實踐證明：「感覺到了的東西，我們不能立刻理解它，只有理解了的東西才更深刻地感覺它。感覺只解決現象問題，理論才解決本質問題。這些問題的解決，一點也不能離開實踐。」無論何人要認識什麼事物，除了同那個事物接觸，即生活於（實踐於）那個事物的環境中，是沒有法子解決的。不能在封建社會就預先認識資本主義社會的規律，因爲資本主義還未出現，還無這種實踐。馬克思主義只能是資本主義社會的產物。馬克思不能在自由資本主義時代就預先具體地認識帝國主義時代的某些特異的規律，因爲帝國主義這個資本主義最後階段還未到來，還無這種實踐，只有列寧和斯大林才能担當此項任務。馬克思、恩格斯、列寧、斯大林之所以能够作出他們的理論，除了他們的天才條件之外，主要地是他們親自參加了當時的階級鬥爭和科學實驗的實踐，沒有這後一個條件，任何天才也是不能成功的。『秀才不出門，全知天下事』，在技術不發達的古代只是一句空話，在技術發達的現代雖然可以實現這句話，然而眞正親知的是天下實踐着的人，那些人在他們的實踐中間取得了『知』，經過文字和技術的傳達而到達於『秀才』之手，秀才乃能間接地『知天下事』。如果要直接地認識某種或某些事物，便只有親身參加於變革現實、變革某種或某些事物的實踐的鬥爭中，才能觸到那種或那些事物的現象，也只有在親身參加變革現實的實踐的鬥爭中，才能暴露那種或那些事物的本質而理解它們。這是任何人實際上走着的認識路程，不過有些人故意歪曲地說些反對的話罷了。世上最可笑的是那些『知識裏手(四)』，有了道聽途說的一知半解，便自封爲『天下第一』，適足見其不自量而已。知識的問題是一個科學問題，來不得半點的虛僞和驕傲，決定地需要的倒是其反面——誠實和謙遜的態度。你要有知識，你就得參加變革現實的實踐。你要知道梨子的滋味，你就得變革梨子，親口吃一吃。你要知道原子的組織同性質，你就得實行物理學和化學的實驗，變革原子的情況。你要知道革命的理論和方法，你就得參加革命。一切眞知都是從直接經驗發源的。但人不能事事直接經驗，事實上多數的知識都是間接經驗的東西，這就是一切古代的和外域的知識。這些知識在古人在外人是直接經驗的東西，如果在古人外人直接經驗時是符合於列寧所說的條件：『科學的抽象』，是科學地反映了客觀的事物，那末這些知識是可靠的，否則就是不可靠的。所以，一個人的知識，不外直接經驗的和間接經驗的兩部分。而且在我爲間接經驗者，在人則仍爲直接經驗。因此，就知識的總體說來，無論何種知識都是不能離開直接經驗的。任何知識的來源，在於人的肉體感官對客觀外界的感覺，否認了這個感覺，否認了直接經驗，否認親自參加變革現實的實踐，他就不是唯物論者。『知識裏手』之所以可笑，原因就是在這個地方。中國人有一句老話：『不入虎穴，焉得虎子。』這句話對於人們的實踐是眞理，對於認識論也是眞理。離開實踐的認識是不可能的。

爲了明瞭基於變革現實的實踐而產生的辯證唯物論的認識運動——認識的逐漸深化的運動，下面再舉出幾個具體的例子。

無產階級對於資本主義社會的認識，在其實踐的初期——破壞機器和自發鬥爭時期，他們還只在感性認識的階段，只認識資本主義各個現象的片面及其外部的聯繫。這時，他們還是一個所謂『自在的階級』[注一]。但是到了他們實踐的第二個時期——有意識有組織的經濟鬥爭和政治鬥爭的時期，由於實踐，由於長期鬥爭的經驗，經過馬克思、恩格斯用科學的方法把這種種經驗總結起來，產生了馬克思主義的理論，用以敎育無產階級，這樣就使無產階級理解了資本主義社會的本質，理解了社會階級的剝削關係，理解了無產階級的歷史任務，這時他們就變成了一個『自爲的階級』[注二]。

中國人民對於帝國主義的認識也是這樣。第一階段是表面的感性的認識階段，表現在太平天國運動和義和團運動等籠統的排外主義的鬥爭上。第二階段才進到理性的認識階段，看出了帝國主義內部和外部的各種矛盾，並看出了帝國主義聯合中國買辦階級和封建階級以壓榨中國人民大衆的實質，這種認識是從一九一九年五四運動前後才開始的。

我們再來看戰爭。戰爭的領導者，如果他們是一些沒有戰爭經驗的人，對於一個具體的戰爭（例如我們過去十年的土地革命戰爭）的深刻的指導規律，在開始階段是不了解的。他們在開始階段只是身歷了許多作戰的經驗，而且敗仗是打得很多的。然而由於這些經驗（勝仗，特別是敗仗的經驗），使他們能夠理解貫串整個戰爭的內部的東西，即那個具體戰爭的規律性，懂得了戰略和戰術，因而能夠有把握地去指導戰爭。此時，如果改換一個無經驗的人去指導，又會要在吃了一些敗仗之後（有了經驗之後）才能理會戰爭的正確的規律。

常常聽到一些同志在不能勇敢接受工作任務時說出來的一句話：沒有把握。爲什麼沒有把握呢？因爲他對於這項工作的內容和環境沒有規律性的了解，或者他從來就沒有接觸過這類工作，或者接觸得不多，因而無從談到這類工作的規律性。及至把工作的情況和環境給以詳細分析之後，他就覺得比較地有了把握，願意去做這項工作。

如果這個人在這項工作中經過了一個時期，他有了這項工作的經驗了，而他又是一個肯虛心體察情況的人，不是一個主觀地、片面地、表面地看問題的人，他就能够自己做出應該怎樣進行工作的結論，他的工作勇氣也就可以大大地提高了。只有那些主觀地、片面地和表面地看問題的人，跑到一個地方，不問環境的情况，不看事情的仝體（事情的歷史和仝部現狀），也不觸到事情的本質（事情的性質及此一事情和其他事情的內部聯繫），就自以爲是地發號施令起來，這樣的人是沒有不跌交子的。

由此看來，認識的過程，第一步，是開始接觸外界事情，屬於感覺的階段。第二步，是綜合感覺的材料加以整理和改造，屬於概念、判斷和推理的階段。[注五]只有感覺的材料十分豐富（不是零碎不仝）和合於實際（不是錯覺），才能根據這樣的材料造出正確的概念和論理來。

這裏有兩個要點必須着重指明。第一個，在前面已經說過的，這裏再重複說一說，就是理性認識依賴於感性認識的問題。[注六]如果以爲理性認識可以不從感性認識得來，他就是一個唯心論者。哲學史上有所謂『唯理論』一派，就是只承認理性的實在性，不承認經驗的實在性，以爲只有理性靠得住，而感覺的經驗是靠不住的，這一派的錯誤在於顛倒了事實。理性的東西所以靠得住，正是由於它來源於感性，否則理性的東西就成了無源之水，無本之木，而只是主觀自生的靠不住的東西了。從認識過程的秩序說來，感覺經驗是第一的東西，[註七]我們强調社會實踐在認識過程中的意義，就在於只有社會實踐才能使人的認識開始發生，開始從客觀外界得到感覺經驗。一個閉目塞聽、同客觀外界根本絕緣的人，是無所謂認識的。認識開始於經驗——這就是認識論的唯物論。

第二是認識有待於深化，認識的感性階段有待於發展到理性階段[註八]——這就是認識論的辯證法(五)。如果以爲認識可以停頓在低級的感性階段，以爲只有感性認識可靠，而理性認識是靠不住的，這便是重複了歷史上的『經驗論』的錯誤。這種理論的錯誤，在於不知道感覺材料固然是客觀外界某些眞實性的反映（我這裏不來說經驗只是所謂內省體驗的那種唯心的經驗論），但它們僅是片面的和表面的東西，這種反映是不完全的，是沒有反映事物本質的。要完全地反映整個的事物，反映事物的本質，反映事物的內部規律性，就必須經過思考作用，將豐富的感覺材料加以去粗取精、去僞存眞、由此及彼、由表及裏的改造製作工夫，造成概念和理論的系統，就必須從感性認識躍進到理性認識。[註九]這種改造過的認識，不是更空虛了更不可靠了的認識，相反，只要是在認識過程中根據於實踐基礎而科學地改造過的東西，正如列寧所說乃是更深刻、更正確、更完全地反映客觀事物的東西。庸俗的事務主義家不是這樣，他們尊重經驗而看輕理論，因而不能通觀客觀過程的全體，缺乏明確的方針，沒有遠大的前途，沾沾自喜於一得之功和一孔之見。這種人如果指導革命，就會引導革命走上碰壁的地步。

案：以上這十段都是闡明認識和實踐的過程，試用唯識論五蘊相續的過程來解釋他，或可以相摩相引，有助於深入的了解，也未可知。什麼是五蘊，試表列其涵義如下：（此表乃轉錄飲冰室專集之六十八）

（1）五蘊

- 色——色相——物質——物態
- 受——感覺——感受
- 想——記憶——聯想——印象
- 行——思維——追求——行為——構思
- 識——心理活動之統一狀態

（2）唯物論

識 行 想 受 色

- 色——物——對象——客體
- 識 行 想 受——非色——心理活動之狀態

（3）唯識論

識 行 想 受 色

- 行 想 受 色——所認識的第一步觀察——認識的對象
- 識——能認識的第二步觀察——認識的主體

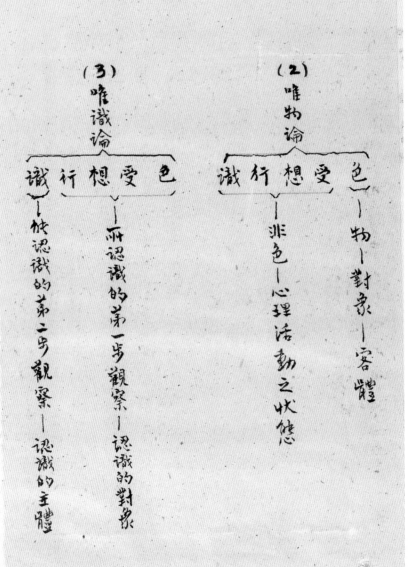

五蘊的順序是這樣：色、受、想、行、識、其活動過程如下。
譬如看見一本洋裝書，書是物質，有形的色相，便是色。怎麼知道是洋裝書呢？第一過程，先感覺一本紙質而長方形的東西；感受，便是受。因此而聯想起過去的經驗，如何是線裝書，如何是洋裝書，把這種印象重現出來；記憶聯想，便是想。再把腦中的印象和眼前的對象相比較；比較追求，便是行。最後了然認識他是洋裝書；認識，便是識。以上第一表是五蘊的順序及其定義。

第二表是物質與所以能認識此物質的活動過程對立。其第一蘊之色是有形相，餘四蘊是無形相。譬如問什麼是感覺？什麼是記憶？拿不出證件來看，但是他的確是內在的一種東西。這便是唯物論，以第一蘊之物為坐標。

第三表則不同。因為色、聲、香、味、是由於眼、耳、鼻、舌、的感應乃能存在。所以色不能獨立為一組。如果沒有眼的感覺則色便不存在了。只有能觀察能認識的我、是個主體。所以把前四蘊列為一組、是所認識的第一步。以第五蘊之識為坐標。是能認識的主體。這便是唯識論。

在上文第三段裏頭有幾句話：「感覺到的東西我們不能立刻理解他、」這便是第二表的唯物論觀。又說：「只有理解了的東西才更深刻地感覺他。」這便是第三表的唯識論觀。

（註一）即第二蘊之受與第三蘊之想

（註二）即第四蘊之行

手稿

10

（註三）是即受、想、行、三識之過程 蘊

（註四）即唯物與唯識的區別

（註五）第一步是受 第二步是行、

（註六）這就是第三表唯識論的過程

（註七）所以色蘊之下便是受

（註八）所以受之下便是想

（註九）這也是第三表的活動過程

（註十）即所謂識緣名色、名色緣識、

理性認識依賴於感性認識，感性認識有待於發展到理性認識，這就是辯證唯物論的認識論。哲學上的『唯理論』和『經驗論』都不懂得認識的歷史性或辯證性，雖然各有片面的眞理（對於唯物的唯理論和經驗論而言，非指唯心的唯理論和經驗論），但在認識論的全體上則都是錯誤的。由感性到理性之辯證唯物論的認識運動，對於一個小的認識過程（例如對於一個事物或一件工作的認識）是如此，對於一個大的認識過程（例如對於一個社會或一個革命的認識）也是如此。

18

案：這一段的開頭三句話、可以用唯識論的十二因緣的「識緣名色、名色緣識」來解釋。先有客觀的對象而主觀乃能有所認識，是曰識緣名色。先有主觀的認識而客觀的事物乃得以辯證，是曰名色緣識。試將唯識論之十二因緣，為表如下：（此表乃轉錄飲冰室專集之五十四）

(8)愛←(7)受←(6)觸←(5)六入←(4)名色←(3)識←(2)行←(1)無明

(1)	無明	無意識的本能活動	
(2)	行	有意識意志活動	
(3)	識	能認識的主觀要素	
(4)	名色	所認識的客觀要素	
(5)	六入	感覺的認識機關	眼耳鼻舌身意
(6)	觸	感覺	
(7)	受	愛憎的情感	因感受而起愛憎
(8)	愛	欲望	因愛而起欲得心

(9) 取← —執著—無執著則萬物各自為物理的存在與我無関

(10) 有← —世界和各個體之物理的存在

(11) 生← —各個體之生存

(12) 老死← —各個體之衰滅

這十二件都有因果連鎖的関係。即所謂無名緣行、行緣識、識緣名色、名色緣六入、六入緣觸、觸緣受、受緣愛、愛緣取、取緣有、有緣生、生緣老死。想解釋他的意義、須用剝筍的方法、由外層往裏剝進去、直到核心。其說如下：老死即各個體之衰滅、緣於有生、無生則無所謂滅。各個體之生存或生命之存在、是曰有。但何以能影響及我、則緣於執著、是曰取。無執著則萬物各自為生理的存在、與我無関；不聽戲則戲院便不是我的世界。但執著乃緣於欲望、是曰愛。亦即生命活動之原動力。欲望之起乃緣於感受外界之引誘而生愛憎、是曰愛。但愛憎之情感實由於与外界接觸而起感覺、是曰觸。但感覺必有感覺的認識機関、是即前六識、（眼、耳、鼻、舌、身、意）是曰六入。其依存則由於所認識之客觀要素、是曰名色。此之謂五蘊和合、乃生命組織之全部。受想行識四蘊包含一切生理狀態、但以能認識之主觀要素為之主、是曰識。其餘四蘊則立於對待地位。其関係略如一家族中之家長、家長本是家族中之一員、但以家長治家、則家長与家便立於對待的地位了。識之所以別於名色、其意義即在此。要而論之、先有客觀的對象、而主觀乃能有所認識、先有主觀的識、而客觀的事物乃得以顯證。此之謂識緣名色、名色緣識」實唯識論最主要之關鍵。但認識活動由於有意識的意志活動，即思維，是曰行。有意識的意志活動則由於無意識的本能活動，是曰無明。譬如眼珠轉動，乃本能；讀書而一目十行，則是意志了。

又案：欲明唯物辯證法，只前六識已足（眼耳鼻舌身意），第七之末那識，第八之阿賴耶識，可以不談。

然而認識運動至此還沒有完結。辯證唯物論的認識運動，如果只到理性認識爲止，那末還只說到問題的一半。而且對於馬克思主義的哲學說來，還只說到非十分重要的那一半。馬克思主義的哲學認爲十分重要的問題，不在於懂得了客觀世界的規律性，因而能够解釋世界，而在於拿了這種對於客觀規律性的認識去能動地改造世界。在馬克思主義看來，理論是重要的，它的重要性充分地表現在列寧說過的一句話：『沒有革命的理論，就不會有革命的運動。』(六)然而馬克思主義看重理論，正是，也僅僅是，因爲它能够指導行動。如果有了正確的理論，只是把它空談一陣，束之高閣，並不實行，那末，這種理論再好也是沒有意義的。認識從實踐始，經過實踐得到了理論的認識，還須再回到實踐去。認識的能動作用，不但表現於從感性的認識到理性的認識之能動的飛躍，更重要的還須表現於從理性的認識到革命的實踐這一個飛躍。抓着了世界的規律性的認識，必須把它再回到改造世界的實踐中去，再用到生產的實踐、革命的階級鬥爭和民族鬥爭的實踐以及科學實驗的實踐中去。這就是檢驗理論和發展理論的過程，是整個認識過程的繼續。理論的東西之是否符合於客觀眞理性這個問題，在前面說的由感性到理性之認識運動中是沒有完全解決的，也不能完全解決的。要完全地解決這個問題，只有把理性的認識再回到社會實踐中去，應用理論於實踐，看它是否能够達到預想的目的。許多自然科學理論之所以被稱爲眞理，不但在於自然科學家們創立這些學說的時候，而且在於爲爾後的科學實踐所證實的時候。馬克思列寧主義之所以被稱爲眞理，也不但在於馬克思、恩格斯、列寧、斯大林等人科學地構成這些學說的時候，而且在於爲爾後革命的階級鬥爭和民族鬥爭的實踐所證實的時候。辯證唯物論之所以爲普遍眞理，在於經過無論什麼人的實踐都不能逃出它的範圍。人類認識的歷史告訴我們，許多理論的眞理性是不完全的，經過實踐的檢驗而糾正了它們的

13

不完全性。許多理論是錯誤的，經過實踐的檢驗而糾正其錯誤。所謂實踐是眞理的標準，所謂『生活、實踐底觀點，應該是認識論底首先的和基本的觀點』⑤，理由就在這個地方。斯大林說得好：『理論若不和革命實踐聯繫起來，就會變成無對象的理論，同樣，實踐若不以革命理論爲指南，就會變成盲目的實踐。』⑥

19

案：這一段最末了引用斯大林那兩句名言。用王陽明答友人問那幾句話解釋他，庶幾近之。陽明曰：「行之明覺精察處便是知，知之真切篤實處便是行。若行而不能精察明覺，便是冥行；知而不能真切篤實，便是妄想。」

不能實踐的理論，是自欺欺人。譬如：說天堂如何的莊嚴，如何的快樂，徒亂人意。有本事把我們脚踏的世界改造成一個天堂，才是高着。

說到這裏，認識運動就算完成了嗎？我們的答覆是完成了，又沒有完成。社會的人們投身於變革在某一發展階段內的某一客觀過程的實踐中（不論是關於變革某一自然過程的實踐，或變革某一社會過程的實踐），由於客觀過程的反映和主觀能動性的作用，使得人們的認識由感性的推移到了理性的，造成了大體上相應於該客觀過程的法則性的思想、理論、計劃或方案，然後再應用這種思想、理論、計劃或方案於該同一客觀過程的實踐，如果能夠實現預想的目的，即將預定的思想、理論、計劃、方案在該同一過程的實踐中變爲事實，或者大體上變爲事實，那末，對於這一具體過程的認識運動算是完成了。例如，在變革自然的過程中，某一工程計劃的實現，某一科學假想的證實，某一器物的製成，某一農產的收穫，在變革社會過程中某一罷工的勝利，某一戰爭的勝利，某一教育計劃的實現，都算實現了預想的目的。然而一般地說來，不論在變革自然或變革社會的實踐中，人們原定的思想、理論、計劃、方案，毫無改變地實現出來的事，是很少的。這是因爲從事變革現實的人們，常常受着許多的限制，不但常常受着科學條件和技術條件的限制，而且也受着客觀過程的發展及其表現程度的限制（客觀過程的方面及本質尚未充分暴露）。在這種情形之下，由於實踐中發現前所未料的情況，因而部分地改變思想、理論、計劃、方案的事是常有的，全部地改變的事也是有的。即是說，原定的思想、理論、計劃、方案，部分地或全部地不合於實際，部分錯了或全部錯了的事，都是有的。許多時候須反覆失敗過多次，才能糾正錯誤的認識，

20

14

才能到達於和客觀過程的規律性相符合，因而才能够變主觀的東西爲客觀的東西，即在實踐中得到預想的結果。但是不管怎樣，到了這種時候，人們對於在某一發展階段內的某一客觀過程的認識運動，算是完成了。

案：這一段說的是臨機應變，或因時制宜。但變更的只是手段，目的和宗旨是不能改變的。譬如土地改革，自初期以至於完成，進行的方法儘有更改。但土地所有權本來是屬於國家，政府執行其所有者的職權，收回其所有物，重新分配。這是宗旨不能變更。

然而對於過程的推移而言，人們的認識運動是沒有完成的。任何過程，不論是屬於自然界的和屬於社會的，由於內部的矛盾和鬥爭，都是向前推移向前發展的，人們的認識運動也應跟着推移和發展。依社會運動來說，眞正的革命的指導者，不但在於當自己的思想、理論、計劃、方案有錯誤時須得善於改正，如同上面已經說到的，而且在於當某一客觀過程已經從某一發展階段向另一發展階段推移轉變的時候，須得善於使自己和參加革命的一切人員在主觀認識上也跟着推移轉變，即是要使新的革命任務和新的工作方案的提出，適合於新的情況的變化。革命時期情況的變化是很急速的，如果革命黨人的認識不能隨之而急速變化，就不能引導革命走向勝利。

然而思想落後於實際的事是常有的，這是因爲人的認識受了許多社會條件的限制的緣故。我們反對革命隊伍中的頑固派，他們的思想不能隨變化了的客觀情況而前進，在歷史上表現爲右傾機會主義。這些人看不出矛盾的鬥爭已將客觀過程推向前進了，而他們的認識仍然停止在舊階段。一切頑固黨的思想都有這樣的特徵。他們的思想離開了社會的實踐，他們不能站在社會車輪的前頭充任嚮導的工作，他們只知跟在車子後面怨恨車子走得太快了，企圖把它向後拉，開倒車。

我們也反對『左』翼空談主義。他們的思想超過客觀過程的一定發展階段，有些把幻想看作眞理，有些則把僅在將來有現實可能性的理想，勉強地放在現時來做，離開了當前大多數人的實踐，離開了當前的現實性，在行動上表現爲冒險主義。

唯心論和機械唯物論，機會主義和冒險主義，都是以主觀和客觀相分裂，以認識和實踐相脫離爲特徵的。以科學的社會實踐爲特徵的馬克思列寧主義的認識論，不能不堅決反對這些錯誤思想。馬克思主義者承認，在絕對的總的宇宙發展過程中，各個具體過程的發展都是相對的，因而在絕對眞理的長河中，人們對於在各個一定發展階段上的具體過程的認識只具有相對的眞理性。無數相對的眞理之總和，就是絕對的眞理(九)。客觀過程的發展是充滿着矛盾和鬥爭的發展，人的認識運動的發展也是充滿着矛盾和鬥爭的發展。一切客觀世界的辯證法的運動，都或先或後地能夠反映到人的認識中來。社會實踐中的發生、發展和消滅的過程是無窮的，人的認識的發生、發展和消滅的過程也是無窮的。根據於一定的思想、理論、計劃、方案以從事於變革客觀現實的實踐，一次又一次地向前，人們對於客觀現實的認識也就一次又一次地深化。客觀現實世界的變化運動永遠沒有完結，人們在實踐中對於眞理的認識也就永遠沒有完結。馬克思列寧主義並沒有結束眞理，而是在實踐中不斷地開闢認識眞理的道路。我們的結論是主觀和客觀、理論和實踐、知和行的具體的歷史的統一，反對一切離開具體歷史的『左』的或右的錯誤思想。

社會的發展到了今天的時代，正確地認識世界和改造世界的責任，已經歷史地落在無產階級及其政黨的肩上。這種根據科學認識而定下來的改造世界的實踐過程，在世界、在中國均已到達了一個歷史的時節——自有歷史以來未曾有過的重大時節，這就是整個兒地推翻世界和中國的黑暗面，把它們轉變過來成爲前所未有的光明世界。無產階級和革命人民改造世界的鬥爭，包括實現下述的任務：改造客觀世界，也改造自己的主觀世界——改造自己的認識能力，改造主觀世界同客觀世界的關係。地球上已經有一部分實行了這種改造，這就是蘇聯。他們還正在促進這種改造過程。中國人民和世界人民也都正在或將要通過這樣的改造過程。所謂被改造的客觀世界，其中包括了一切反對改造的人們，他們的被改造，須要通過强迫的階段，然後才能進入自覺的階段。世界到了全人類都自覺地改造自己和改造世界的時候，那就是世界的共產主義時代。

通過實踐而發現真理，又通過實踐而證實真理和發展真理。從感性認識而能動地發展到理性認識，又從理性認識而能動地指導革命實踐，改造主觀世界和客觀世界。實踐、認識、再實踐、再認識，這種形式，循環往復以至無窮，而實踐和認識之每一循環的內容，都比較地進到了高一級的程度。這就是辯證唯物論的全部認識論，這就是辯證唯物論的知行統一觀。

·18·

26

25

案：這六段的大旨，說明落後固然不可，走得太快也是不可，這就是過猶不及的意思。進行的過程或方向轉移，或時間增減，不能一定。總而言之，無論空間或時間，時常因為外界的矛盾或內部的矛盾，阻力不斷的橫亘在我們發展的前途。或勇往直前而摧毀之，或巧妙轉移而躲避之，全在乎領導者的機智了。進化的推移，是運行不息的。不要說開倒車不可，就是腳步稍為慢一點，也就落後了。但是世界的推移，沒有止境，也沒有完成的時候。窮老盡氣，不過算是做得一個段落罷了。

關於廣東農村土地問題的一些參考意見

土地改革是人民政府的行政方針。但有時因為各地方的情形不同，所以處理方法就不能一樣了。這次平市近郊區，不適用鄉村的辦法，便是一個例。據我所知道的，廣東省在地理上及社會組織上與中原或漠北頗多不同之點，試申論之：

（一）廣東省位於五嶺之南，河流分西江東江北江向南入海。近海處支流漫衍，港汊紛繁，奔流之勢既緩，泥濘易於沉澱，經年累月，新積成的良田時有增加。此與沙漠南侵，沃野而為瘠地者適得其反。這便是瀕海地區與大陸中部不同的形勢。

（二）廣東之民族多半是十三世紀下半期，贛皖人民不堪蒙古人之蹂躪，舉家或闔族隨南宋政府流入廣東。各姓之家族譜，歷歷可考。當日這些中原的移民遷徙蠻荒，環境起大變化，辛苦聚族而居，以資守助。所以廣東的家族社會制度，在封建政制之下最稱發達而最為健全。一個鄉村人口十萬、八萬，或三二十萬，只是一姓。這種鄉村所在多有。族制要旨，重心是在祠堂。其最初之祖宗流亡而來，即葬於

名　稱：關於廣東農村土地問題的一些參考意見
作　者：梁啟勳
數　量：3紙

開山老祖或太祖高皇帝了。這便是廣東之社會組織、与北方或中原不同之特點。有如上述、因為地理與族制的特異、演變到七八百年下來、而土地所有權、亦變成一種畸形的狀態。沙灘淤積、只要把隄岸一築、便是良田、一來就是幾頃或幾十頃。在政治未修明的時候、政府不加注意、也不會注意主權未定的東西、誰棟得就歸誰。但是築隄的工程、不是個人的力量可以辦得到、只好整個鄉村的壯丁、通力合作。做成圍田以後、算是太祖祠堂的產業、子孫們利益均沾。祭掃、獎学、撫孤、卹嫠、就靠這種農田生產作基金。這便是廣東鄉村制度的基本原則。此種利益、自然是歸鄰近沙田的鄉村佔有。若同區域內有大小數鄉、自然是歸大鄉所佔有了。在這種情況之下、可以給他立一個特別名詞、即「集體地主」欺壓弱小鄉村。

因此北方的大地主是活人、而廣東的大地主是死人——祖宗。北方有個人的地主、欺壓佃農的罪惡。而廣東則以集體之地主欺壓弱小之鄉村。所以改革廣東土地、須用一種特殊技術、若將北方所行的制度方法、搬到廣東去、恐怕不適用。

能養一長工（即富農）之富農，不到十家。以此為比例，與各級之百分比，可以大畧推測。我這篇無統計的東西，說不上叫做
（自以為人可文遷，五十年便會不同。東莊新來的東西，若有大潮流衝盪，再過二百年還是一樣。保守性如此強固的社會。）
「報告」，不過把廣東鄉村的特殊情形，作資料的供獻，提起注意而已。

至於鄉村的政治，在這裏附帶的說一下。以我們的鄉村而論（地名茶坑，北距縣城約八里，南面正對厓門，水程約五里），
人口約一千五百。大祖祠即議事廳，六十歲以上之老人即為當然議員，（絕對）平等之處，無分貧富，無階級之分別（有俸給，祖祠堂分胙肉比少年多給一份。各樣經之可稱），政首長叫
做堡長（是這個堡字，不是保甲的保），無年齡的限制（總是壯年中年的人），由全體父老推舉（任期三年），有俸給，父老議決
的事，交堡長執行，在司法未獨立之先，地方的政長官兼司法，我大老爺可以開堂審案。吾鄉離城僅八里，衛門字相望，（這種制度已經幾百年下來，現在還是一樣。）
我鄉居二十多年，從未聞有人到縣裏打過官司，無論大小事，父老一集祠堂也就解決了。（大約人命案要請驗，但我
未見過人命案）。鄉民愛護祠堂公產的責任心，與愛護其個人之私產相等。每因此而釀成兩鄉械鬥，壯者執干戈，首領、婦女任饋糧
運械工作，其衛護之心情可嘉（兩鄉械鬥，總是為保衛公產問題，無個人的私事，不會全鄉動員）。我們的鄰鄉叫做三江鄉，人口有二萬五六千人，全是姓趙，他們的政權機構（又是一種方式）就不同了。
最高首長叫做族正（族正夫人），說是全鄉民公舉，其實是紳士操縱。這三江鄉的始祖，原有五個兒子，後來成為五大房。每因為爭族正

兩每房打架。我所最知道的就是這兩種方式。至於姓陳的外海鄉，也是我會到的鄉村，有三十多萬人，全是姓陳。（如果你到廣東打聽一個鄉村的人口，他們告訴你五萬，就是十萬多。因為他們總是拿祠堂分胙肉的統計作根據，胙肉只分給男丁。）或許他們另有一種計算方式，也不一定。

祠堂的獎學方法也可以附帶一說。譬如始祖有三個兒子，衍為三房。始祖的祠堂，隨便給他一個符號，曰「甲」祠。後來大房、二房、三房的後人也各為其支祖立祠，曰「乙、丙、丁」祠。甲祠劃出三十畝地作學田，乙、丙、丁、祠各劃出十二畝。在科舉未廢的時候，大房的子孫中了一名舉人，那甲祠之三十畝學田，乙祠之十二畝學田，歸他一人享受。明年二房的子孫也中了一名舉人，那甲祠之三十畝撥一半歸他，大房與二房兩位舉人各得十五畝，而乙、丙、祠之十二畝仍歸他們兩人分別均享。又明年大房的子孫又中一名舉人，那甲祠之三十畝，三人均分，每人十畝。乙祠之十二畝兩人平分，每人六畝，以此類推。獎學田之享受權以本人終身為限，死後歸還祠堂。（譬如大房兩名舉人死了一個，那甲祠之三十畝仍歸兩人平分。）這種辦法與現代之獎學金制度全不相同，只能得之獎賞，不得之獎學金。科舉既廢，學田制度自然跟着消滅了。現在以學歷為標準，小學補助多少，中學多少，大學多祠堂制度、有開村之始祖祠堂、其下又有各宗支之祠堂、皆擁有相當多的土地。但來路卻不盡由開墾沙田得來。佔有沙田的機會、只限於沿江沿海的鄉村、腹地則無此機會。大多數之祠堂產業、是由積蓄得來。

譬如一人有三個兒子、分產時則破成四份、其中一份為作家長之養老費。家長死後、則作為祭掃之蒸嘗。這一份蒸嘗、每年的收支、自然是收入超過支出了。（因古來人口有增無減、……無疾病醫藥之費、更無消耗未釋之食口。）在子孫當中、選出一個能幹的管理賬目、而共同監察、累積百數十年。這一份產業、也就可觀了。除每年祭掃、獎學、撫孤、卹嫠外、更無甚開支、在勢不能不演變而成大地主。但是這些大地主、也是死的。

祠堂產業、無論其來源是開墾沙田或蒸嘗累積、承種的佃農多半是本房子孫。其或有收買距離較遠之田地而出租與異姓人者、亦間有之、總是少數。在這種情況之下、佃農與地主的關係、也與北方大不相同了。

由此觀之、北方的大地主是活人、而廣東的大地主卻是死人——祖宗。北方的地主、有欺壓佃農的罪惡；而祠堂裏之木牌神主、已無作惡之可能。況且佃農即是宗子、同時具備兩重身分、是佃農、亦是地主、更無所謂欺壓。所以改革廣東土地、須用一種特殊技術，若將北方所施行的制度方法搬到廣东去，恐怕不適用。

至於個人地主在廣东省中華僑較多的區域內，如台山、開平、新會、寺縣，情况亦頗特殊。老鄉們初次出洋，年齡多半是十六至二十之間，大約六七年後，回國一次，買幾畝地，修理老屋或添蓋一兩間，娶個媳婦。六七年血汗之資也就完了。這第一次歸國，可以謂之為後嗣問題。可憐多是一年少月，新婚剛滿月，又作二次出國了。這次時間較長，十年二十年不等，要看運氣。二次歸來，多置幾畝地，務農終老。這就是「華僑人生觀」的正常路線。處理這種地主技術上是否應該有點特殊也，似乎有討論的價值。

大地主是祠堂祖宗，已如上述。至於個人的小地主與各級農民之百分比，因為本人離故鄉已經五十多年，詳細統計表現在做不出來。總而言之，無產之貧農不是沒有。譬如一個人，運氣不好，臥病多年，把原有幾畝地已賣在醫藥及殯殮山頭，所遺留之孤兒寡婦，祖宗祠堂雖可以卹其飢寒，但不能助其增產，這個孤兒長大就是一個無產貧農了。即以本人之家鄉而論，除祠堂祖宗是大地主不算外，個人又地主及富農佔極少數；貧農及雇農佔極少數；而中農可佔最大多數。五十年前本人鄉居時，吾鄉人口約二千餘（只是一姓）

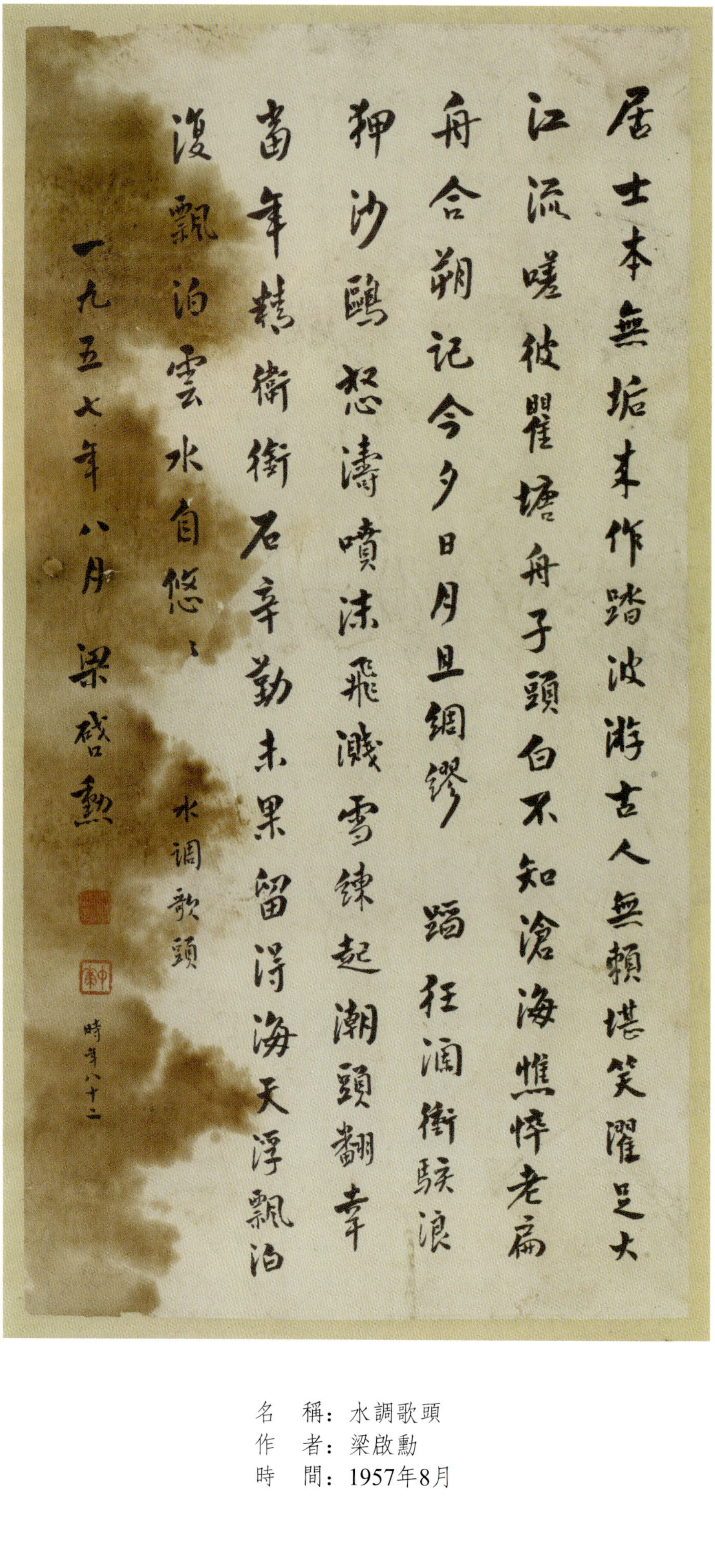

居士本無垢未作踏波游古人無賴堪笑濯足大
江流嗟彼瞿塘舟子頭白不知滄海憔悴老扁
舟合朔記今夕日月且綢繆 蹈狂瀾衝駭浪
狎沙鷗怒濤噴沫飛濺雪練起潮頭翻幸
當年精衛衛石辛勤未果留得海天浮飄泊
復飄泊雲水自悠悠

一九五七年八月 梁啟勳
時年八十二

名　稱：水調歌頭
作　者：梁啟勳
時　間：1957年8月

書籍

魯詩遺說攷卷第一（一之一）

福州陳壽祺學　　男喬樅述

魯詩國風一

喬樅謹案史記儒林傳言魯人申公獨以詩經爲訓以教無傳疑疑者則闕不傳漢書藝文志載魯故二十五卷魯說二十八卷其卽申公之訓歟

〔史記孔子世家〕古者詩三千餘篇及至孔子去其重取可施於禮義上采契后稷中述殷周之盛至幽厲之缺始於衽席故曰關雎之亂以爲風始鹿鳴爲小雅始文王爲大雅始清廟爲頌始三百五篇孔子皆弦歌之以

書　名：三家詩遺說考十五卷
作　者：陳壽祺撰，陳喬樅述
版　本：清咸豐元年（1851）陳氏家刻本
數　量：24册

齊詩遺說攷卷第一　一之一

福州陳壽祺學　男喬樅述

齊詩國風一

喬樅謹案史記儒林傳轅固生齊人以治詩孝景時爲博士自是之後齊言詩皆本轅固生諸齊人以詩貴顯皆固之弟子也漢書藝文志詩經齊家二十八卷齊后氏故二十卷齊孫氏故二十七卷齊后氏傳三十九卷齊孫氏傳二十卷齊雜記十八卷又云齊轅固爲之傳荀悅漢紀亦言轅固生作詩內外傳志敘六家秪有后氏孫氏而不及轅

韓詩遺說攷卷第一（一之一）

福州陳壽祺學　　男喬樅述

韓詩國風一

〔案春秋序正義曰〕韓嬰之爲詩經傳異處攷漢書藝文志載詩經二十八卷魯齊韓三家又韓故三十六卷韓內傳四卷韓外傳六卷韓說四十一卷是其經傳異處也

周南召南

〔韓嬰敘詩云〕其地在南郡南陽之閒（水經注三十四）

喬樅謹案唐詩藝文志韓嬰詩序二卷卽水經

書　名：説文解字（殘存五至八卷）
作　者：許慎
版　本：不詳
數　量：存1册

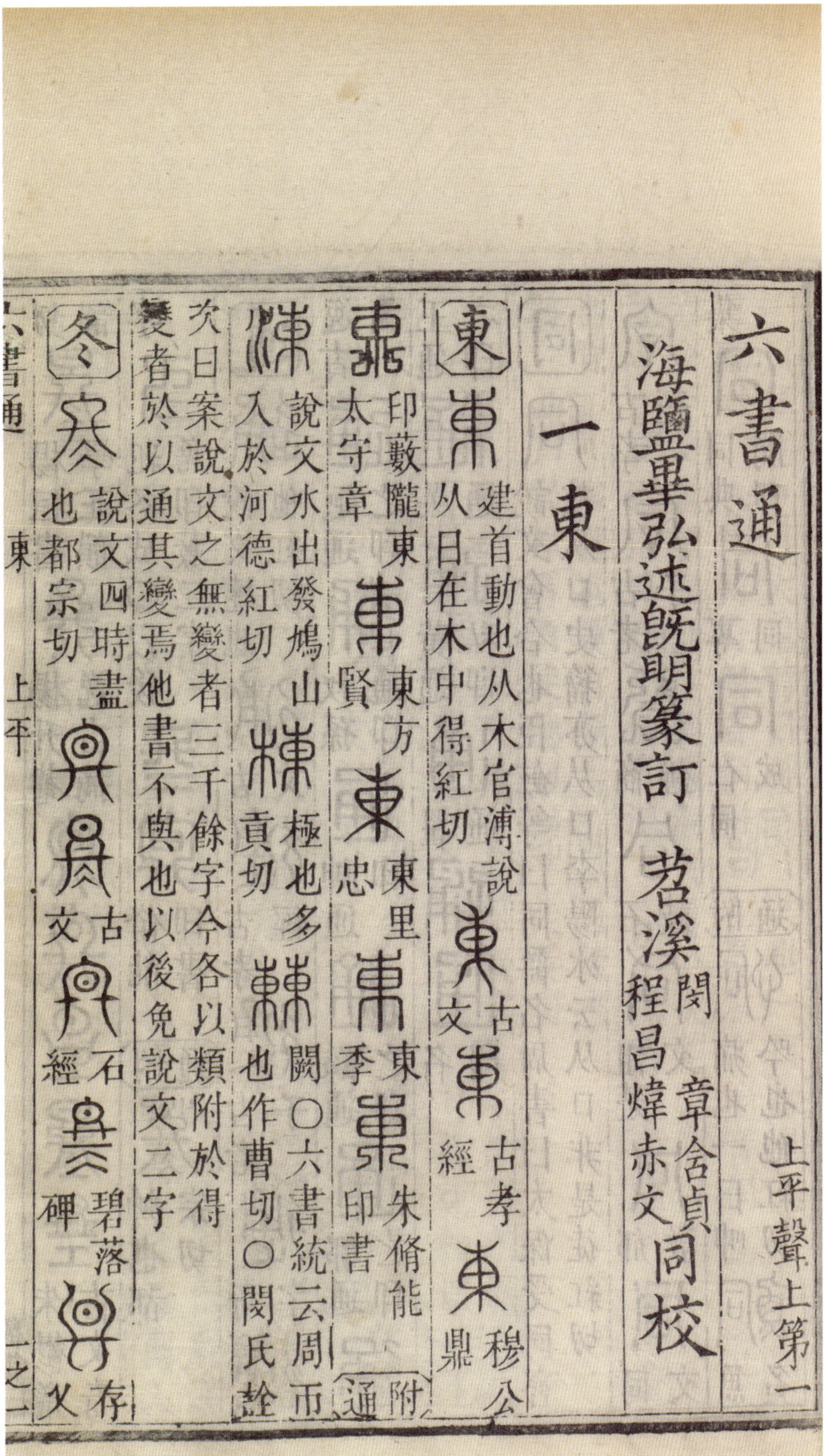

書　名：六書通十卷
作　者：閔齊伋撰
版　本：清康熙五十九年（1720）基聞堂刻本
數　量：6册

六書通

下平聲第三

海鹽畢弘述旣明篆訂
苕溪閔章含貞 程煒赤文 同校

十一先

先 建首前進也从儿从之臣鉉等曰之人上是先也穌前切 古文

籀文 汗簡 古孝經 希裕略古 古文奇字 同文集

六書統 臣劉先印 名

附 通 殷諸侯爲亂疑姓也左傳曰商有姺邳所臻切

詵 致言也詩曰螽斯羽詵詵兮音姺 足親地也音銑

仙 說文長生僊去相然切 碧落 奇 ○碧落碑用爲山字 碑仙字

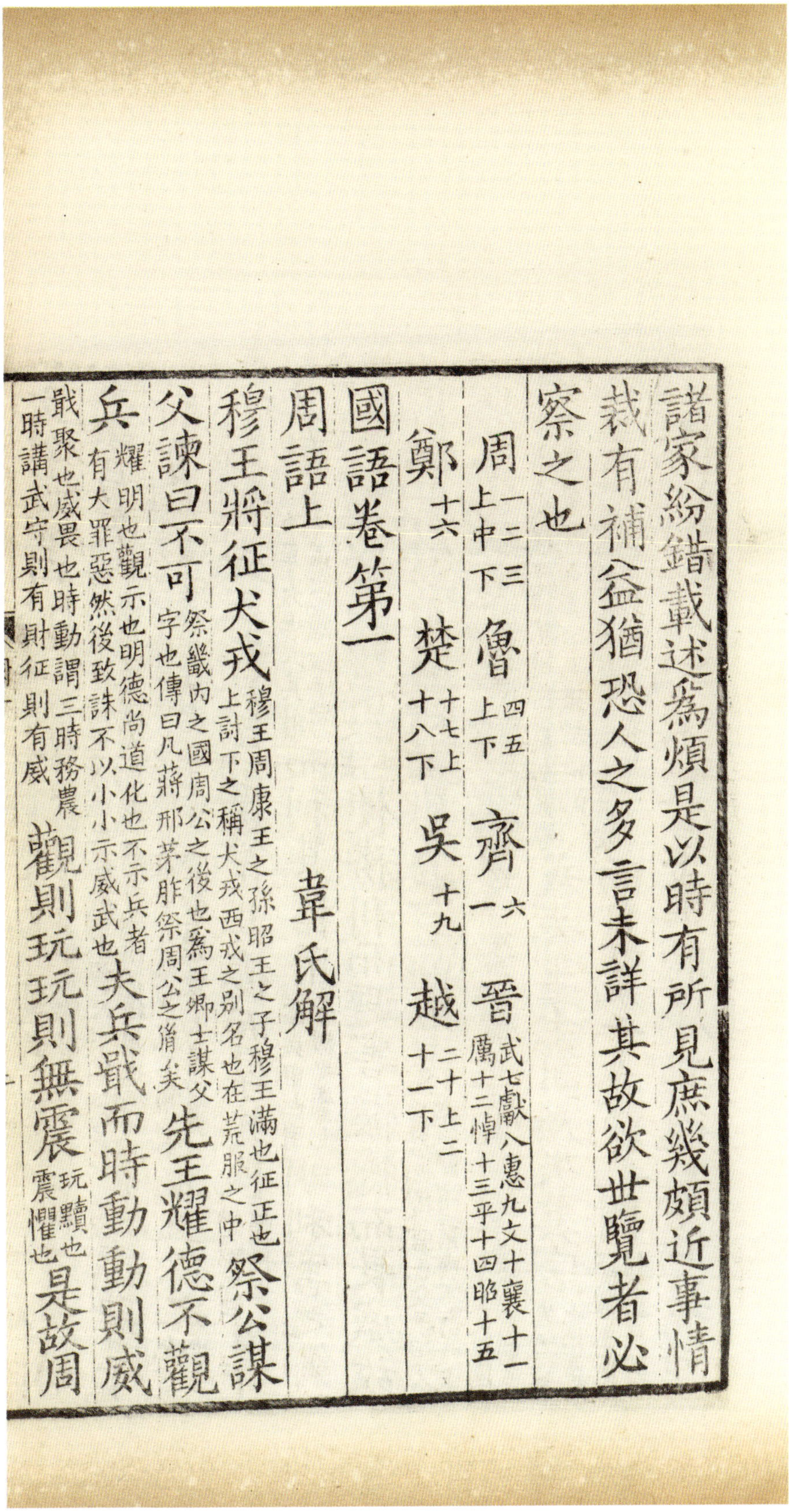
諸家紛錯載述爲煩是以時有所見庶幾頗近事情
裁有補益猶恐人之多言未詳其故欲世覽者必
察之也
周一二三上中下　魯四五上下　齊六一　晉武七獻八惠九文十襄十一厲十二悼十三平十四昭十五
鄭十六　楚十七上十八下　吳十九　越二十上二十一下
國語卷第一
周語上　韋氏解
穆王將征犬戎穆王周康王之孫昭王之子穆王滿也征正也上討下之稱犬戎西戎之別名也在荒服之中祭公謀
父諫曰不可祭畿內之國周公之後也爲王卿士謀父字也傳曰凡蔣邢茅胙祭周公之胤矣先王耀德不觀
兵耀明也觀示也明德尚道化也不示兵者有大罪惡然後致誅不以小小示威武也夫兵戢而時動動則威
戢聚也威畏也時動謂三時務農一時講武守則有財征則有威觀則玩玩則無震玩黷也震懼也是故周

書　名：國語二十一卷　札記一卷　考異四卷
作　者：韋昭解　黄丕烈撰　汪遠孫撰
版　本：清光緒三年（1877）退補齋刻本
數　量：6册

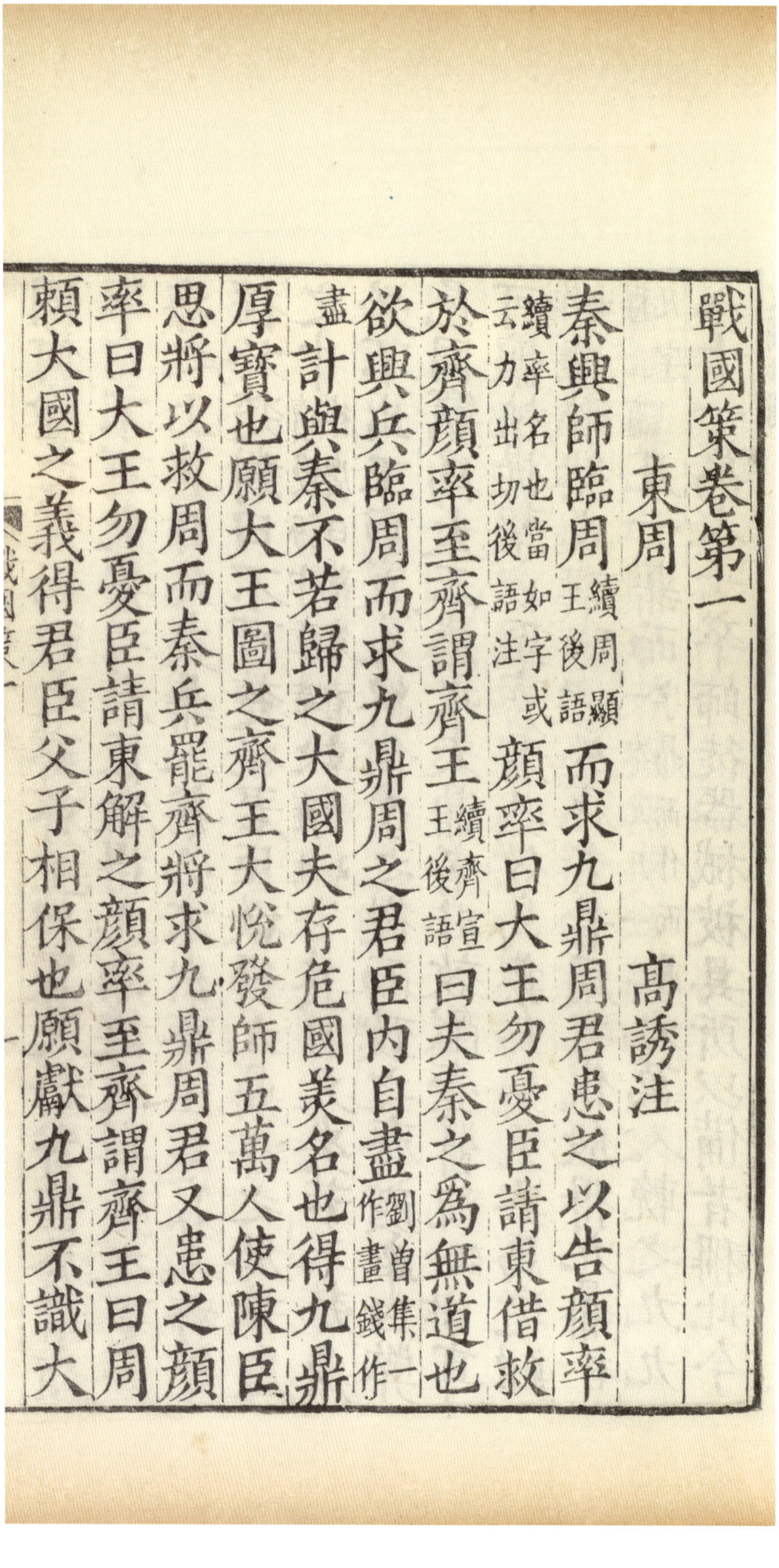

戰國策卷第一

東周　高誘注

秦興師臨周續周顯王後語而求九鼎周君患之以告顏率續率名也當如字或云力出切後語注顏率曰大王勿憂臣請東借救於齊顏率至齊謂齊王續齊宣王後語曰夫秦之爲無道也欲興兵臨周而求九鼎周之君臣內自盡劉曾集一作畫錢作盡計與秦不若歸之大國夫存危國美名也得九鼎厚寶也願大王圖之齊王大悅發師五萬人使陳臣思將以救周而秦兵罷齊將求九鼎周君又患之顏率曰大王勿憂臣請東解之顏率至齊謂齊王曰周賴大國之義得君臣父子相保也願獻九鼎不識大

戰國策一　一

書　名：戰國策三十二卷　札記三卷
作　者：高誘注　黄丕烈撰
版　本：清光緒三年（1877）退補齋刻本
數　量：6册

重刻剡川姚氏本戰國策札記卷上

新雕重校戰國策目録（此目録盡右定著三十三篇鮑本無丕烈案此皆劉向所定著鮑改其次第因而删去誤甚吴氏重校補入是矣凡以後次第與鮑本不同者吴氏正詳之此不載）

以思其德下及康昭之後（後下鮑本注云以思其德一作恩德其上下及一無下字）列爲侯王（今本誤重侯字）是以傳相放效（傳鮑本作轉）蓋爲戰國（蓋鮑本作盡）不得施謀有設之強（謀設二字鮑本互易）因四塞之固（固鮑本作國）杖於謀詐之弊（謀詐鮑本作詐謀）終於信篤之誠（今本於作無鮑本作無丕烈案無字是也）有恥且格（今本格誤假）雖不可以臨國教化（國鮑本無）

東周　夫秦之爲無道也（爲鮑本作於）得九鼎厚寶也（今本寳作實鮑本作寳）齊王大悅發師五萬人（悅鮑本無吴補一本大說）少海

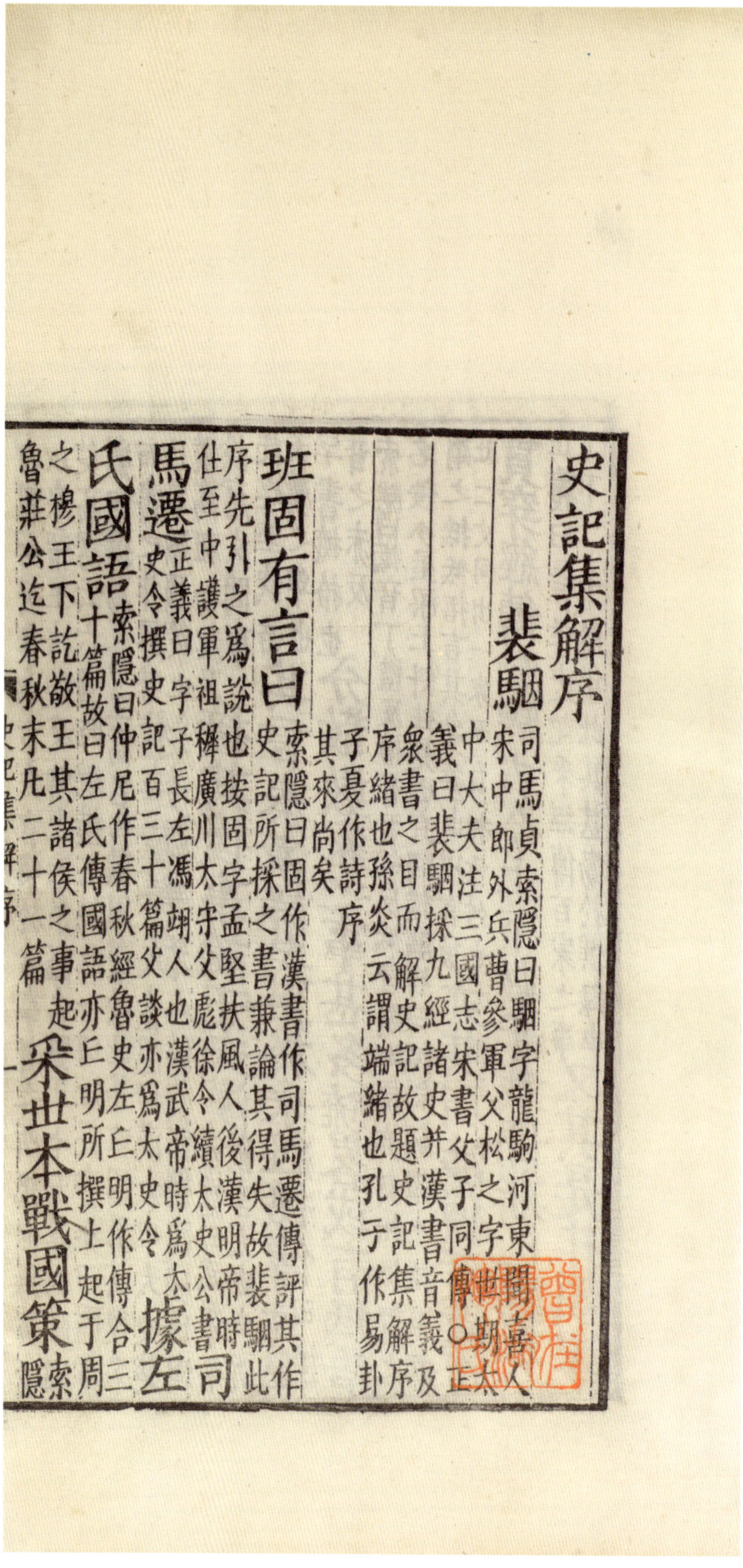
史記集解序
裴駰司馬貞索隱曰駰字龍駒河東聞喜人宋中郎外兵曹參軍父松之字世期太中大夫注三國志宋書父子同傳○正義曰裴駰採九經諸史并漢書音義及衆書之目而解史記故題史記集解序序緒也孫炎云謂端緒也孔子作易序卦子夏作詩序其來尚矣
班固有言曰索隱曰固作漢書作司馬遷傳評其作史記所採之書兼論其得失故裴駰此序先引之爲說也按固字孟堅扶風人後漢明帝時仕至中護軍祖穉廣川太守父彪徐令續太史公書司馬遷正義曰字子長左馮翊人也漢武帝時爲太史令撰史記百三十篇父談亦爲太史令據左氏國語索隱曰仲尼作春秋經魯史左丘明作傳合三十篇故曰左氏傳國語亦丘明所撰上起于周之穆王下訖敬王其諸侯之事起魯莊公迄春秋末凡二十一篇采世本戰國策索隱
史記集解序　一

書　名：史記七十卷
作　者：司馬遷撰，司馬貞索隱，裴駰集解，張守節正義
版　本：清同治九年（1870）湖北崇文書局覆刻明王文恪翻本
數　量：24册
鑒藏印：曾在陽湖陶氏

五帝本紀第一　　史記一

裴駰曰凡是徐氏義稱徐姓名以别之餘者悉是駰註解并集衆家義。司馬貞索隱曰紀者記也本其事而記之故曰本紀又紀理也絲縷有紀而帝王書稱紀者言爲後代綱紀也。正義曰鄭玄注中候勑省圖云德合五帝坐星者稱帝又坤靈圖云德配天地在正不在私曰帝按太史公依世本大戴禮以黄帝顓頊帝嚳唐堯虞舜爲五帝譙周應劭宋均皆同而孔安國尚書序皇甫謐帝王世紀孫氏注世本並以伏犧神農黄帝爲三皇少昊顓頊高辛唐虞爲五帝裴松之史目云天子稱本紀諸侯曰世家本者繫其本系故曰本紀者理也統理衆事繫之年月名之曰紀第者次序之目一者舉數之由故曰五帝本紀第一。又曰禮云動則左史書之言則右史書之正義云左陽故記動右陰故記言言爲尚書事爲春秋按春秋時置左右史故云史記也

黄帝者徐廣曰號有熊。索隱曰按有土德之瑞土色黄故稱黄帝猶神農火德王而稱炎帝然也此以黄

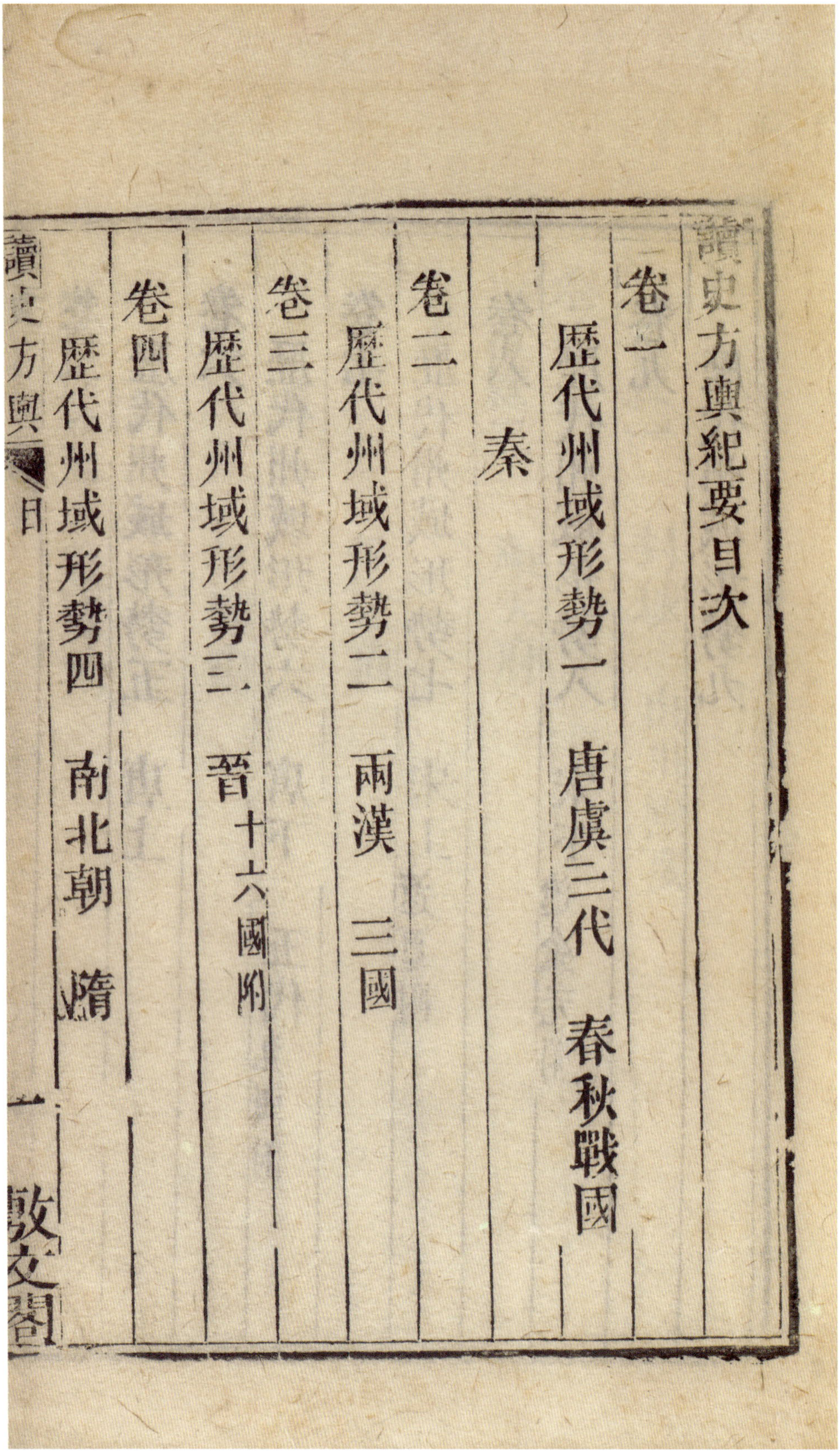

讀史方輿紀要目次

卷一

歷代州域形勢一　唐虞三代　春秋戰國

秦

卷二

歷代州域形勢二　兩漢　三國

卷三

歷代州域形勢三　晉　十六國附

卷四

歷代州域形勢四　南北朝　隋

讀史方輿紀要　目　一　敷文閣

書　名：讀史方輿紀要一百三十卷
作　者：顧祖禹撰，彭元瑞校定
版　本：清嘉慶十六年（1811）龍氏敷文閣刻本
數　量：18册

讀史方輿紀要卷一

崑山顧祖禹景范輯著

南昌彭元瑞雲楣校定　錦里龍萬育燮堂校刊

歷代州域形勢一　唐虞三代　春秋戰國　秦

昔黃帝方制九州列爲萬國周公職錄黃帝割地布九州漢志黃帝方制萬里畫野分州或曰九州顓帝所建帝嚳受之帝王世紀冀兗青徐揚荊豫梁雍九州顓帝所建通典亦云堯遭洪水天下分絕舜攝帝位命禹平水土以冀青地廣分冀東恒山之地爲幷州恒山在直隸曲陽縣西北百四十里詳直隸名山舜之幷州今直隸之真定保定山西之太原大同等府皆是又東北醫無閭之地爲幽州醫無閭山在遼東廣寧衛西五里幽州今直隸之順天永平府及遼東廣寧等衛以西北皆是其境又分青州東北遼東之地爲營州遼東地在遼水東也

韓非子卷第一

初見秦第一　存韓第二

難言第三　愛臣第四

主道第五

初見秦第一

臣聞不知而言不智知而不言不忠為人臣不忠當死言而不當亦當死雖然臣願悉言所聞唯大王裁其罪

臣聞天下陰燕陽魏燕北故曰陰魏南故曰陽連荊固齊收韓而成從將西面以與秦強為難臣竊笑之世有三亡而天下

韓非子卷一　一

書　名：二十二子
版　本：清光緒二年（1876）至三年（1877）浙江書局刻本
數　量：54册

孔子集語卷一　　平津館原本

山東督糧道臣孫星衍撰

勸學一

尚書大傳略說子曰君子不可以不學見人不可以不飭不飭無貌無貌不敬不敬無禮無禮不立夫遠而有光者飭也近而逾明者學也譬之如封邪水潦集焉菅蒲生焉從上觀之誰知其非源水也

大戴禮勸學孔子曰野哉（野字說苑作鯉形相近疑當作鯉）君子不可以不學見人不可以不飾不飾無貌無貌不敬不

新書卷第一　　抱經堂校定本

梁太傅賈誼撰

過秦上 事勢

秦孝公據崤函之固擁雍州之地君臣固守以窺周室有席卷天下包舉宇內囊括四海之意并吞八荒之心當是時也潭本無也字商君佐之內立法度務耕織修守戰之具潭本從史記作備外連衡而鬬諸侯於是秦人拱手而取西河之外孝公既沒惠文武昭襄王案襄字衍下云始皇奮六世之餘烈張晏數孝公惠文王武王昭王併後孝王莊襄王爲六世史記陳涉世家不誤而始皇本紀則作惠王武王潭

書籍

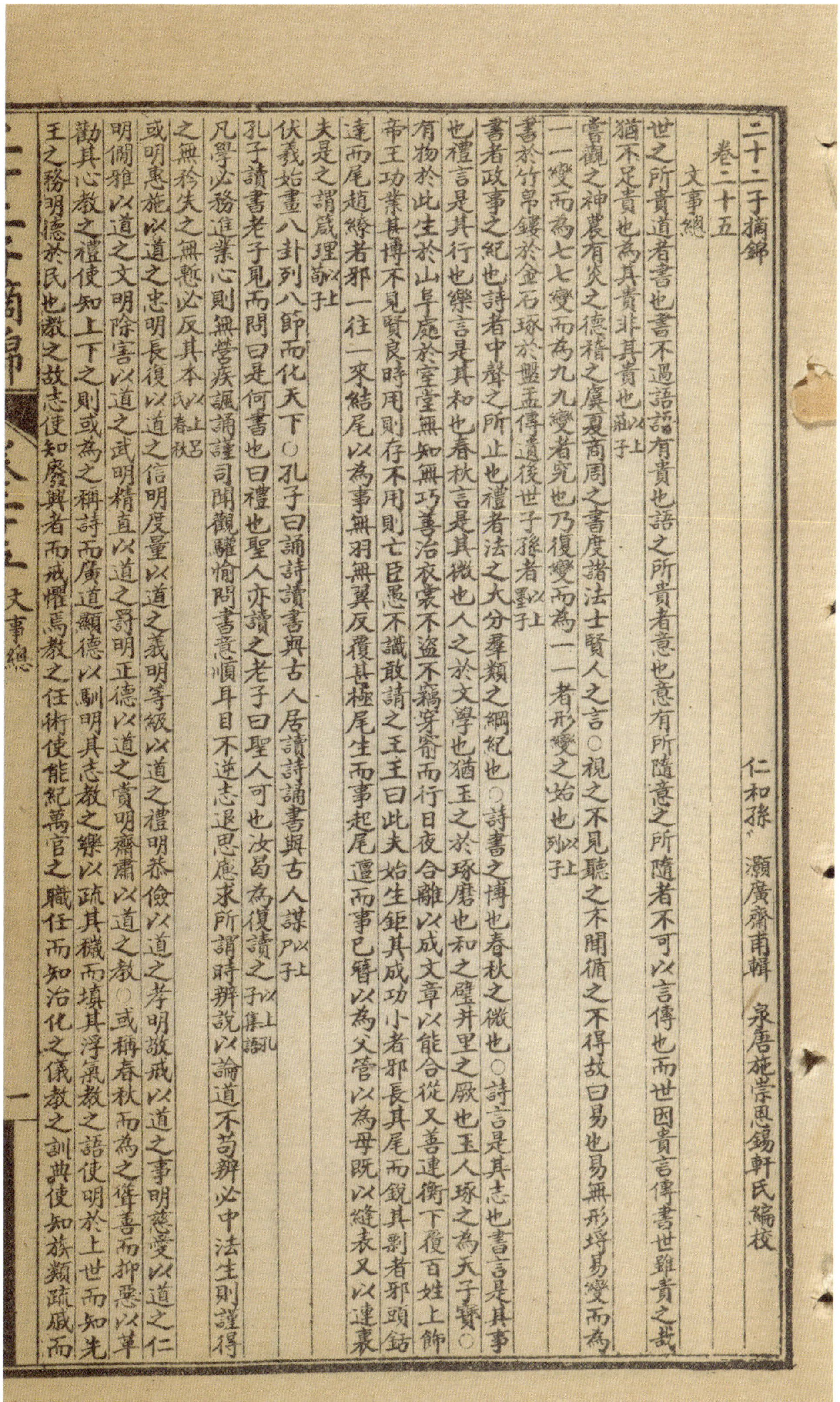
二十二子摘錦　　仁和孫灝廣齋甫輯　泉唐施崇恩錫軒氏編校

卷二十五

文事總

世之所貴道者書也書不過語語有貴也語之所貴者意也意有所隨意之所隨者不可以言傳也而世因貴言傳書世雖貴之哉猶不足貴也為其貴非其貴也以上莊子

嘗觀之神農有炎之德稽之虞夏商周之書度諸法士賢人之言○視之不見聽之不聞循之不得故曰易也易無形埒易變而為一一變而為七七變而為九九變者究也乃復變而為一一者形變之始也以上列子

書於竹帛鏤於金石琢於盤盂傳遺後世子孫者以上墨子

書者政事之紀也詩者中聲之所止也禮者法之大分羣類之綱紀也○詩書之博也春秋之微也○詩言是其志也書言是其事也禮言是其行也樂言是其和也春秋言是其微也人之於文學也猶玉之於琢磨也和之璧井里之厥也玉人琢之為天子寶○有物於此生於山阜處於室堂無知無巧善治衣裳不盜不竊穿窬而行日夜合離以成文章以能合從又善連衡下覆百姓上飾帝王功業甚博不見賢良時用則存不用則亡臣愚不識敢請之王王曰此夫始生鉅其成功小者邪長其尾而銳其剽者邪頭銛達而尾趙繚者邪一往一來結尾以為事無羽無翼反覆甚極尾生而事起尾邅而事已簪以為父管以為母既以縫表又以連裏夫是之謂箴理以上荀子

伏羲始畫八卦列八節而化天下○孔子曰誦詩讀書與古人居讀詩誦書與古人謀以上尸子

孔子讀書老子見而問曰是何書也曰禮也聖人亦讀之老子曰聖人可也汝曷為復讀之以上孔子集語

凡學必務進業心則無營疾諷誦謹司聞觀驩愉問書意順耳目不逆志退思慮求所謂時辨說以論道不苟辨必中法生則謹得之無矜失之無慙必反其本以上呂氏春秋

或明惠施以道之忠明長復以道之信明度量以道之義明等級以道之禮明恭儉以道之孝明敬戒以道之事明慈愛以道之仁明儁雅以道之文明除害以道之武明精直以道之罰明正德以道之賞明齋肅以道之教○或稱春秋而為之聳善而抑惡以革勸其心教之禮使知上下之則或為之稱詩而廣道顯德以馴明其志教之樂以疏其穢而塡其浮氣教之語使明於上世而知先王之務明德於民也教之故志使知廢興者而戒懼焉教之任術使能紀萬官之職任而知治化之儀教之訓典使知族類疏戚而

二十二子摘錦　卷二十五　文事總　一

書　名：二十二子摘錦
作　者：孫灝輯
版　本：清光緒二十五年（1899）上海著易堂書局石印本
數　量：1册

卷二十六

仁和孫　灝虞齋甫輯　泉唐施崇恩錫軒氏編校

武備總

介冑執枹立於軍門使百姓皆加勇○天下之君頓戟一怒伏尸滿野此見戈之本也○為國之本得天之時而為經得人之心而為紀法令為維綱使為綱罟什五以為行列賞誅為文武繕農具當器械耕農當攻戰推行䠞耨以當劍戟被蓑以當鎧鑐菹笠以當盾櫓故耕器具則戰器備農事習則功戰巧矣○破軍殺將戰勝取攻取使主無危亡之憂而百姓無死虜之患此軍士之所以為功者也以上管子

恭儉者偋五兵也雖有戈矛之刺不如恭儉之利也○有狗彘之勇者有賈盜之勇者有小人之勇者有士君子之勇者爭飲食無廉恥不知是非不辟死傷不畏衆彊恈恈然唯利飲食之見是狗彘之勇也為事利爭貨財無辭讓果敢而振猛貪而戾恈恈然唯利之見是賈盜之勇也輕死而暴是小人之勇也義之所在不傾於權不顧其利舉國而與之不為改視重死持義而不橈是士君子之勇也○不戰而勝不攻而得甲兵不勞而天下服○三軍大敗不可斬也獄犴不治不可刑也○以治伐亂不待戰而後知克以上荀子

十萬之軍無將軍必大亂無義萬事之將也國之所以立者義也人之所以生者亦義也以上尸子

不知三軍之事而同三軍之政則軍士惑矣不知三軍之權而同三軍之任則軍士疑矣○為兵之事在於順祥敵之意不得已則鬥將者君之輔也輔周則國必強輔隙則國必弱○是故方馬埋輪不足恃也○兵者國之大事死生之地存亡之道不可不察也故經之以五校之計而索其情一曰道二曰天三曰地四曰將五曰法道者令民與上同意也故可與之死可與之生而民不畏危天者陰陽寒暑時制也地者遠近險易廣狹死生也將者智信仁勇嚴也法者曲制官道主用也凡此五者將莫不聽聞知之者勝不知者不勝故校之以計曰主孰有道將孰有能天地孰得法令孰行兵衆孰強士卒孰練賞罰孰明吾此以知勝負矣將聽吾計用之必勝留之將不聽吾計用之必敗去之○其兵不修而戒不求而得不約而親不令而信禁祥去疑至死無所之吾士無餘財非惡貨也無餘命非惡壽也投之無所往者諸劌之勇也故善用兵譬如率然率然者常山之地也擊其首則尾至擊其尾則首至擊其中則首尾俱至敢問兵可使如率然乎曰可夫吳人與越人相惡也當其同舟而濟遇風其相救也如左右手是故方馬埋輪未足恃也齊勇若一政之道也剛柔皆得地之理也故善用兵者攜手若使一人不得已也○凡興師十萬出兵千里百姓之費公

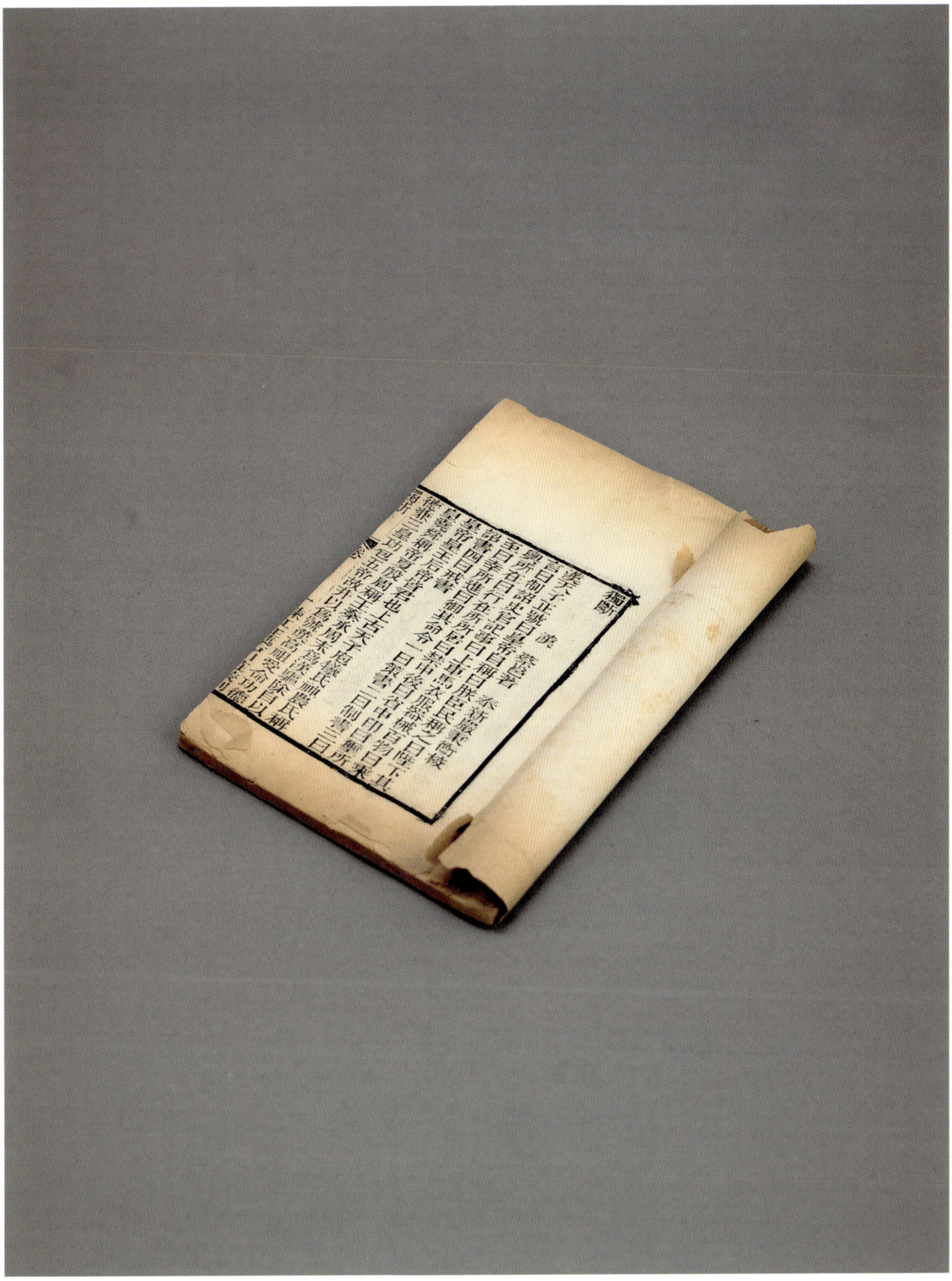

書　名：獨斷　附忠經
作　者：蔡邕撰　馬融撰
版　本：練江汪述古山莊刻本
數　量：1册

惟永壽二年
青龍在涒歎
霜月之靈皇

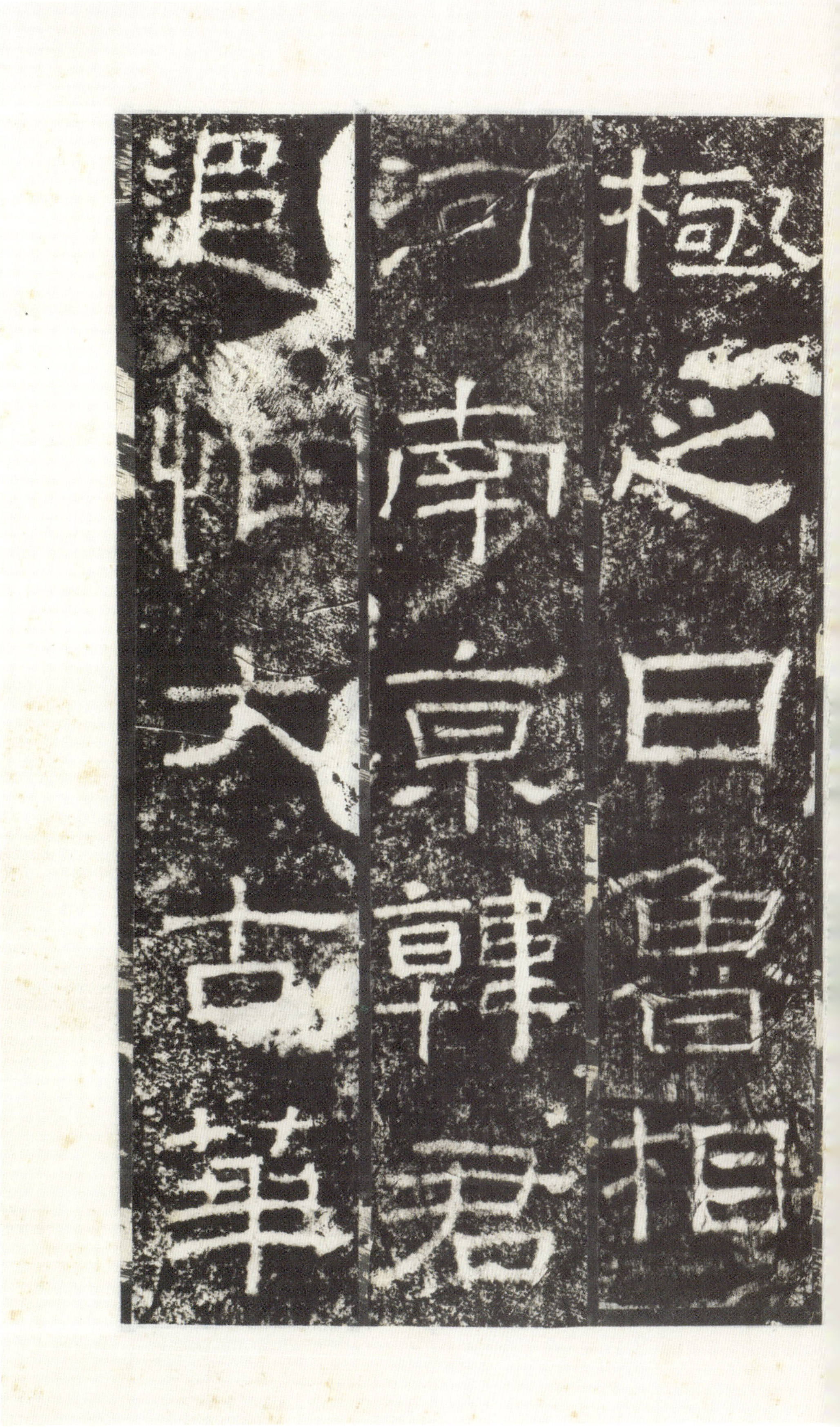

書　名：漢禮器碑
版　本：舊拓本
數　量：1冊
鑒藏印：濟寧孫詒叔收藏金石文字印、詒叔珍藏金石圖記
備　注：孫詒叔舊藏，附北京市文物管理處簽條

德離敗聖與

圖書信道畔

頵作亂求尊

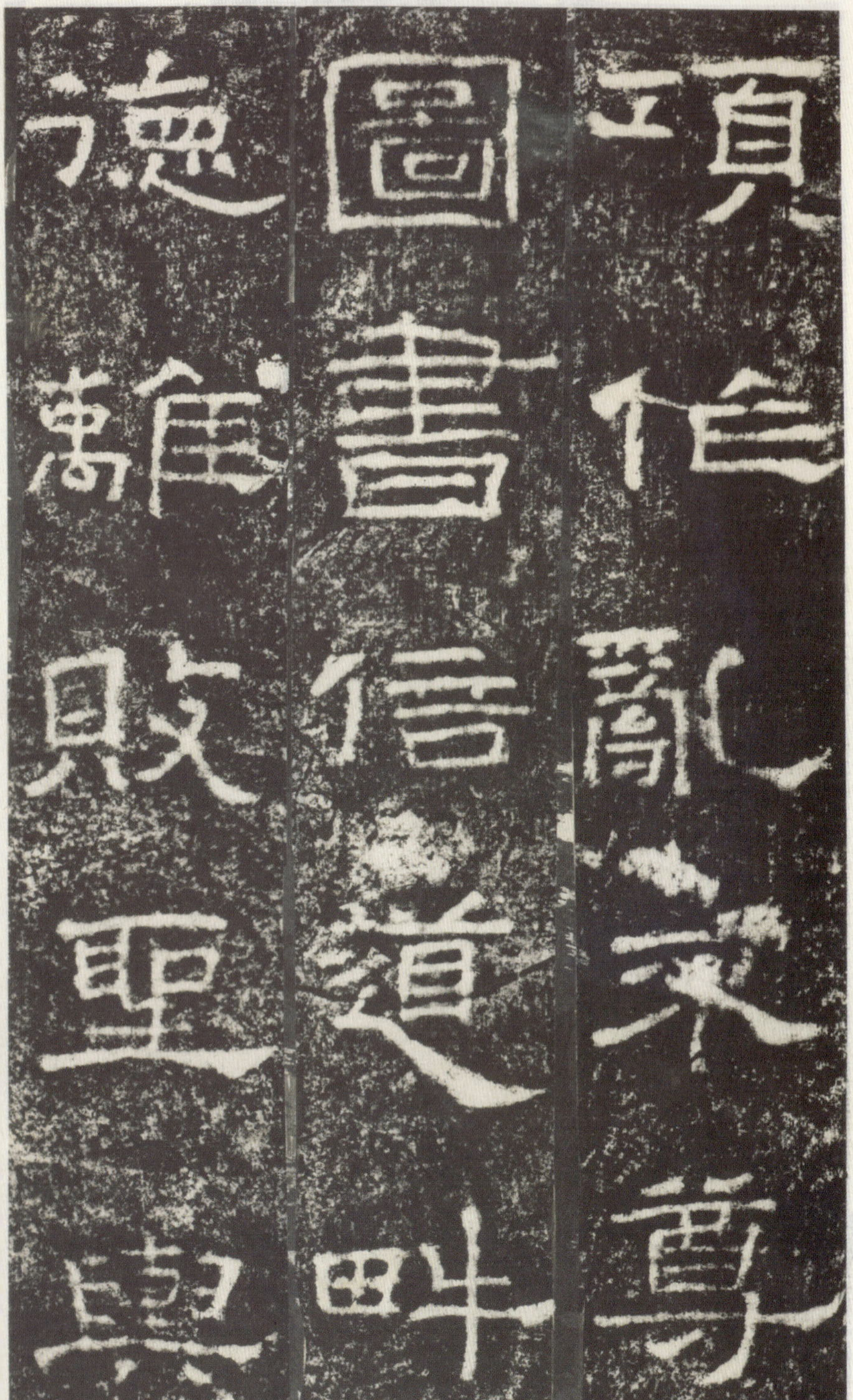

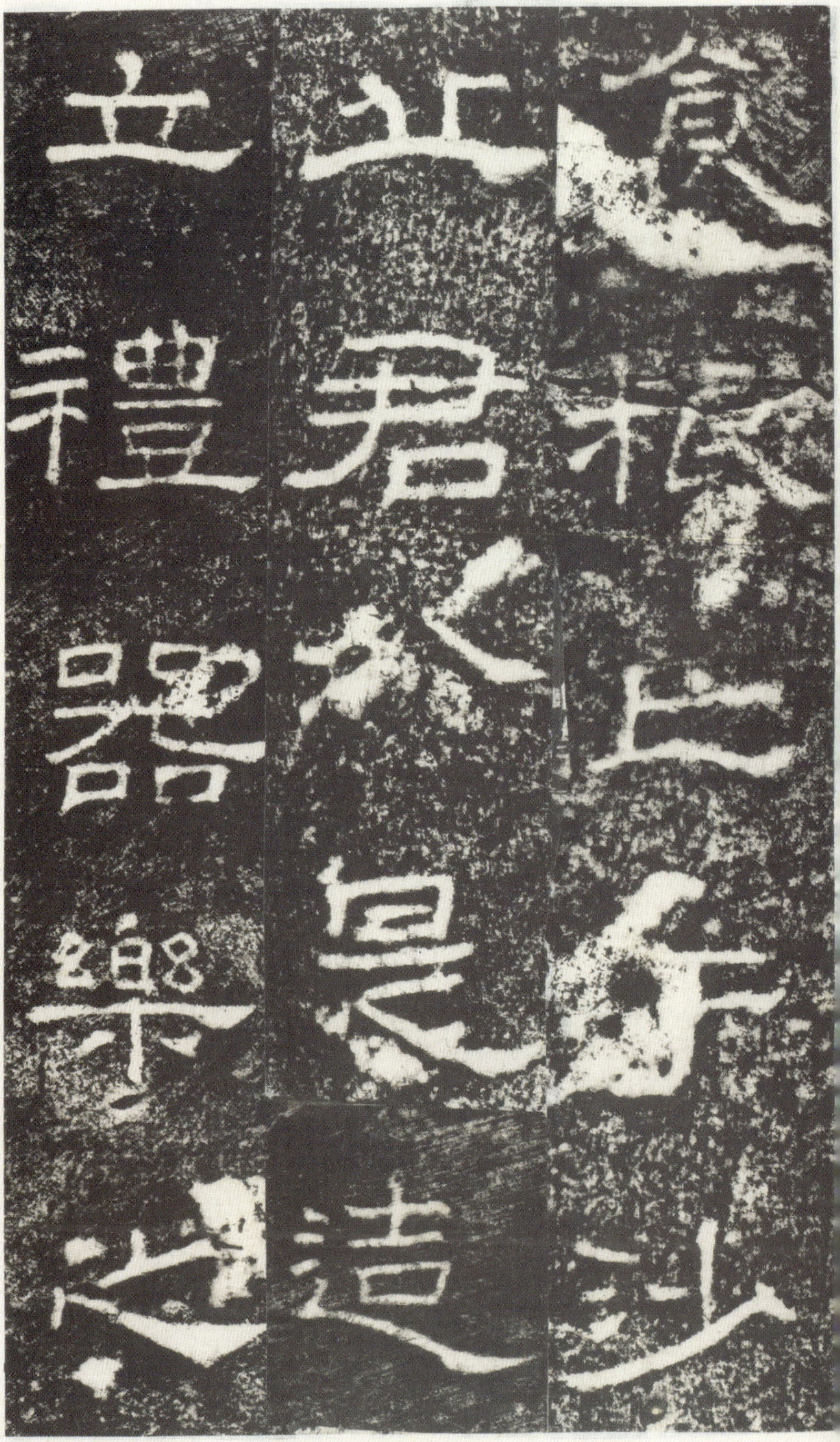
食粮亡于沙
丘君於是造
立禮器樂之

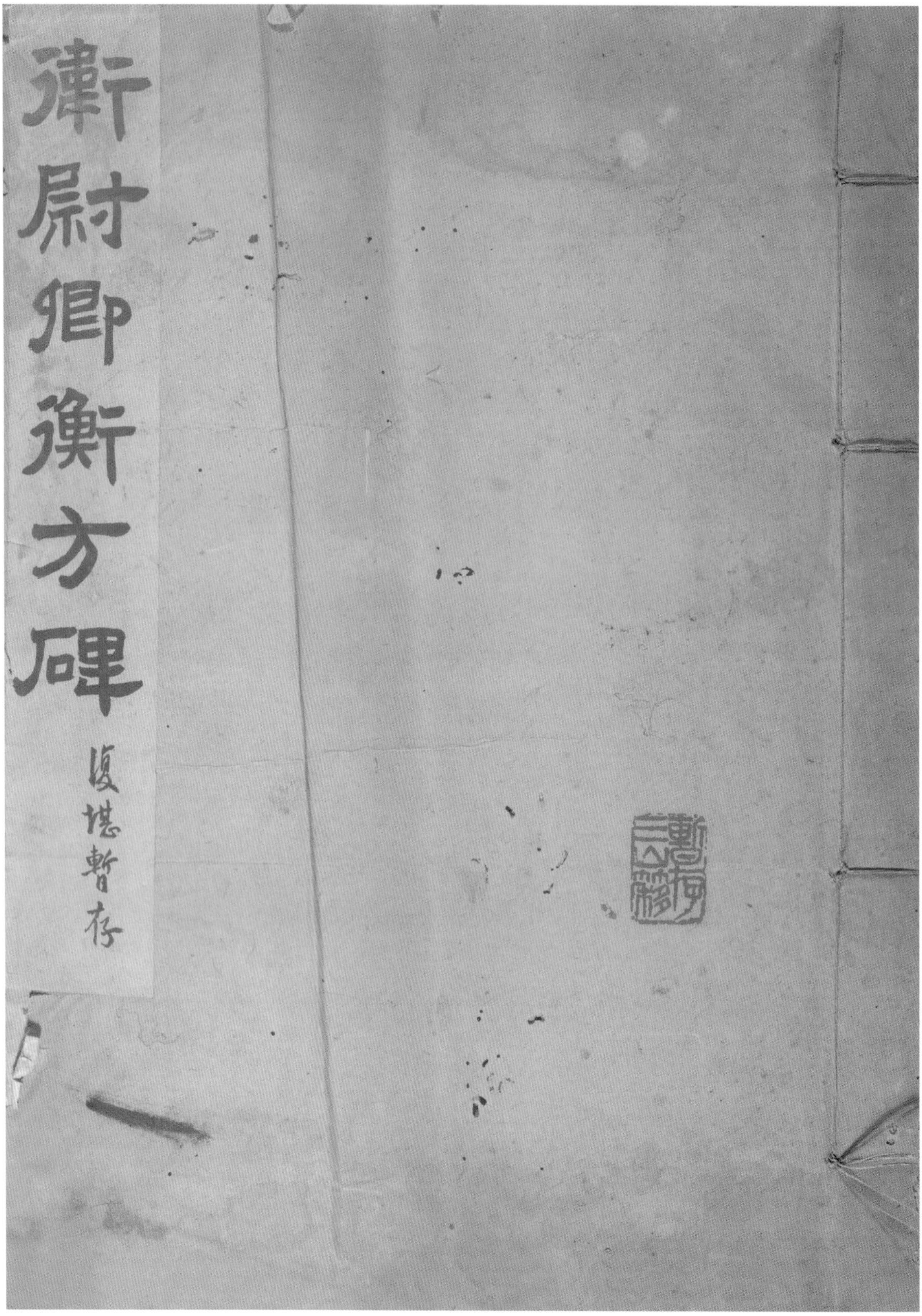

書　名：漢衡方碑
版　本：清晚期拓本
數　量：1册
鑒藏印：暫存三山簃、延年炤月
備　注：羅復堪舊藏并題簽

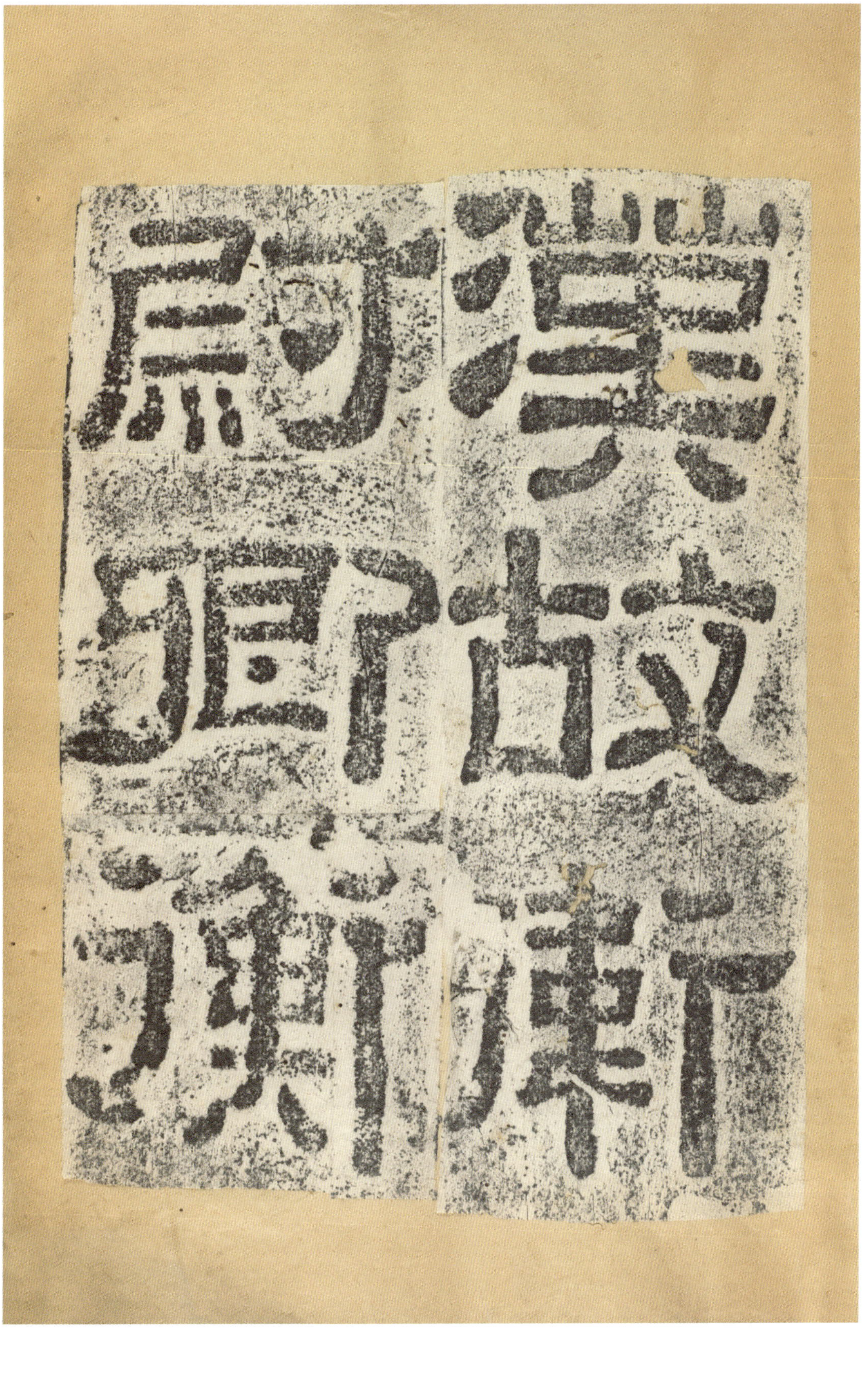
漢故衛
尉卿衡

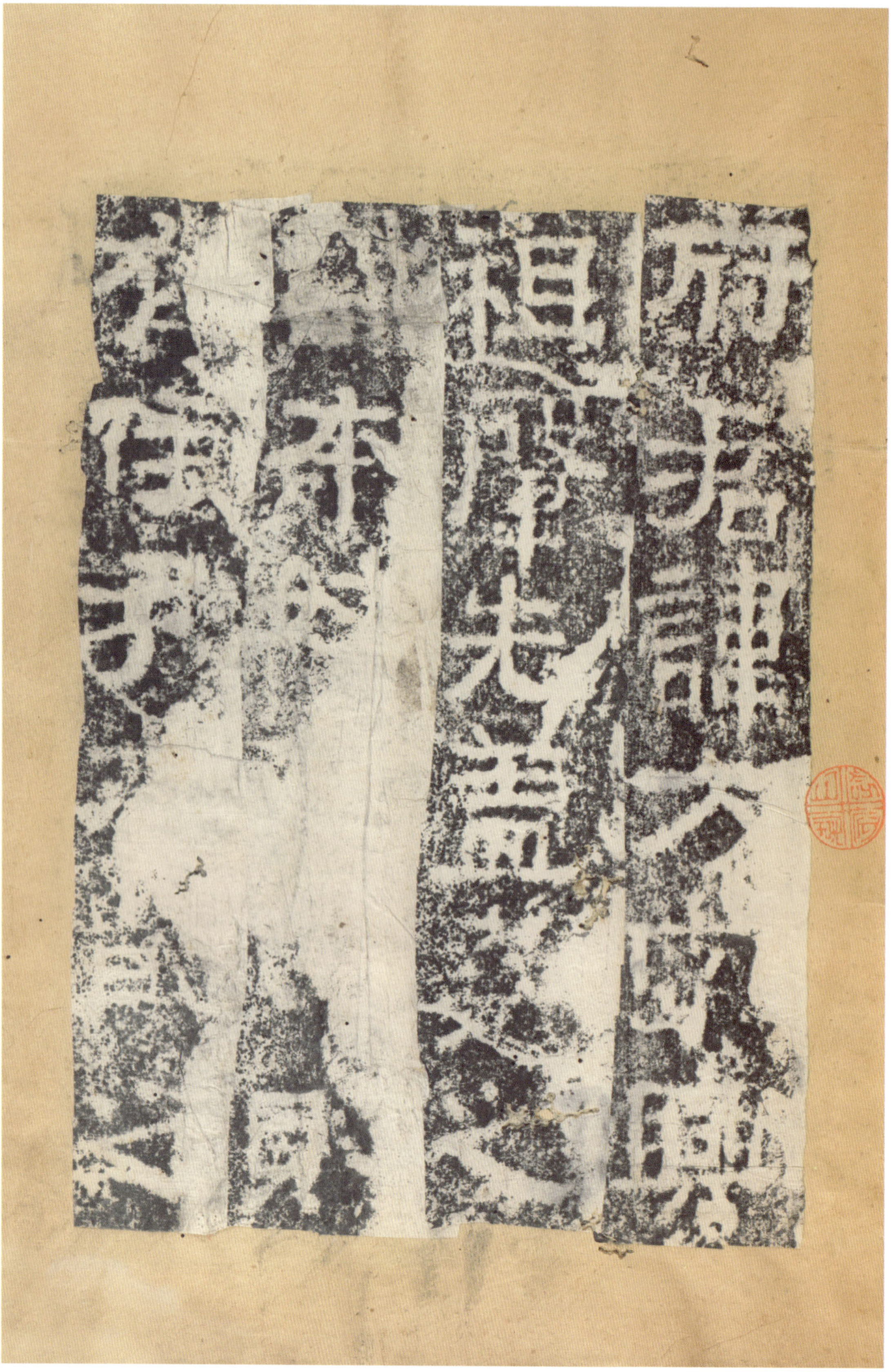

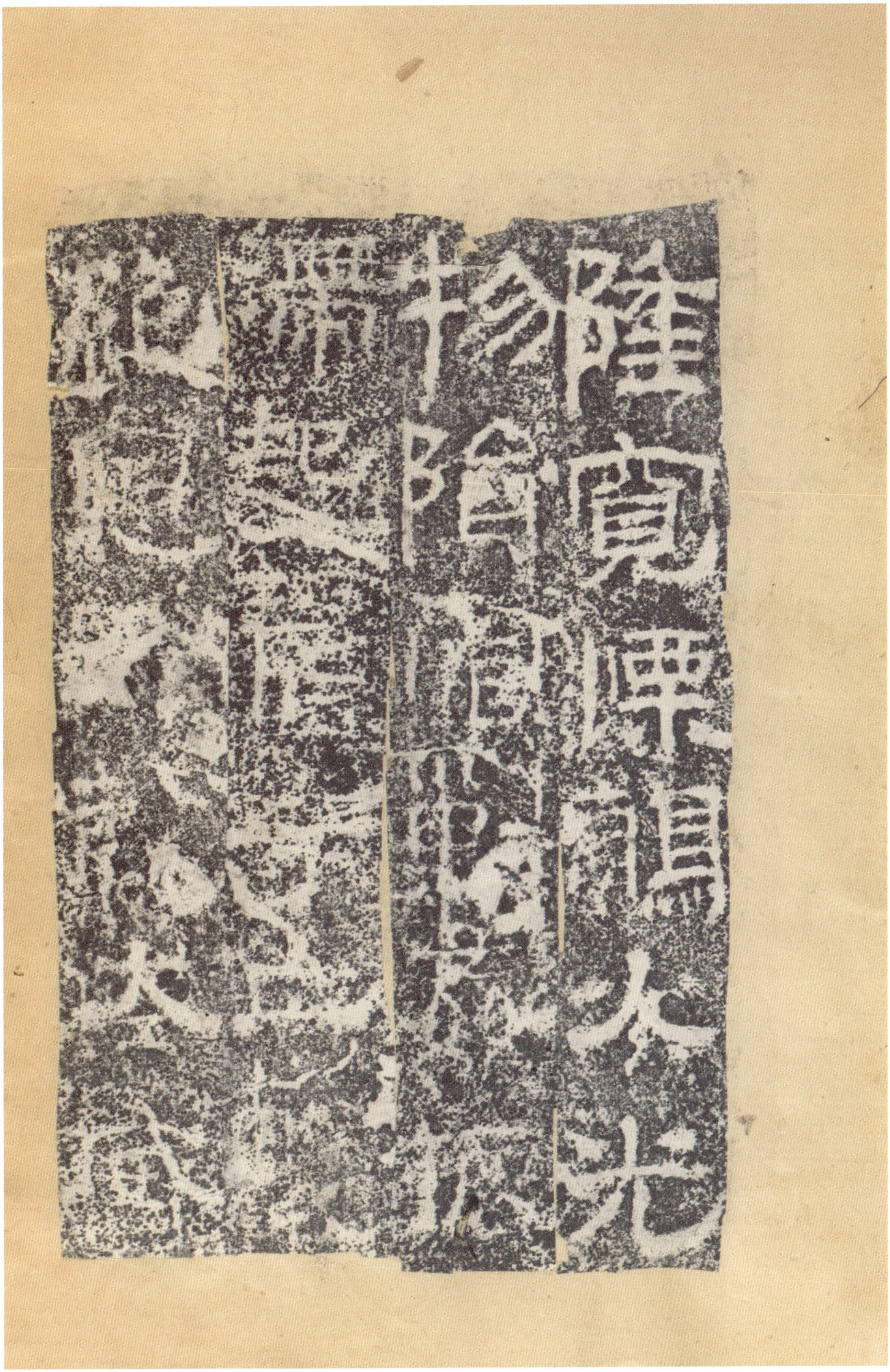

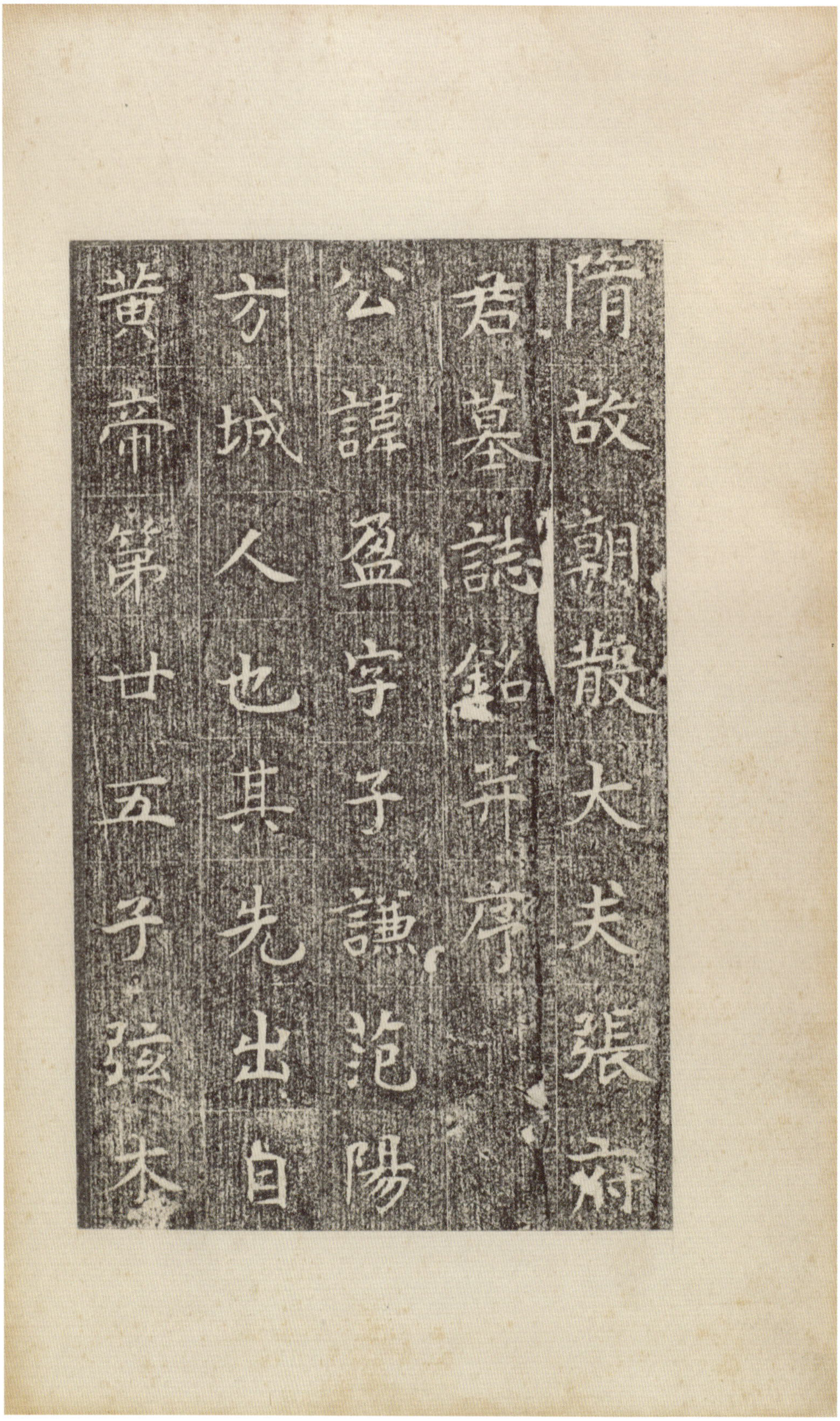
隋故朝散大夫張府
君墓誌銘并序
公諱盈字子謙范陽
方城人也其先出自
黄帝第廿五子弦本

書　名：隋張盈墓誌
版　本：清晚期拓本
數　量：1册
鑒藏印：曼殊室藏

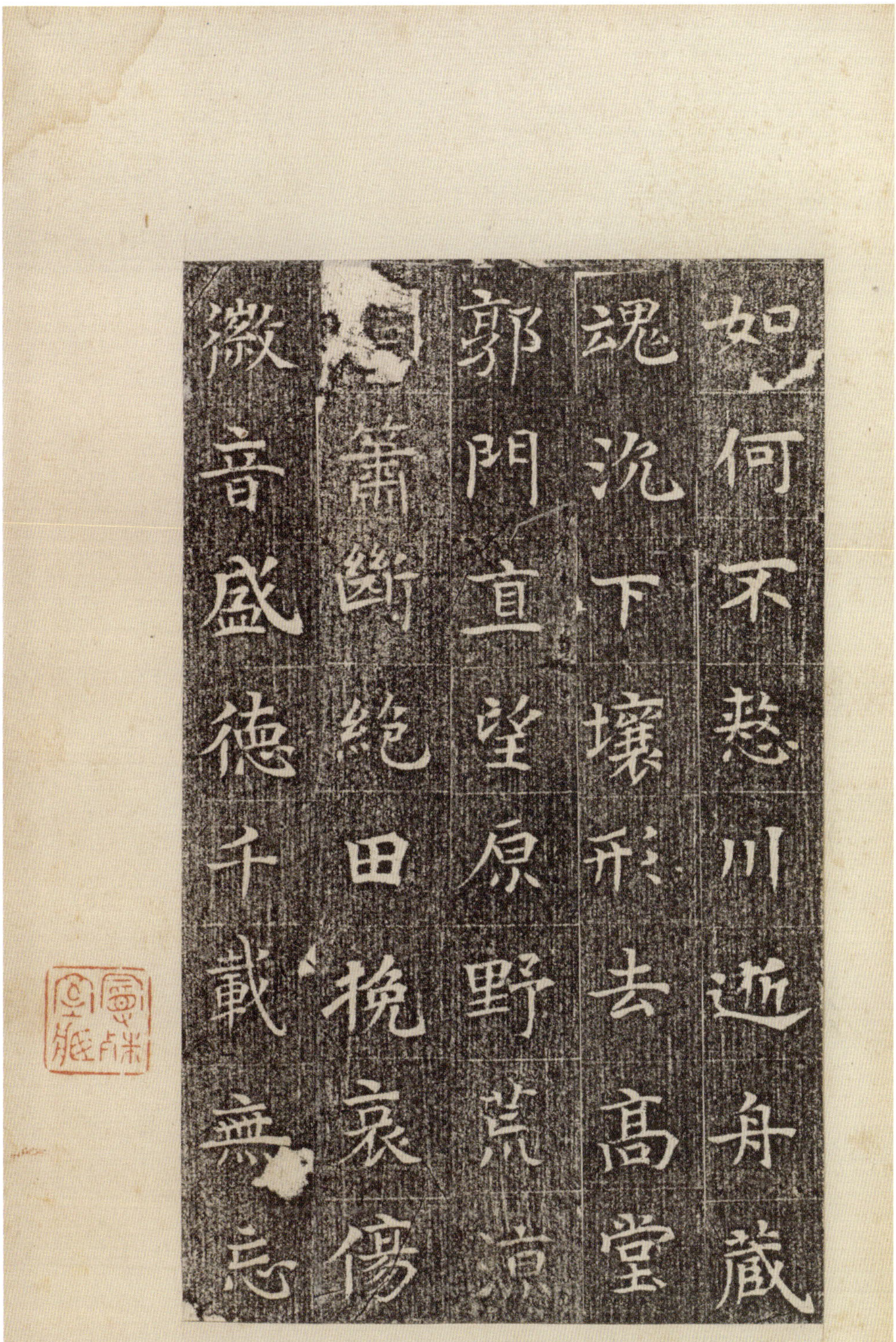

如何不愁川逝舟藏
魂沉下壤形去高堂
郭門亘望原野荒涼
[illegible]簫斷絶田挽哀傷
徽音盛德千載無忘

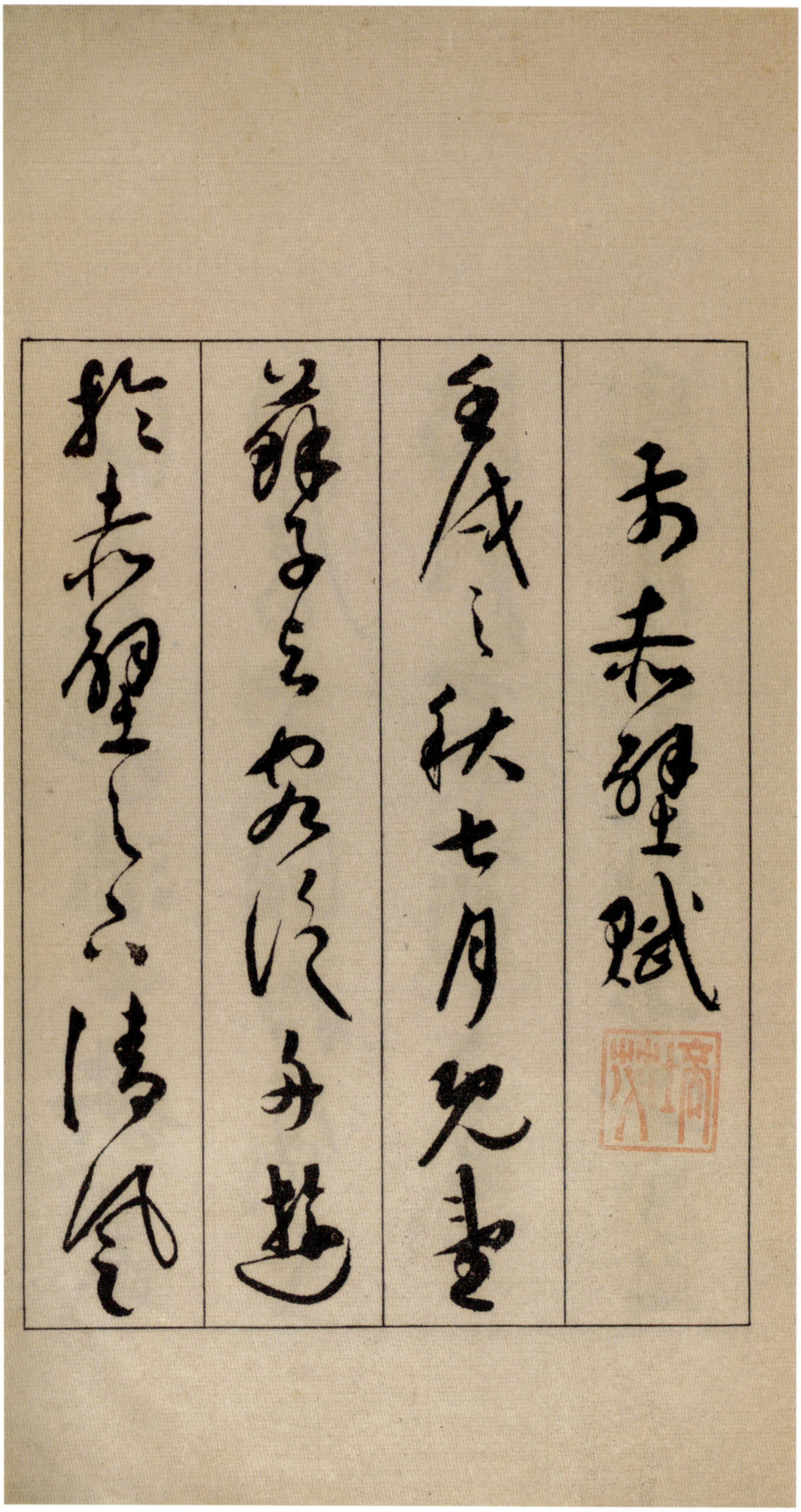
前赤壁賦
壬戌之秋七月既望
蘇子與客泛舟遊
於赤壁之下清風

書　名：祝枝山草書前後赤壁賦
作　者：祝允明書
版　本：民國九年（1920）中華書局石印本
數　量：1册
鑒藏印：培蕊

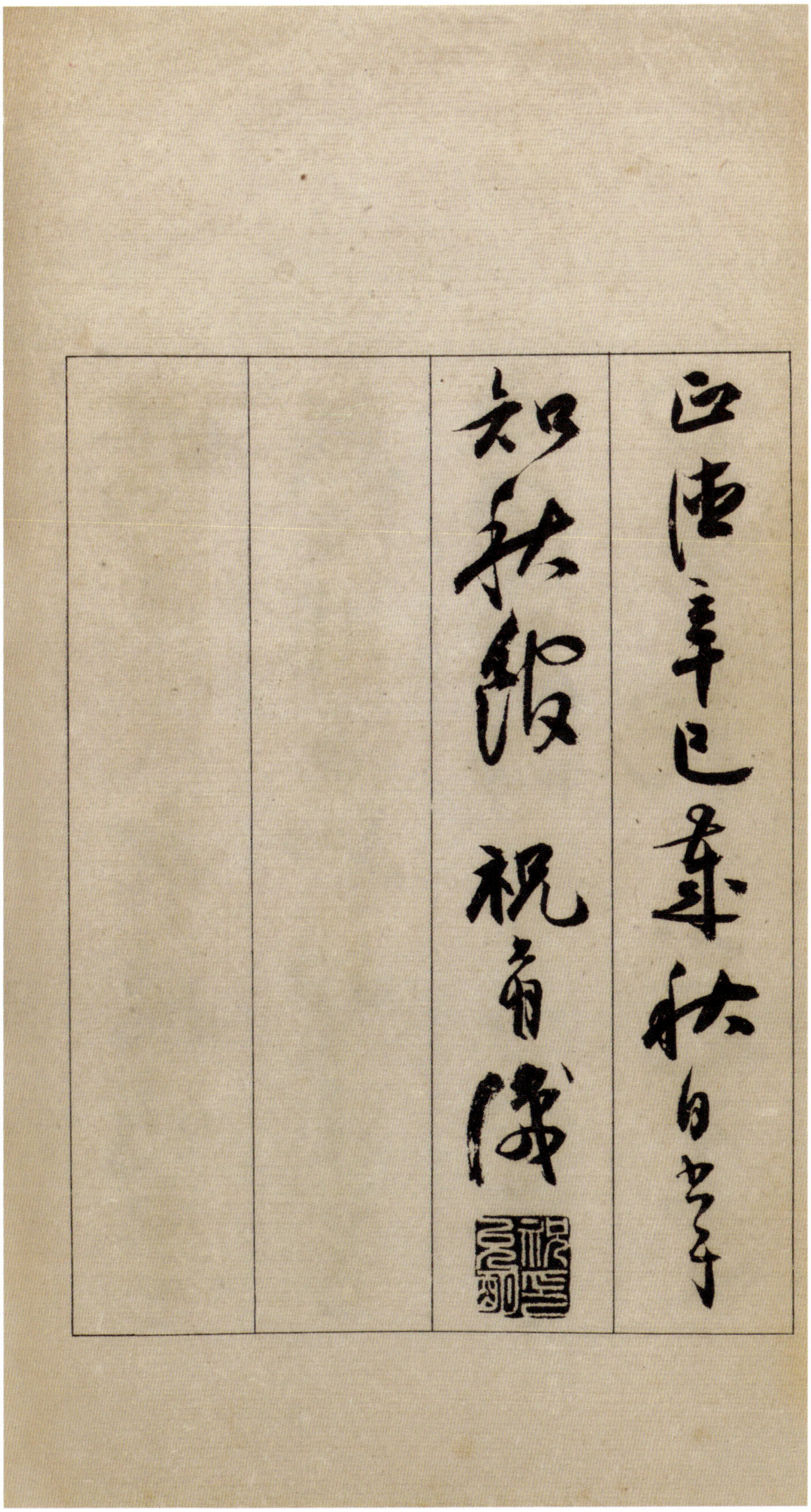
正德辛巳季秋日書
知秋館 祝允明

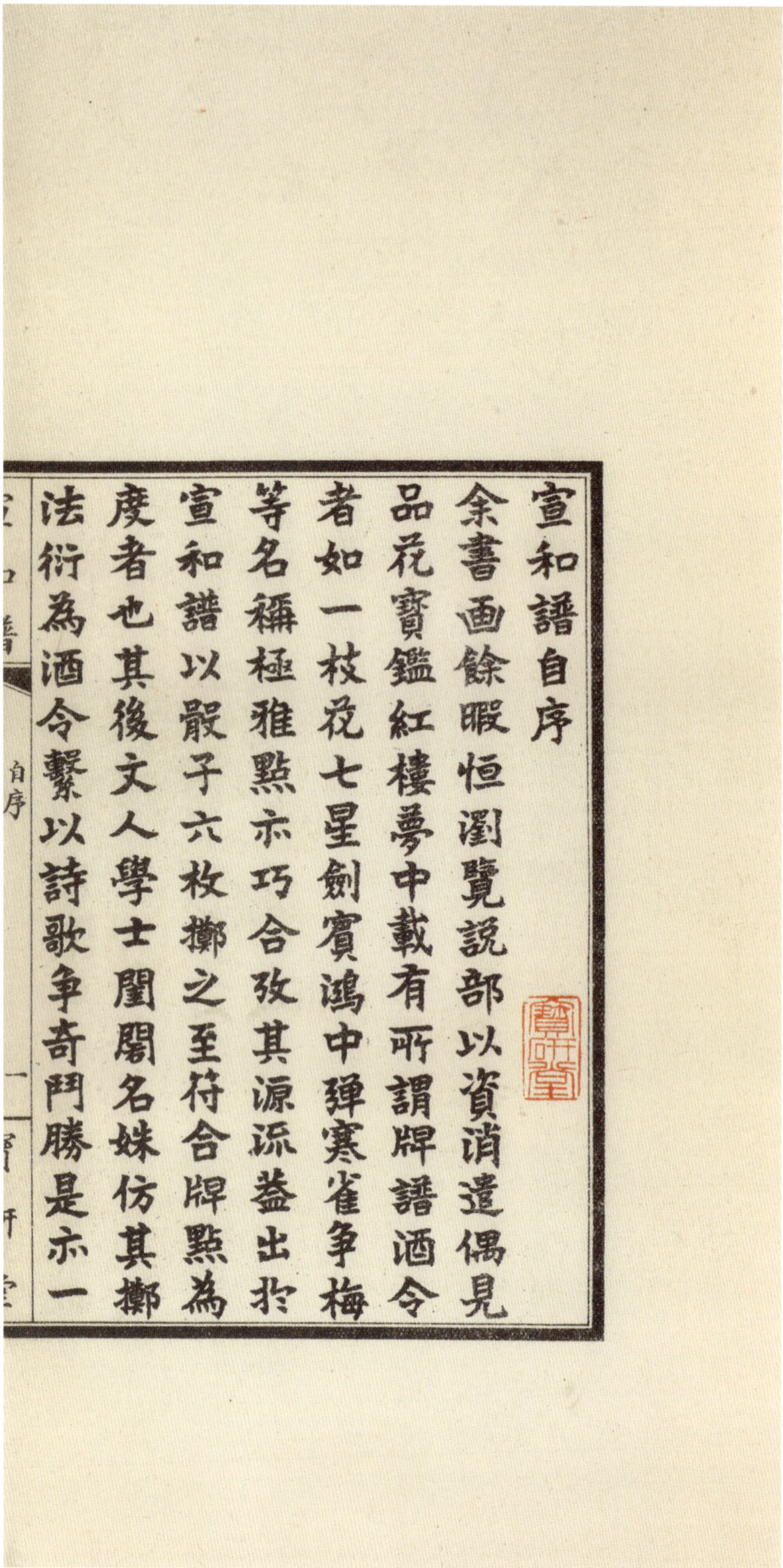
宣和譜自序
余書画餘暇恒瀏覽說部以資消遣偶見
品花寶鑑紅樓夢中載有所謂牌譜酒令
者如一枝花七星劍賓鴻中彈寒雀爭梅
等名稱極雅點亦巧合攷其源流蓋出於
宣和譜以骰子六枚擲之至符合牌點為
度者也其後文人學士閨閣名姝仿其擲
法衍為酒令繫以詩歌爭奇鬥勝是亦一

宣和譜　自序　一　寶研室

書　名：增訂宣和譜
作　者：黄鎏輯
版　本：民國三十二年（1943）套色石印本
數　量：1册

第一牌

七星劍

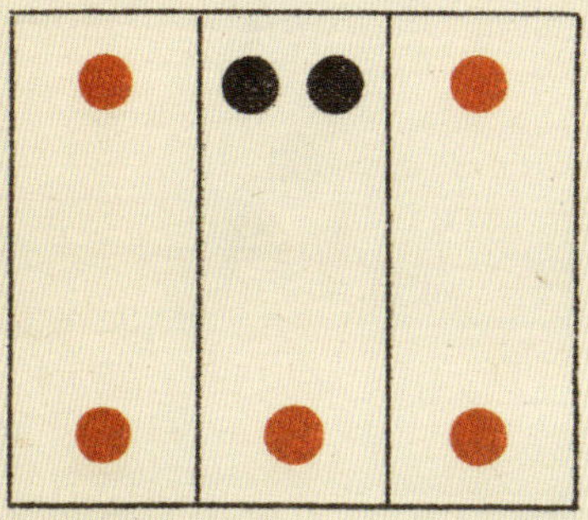

腰間寶劍七星文　唐王維詩

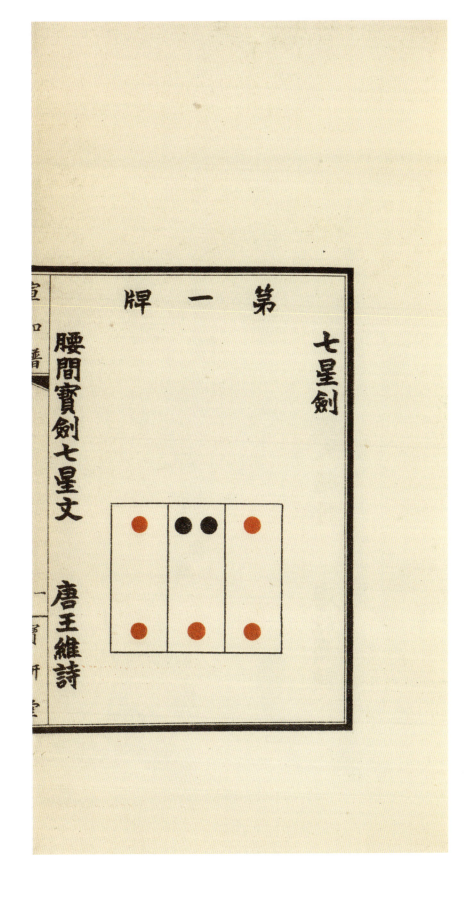

書　名：詳注聊齋志異圖詠十六卷
作　者：蒲松齡撰，吕湛恩注
版　本：清光緒十二年（1886）上海同文書局石印本
數　量：8册

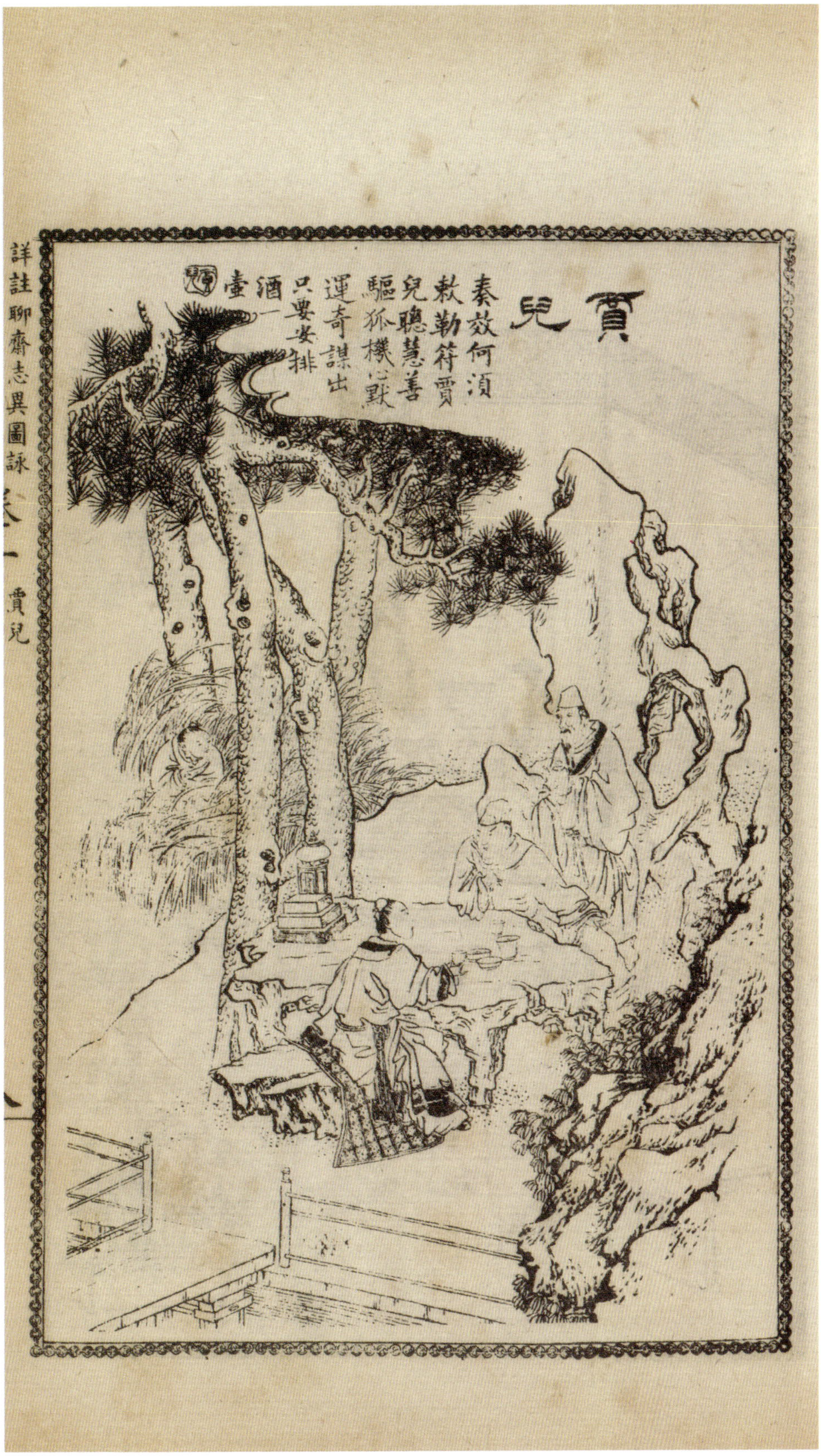
詳註聊齋志異圖詠　卷一　賈兒
賈兒
奏效何須
敕勒符賈
兒聰慧善
驅狐機心默
運奇謀出
只要安排
酒一
壺

詳註聊齋志異圖詠卷一

淄川　蒲松齡　留仙　著

文登　呂湛恩　叔清

考城隍

予姊夫之祖。宋公。諱燾。邑廩生。一日病臥。見吏持牒。牽白顛馬詩秦風有馬白顛傳白顛顁有白毛今謂之的顙來云。請赴試。公言文宗詩源指訣陳子昂作感遇詩三十八首王適見之曰海內文宗也未臨。何遽得考。吏不言。但敦促之。公力疾乘馬從去。路甚生疎。至一城郭。如王者都。移時入府廨。宮室壯麗。上坐十餘官。都不知何人。惟關壯繆漢後帝建興七年追謚帝壯繆宋高宗建炎三年加封壯繆義勇武安王孝宗淳熙十四年加封壯繆義勇武安英濟王郭子章謂繆與穆通可識。簷下設几墩各二。先有一秀才坐其末。公便與連肩。几上各有筆札。前漢司馬相如傳請為天子遊獵之賦賦成奏之上許令尚書給筆札札木簡之薄者也又櫛也編之櫛齒相比也見釋名俄題紙飛下。視之。八字云。一人二人。有心無心。二公文成。呈殿上。公文中有云。有心為善。雖善不賞。無心為惡。雖惡不罰。諸神傳贊不已。召公上。諭曰。河南缺一城隍。王敬哉冬夜箋記城隍之名見於易若廟祀則莫究其始記曰天子大蜡八伊耆氏始蜡注伊耆堯也蓋蜡八神水庸居七水隍也庸城也此正祭城隍之始○按城隍廟之神郢文蕋以為祀於開元之後不知蕪湖建祠昉於赤烏武陵修祠著之民吏國學紀聞云北齊慕容儼鎮郢城時城中先有神祠號城隍神則六朝已有之矣君稱其職。公方悟。頓首泣曰。辱膺寵命。何敢多辭。但老母七旬。奉養無人。請得終其天年。韓萊老母今以天年終惟聽錄用。上一帝王像者。即令稽母壽籍。有長鬚吏。捧冊翻閱一過。白有陽算九年。共躊躇間。關帝曰。不

書　名：聊齋志異新評（殘）
作　者：蒲松齡著，王士正評，但倫明新評
數　量：存1册
鑒藏印：南海梁氏叔子澍廉珍藏詩書畫印

書　名：筆記小説大觀
版　本：上海進步書局石印袖珍本
數　量：67册

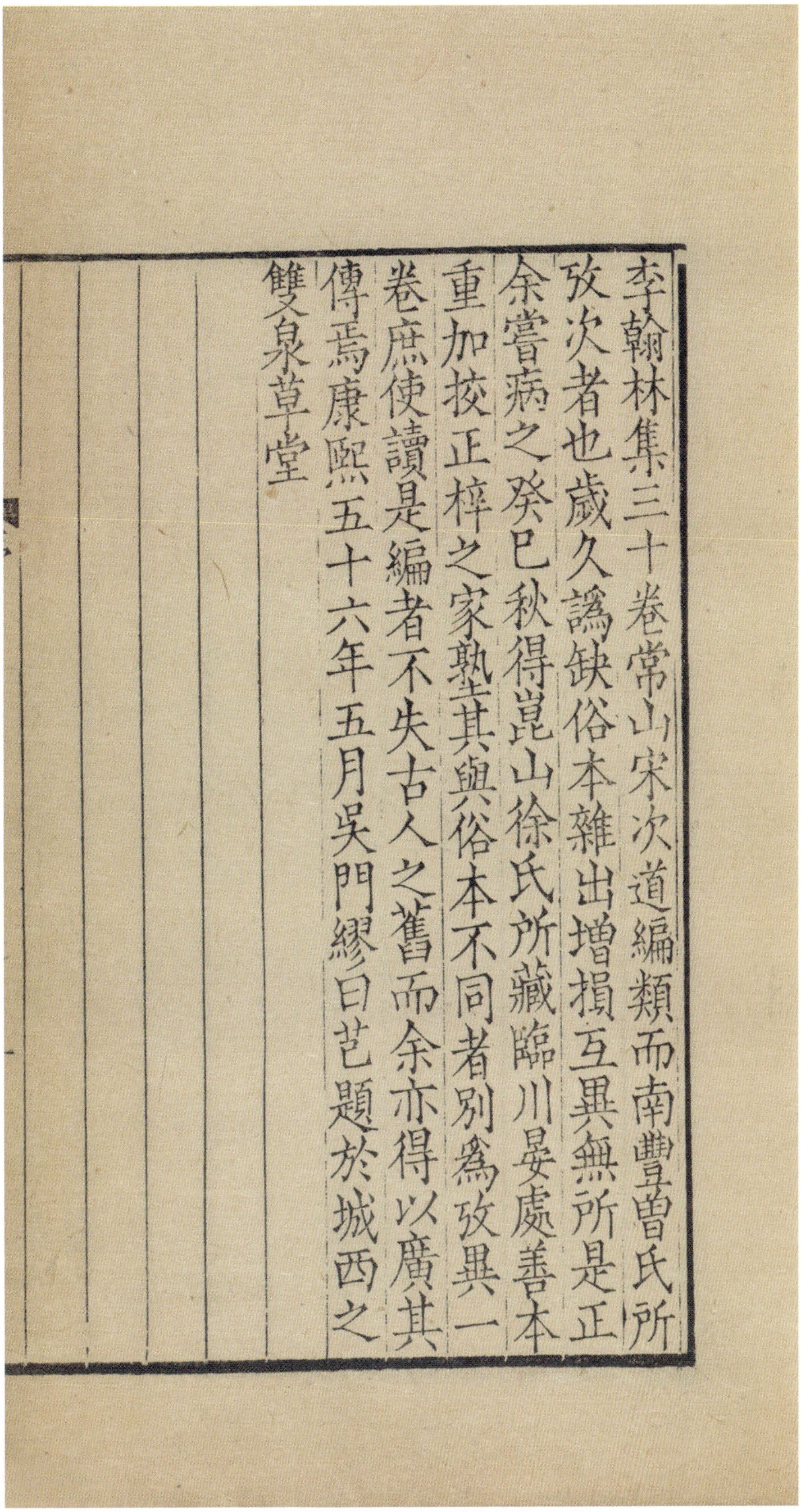
李翰林集三十卷常山宋次道編類而南豐曾氏所
攷次者也歲久譌鈌俗本雜出增損互異無所是正
余嘗病之癸巳秋得崑山徐氏所藏臨川晏處善本
重加挍正梓之家塾其與俗本不同者別爲攷異一
卷庶使讀是編者不失古人之舊而余亦得以廣其
傳焉康熙五十六年五月吳門繆曰芑題於城西之
雙泉草堂

書　名：李太白集
作　者：李白撰
版　本：清光緒十四年（1888）湖北官書處翻刻繆曰芑本
數　量：4册

李太白文集卷第二

歌詩五十九首

古風上

古風五十九首

大雅久不作吾衰竟誰陳王風委蔓草戰國多荊榛龍虎相啖食兵戈逮狂秦正聲何微茫哀怨起騷人揚馬激頹波開流蕩無垠廢興雖萬變憲章亦已淪自從一作蹉跎建安來綺麗不足珍聖代復元古垂衣貴清真羣才屬休明乘運共躍鱗文質相炳煥衆星羅秋旻我志在刪述重輝映千春希聖如有立絶筆於獲麟

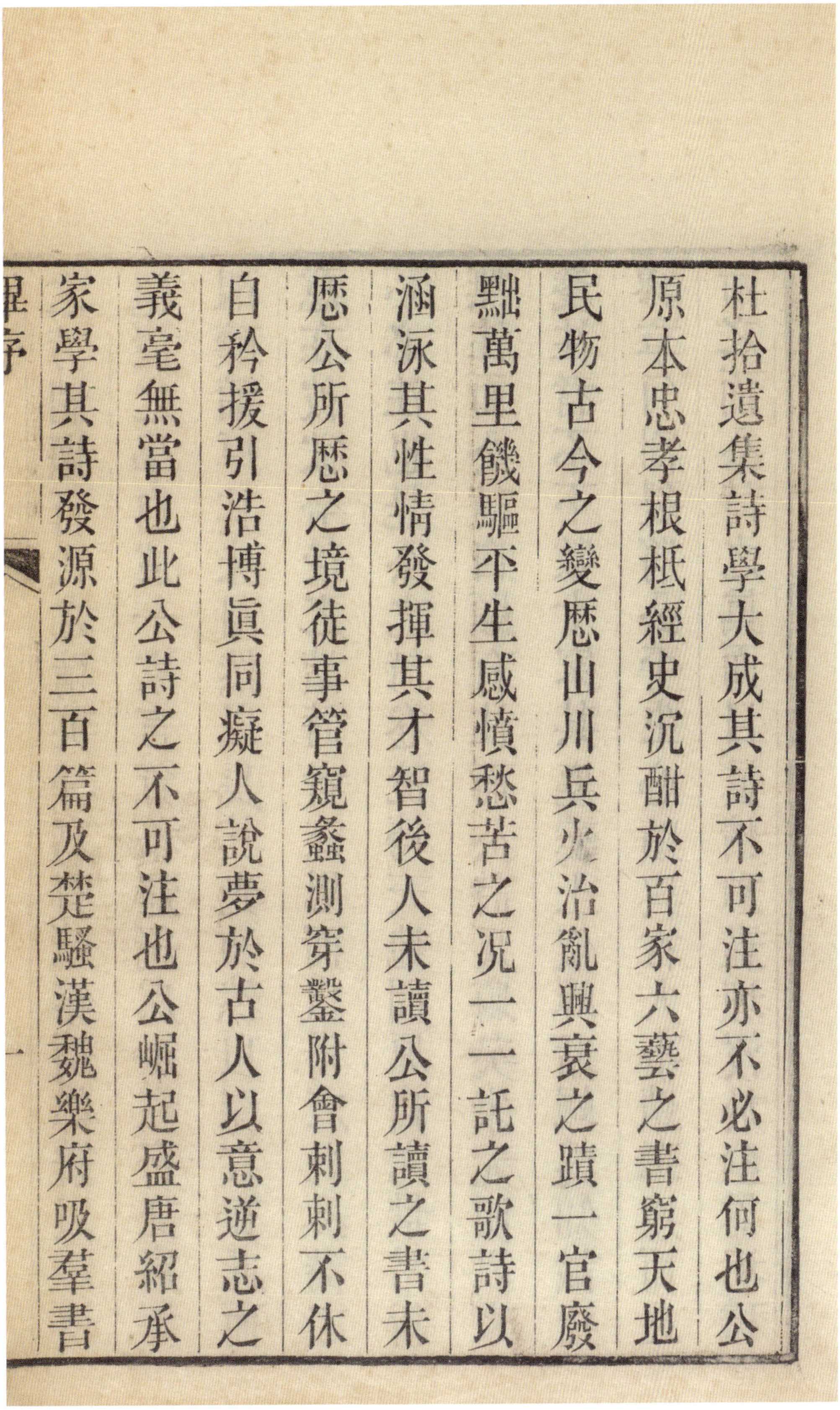

杜拾遺集詩學大成其詩不可注亦不必注何也公原本忠孝根柢經史沉酣於百家六藝之書窮天地民物古今之變歷山川兵火治亂興衰之蹟一官廢黜萬里饑驅平生感憤愁苦之況一一託之歌詩以涵泳其性情發揮其才智後人未讀公所讀之書未歷公所歷之境徒事管窺蠡測穿鑿附會刺刺不休自矜援引浩博眞同癡人說夢於古人以意逆志之義毫無當也此公詩之不可注也公崛起盛唐紹承家學其詩發源於三百篇及楚騷漢魏樂府吸羣書

書　名：杜詩鏡銓二十卷　附讀書堂杜工部文集注解二卷
作　者：杜甫撰，楊倫輯注　張溍評注
版　本：清同治十一年（1872）望三益齋刻本
數　量：12册

李子德云氣體高妙澹然自足

杜詩鏡銓卷一 開元天寶間公居東都遊齊趙及歸京師作

陽湖楊　倫西河編輯

遊龍門奉先寺

龍門即伊闕元和郡縣志伊闕山在河南府伊闕縣北非禹貢之龍門

題是遊詩只寫宿

已從招提遊更宿招提境僧輝記招提者梵言拓鬬提奢唐言四方僧物傳筆者訛拓為招去鬬奢字即今十方住持是也唐會要官賜額為寺私造者為招提蘭若陰壑生虛一作靈籟虛籟謂風也莊子有天籟地籟人籟月林散清影天闚一作闕象緯逼雲臥衣裳冷楊慎曰天闚雲臥乃倒字法闚天則星辰垂地臥雲則空翠溼衣見山寺高寒殊於人境也庚溪詩話引韋述東都記謂天闕即指龍門究於對屬未稱欲覺古效切聞晨鐘令人發深省王嗣奭曰人在塵溷中終日碌碌一當靜境不覺萬慮皆空結語具有解悟

望嶽

元和郡縣志泰山一曰岱宗在兖州乾封縣西北三十里

讀書堂杜工部文集註解卷之一

榔璟子爭
潹陽張　溍上若評註　男　榕端樸園校訂
橋恒子久

天狗賦并序○原註年譜云按玄宗天寶六載詔天下有一藝者赴京公應詔退下畱京師是年十月上幸華清宫公因至獸坊作天狗賦又按長安東驪山有溫泉水浴可愈疾初秦始皇砌石起室漢武帝又加修飾唐貞觀間建湯泉宫咸亨間改溫泉宫天寶六載改華清宫又築羅城置百司及十宅每歲十月上巡幸焉

天寶中上冬幸華清宫甫因至獸坊怪天狗院列在諸獸

書　名：白氏長慶集二十卷後集十七卷別集一卷補遺二卷
作　者：白居易撰，汪立名編訂
版　本：清康熙四十二年（1703）汪氏一隅草堂刻本
數　量：16册
鑒藏印：曼殊室、曼殊室藏、仲策
備　注：梁啟超批，梁啟勳跋

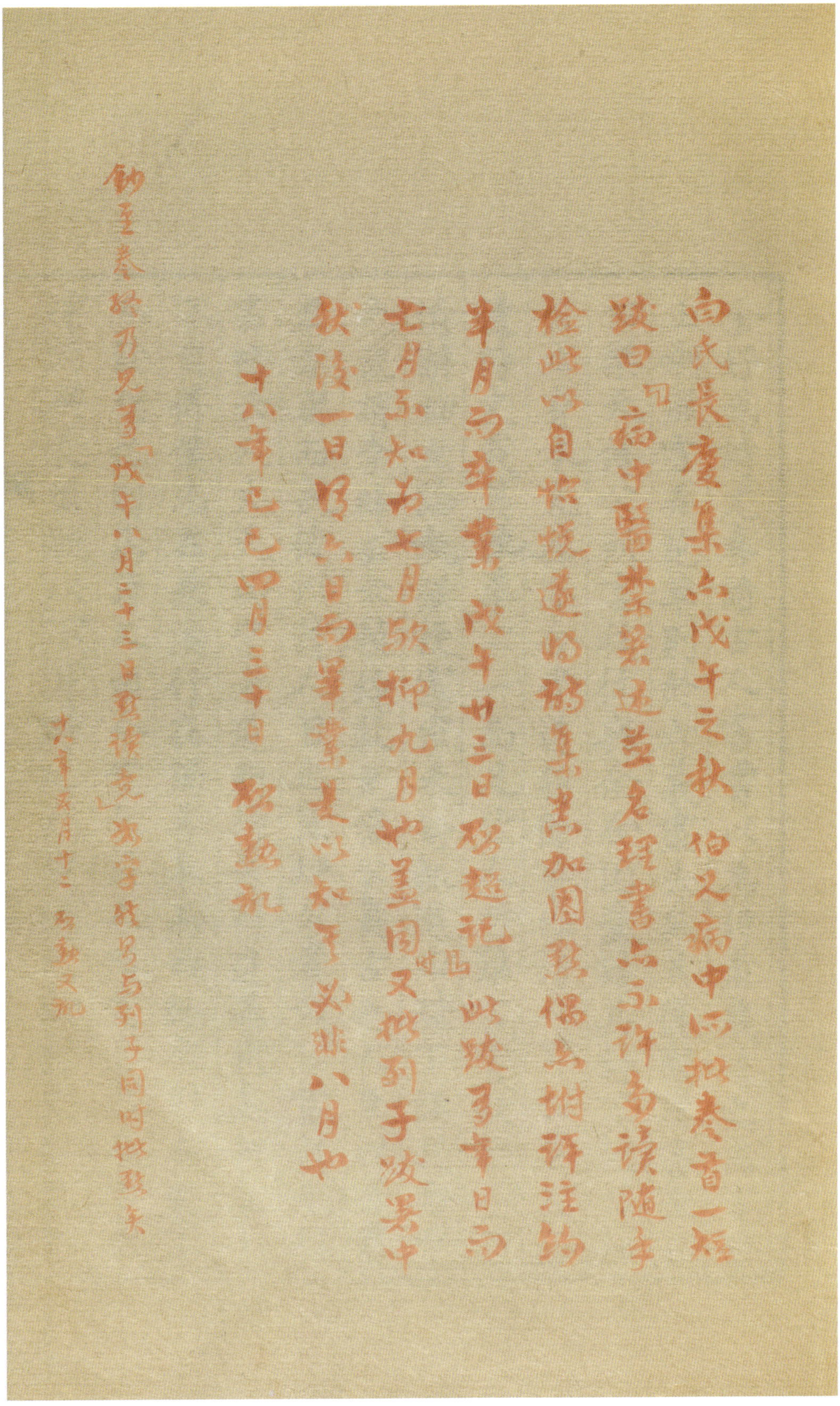

白氏長慶集亦戊午之秋伯兄病中所批卷首一短跋曰「病中醫禁甚嚴並名理書亦不許多讀隨手檢此以自怡悅遂將詩集畧加圈點偶亦附評注約半月而卒業　戊午廿三日　伯超記」此跋寫年日而七月不知為七月歟抑九月也盖同時又批列子跋署中秋後一日得亦日而畢業是以知其必非八月也

十八年己巳四月三十日　伯勲記

鈔至卷終乃見寫「戊午八月二十三日點讀竟」數字然則與列子同時批點矣

十八年五月十二　伯勲又記

以頌爲規大雅之遺也可弁冕全集

白香山詩長慶集卷第一

古歙汪　立名　西亭　編訂

諷諭一 古調詩五言凡六十四首

賀雨

皇帝嗣寶曆元和三年冬自冬及春暮不雨旱爞爞上心念下民懼歲成災凶遂下罪己詔殷勤制一作告萬邦帝曰予一人繼天承祖宗憂勤不遑寧夙夜心忡忡元年誅劉闢一舉靖巴邛二年戮李錡不戰安江東顧惟眇眇德遽有巍巍功或者天降沴無乃儆予躬上思荅天戒下思致時邕莫如率其身慈和與儉恭乃命罷進獻乃命賑飢窮宥死降五刑已責按已責乃用左傳晉悼公已責事謂止逋債也今本皆作責已誤寬三農宮女出宣徽廄馬減飛龍庶政靡不舉皆由自

入蜀詩多奇語凝鍊善隨境形似月

白香山詩長慶集卷第十一

感傷三（古體五言凡五十三首）

初入峽有感

上有萬仞山，下有千丈水。蒼蒼兩崖間，闊狹容一葦。瞿塘呀直瀉，灩澦屹中峙。未夜黑岩昏，無風白浪起。大石如刀劒，小石如牙齒。一步不可行，況千三百里。（自峽州至忠州灘險相繼凡一千三百里）苒蒻竹篾篸（音念），欹危檝師趾。一跌無完舟，吾生繫於此。常聞仗忠信，蠻貊可行矣。自古漂沉人，豈盡非君子。況吾時與命，蹇舛不足恃。常恐不才身，復作無名死。

過昭君村（村在歸州東北四十里）

靈珠產無種，彩雲出無根。亦如彼妹子，生此遐陋村。至麗物難掩，遽選入君門。獨美衆所嫉，終棄於塞垣。唯此

純用賦體氣疏以遠之與老杜分庭對壘

半韻不穩

白香山詩長慶集卷第十五

律詩五言七言九十九首

渭邨退居寄禮部崔侍郎翰林錢舍人詩一百韻

聖代元和歲閒居渭水陽不才甘命舛多幸遇時康朝野分倫序賢愚定否臧重文疎卜式尚少棄馮唐由是推天運從茲樂性場籠禽放高翥霧豹得深藏世慮休相擾身謀且自強猶須務衣食未免事農桑薙艸通三徑開田占一坊晝扉扃白版夜碓掃黄粱隙地治場圃閒時糞土疆枳籬編刺夾薤壟擘科秧穡力嫌身病農心願歲穰朝衣典杯酒佩劍博牛羊困倚裁松鍤饑提採蕨筐引泉來後澗移竹下前岡生計雖勤苦家資甚

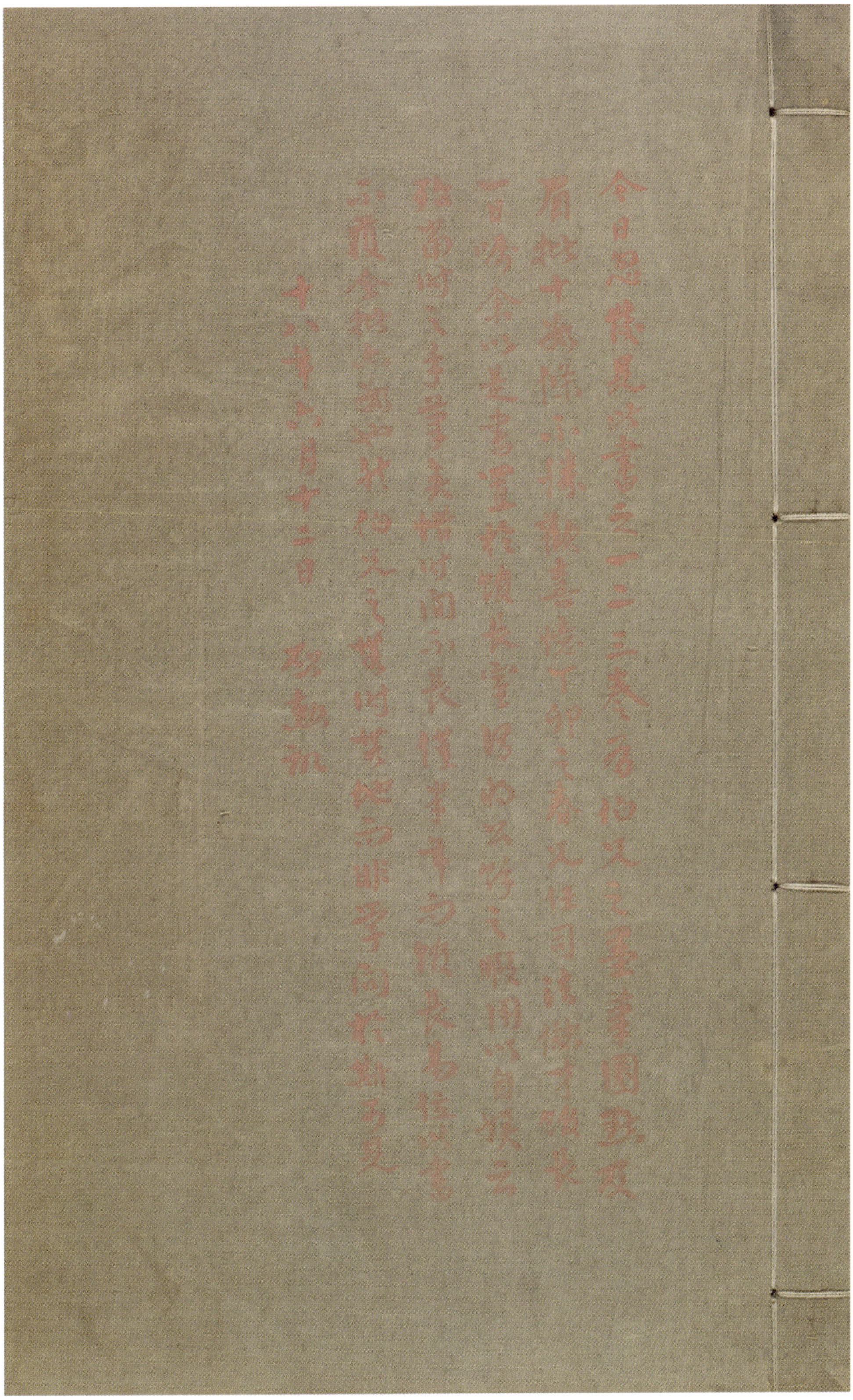

書　名：初白庵蘇詩補注四十九卷

作　者：蘇軾撰，查慎行補注

版　本：清乾隆二十六年（1761）香雨齋刻本

數　量：20册

鑒藏印：聚奎堂藏書

備　注：梁啟超批，梁啟勳跋

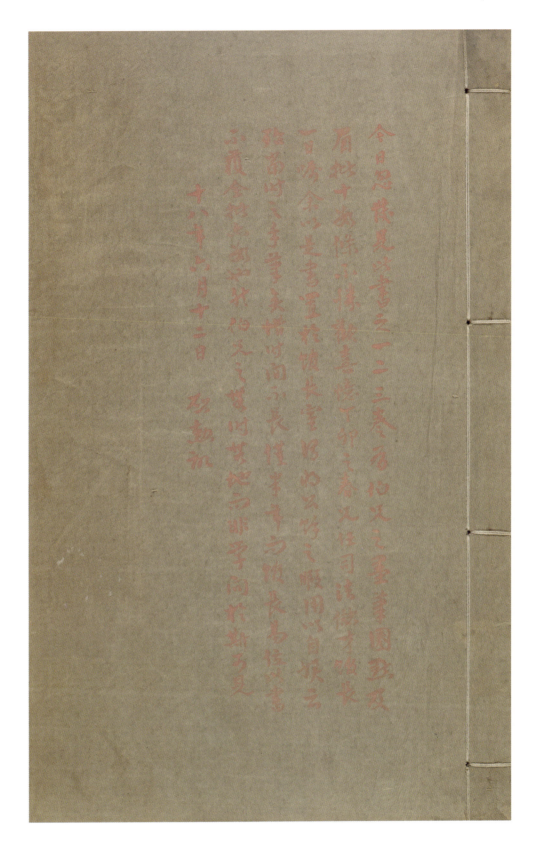

補注東坡先生編年詩目錄

卷一 仁宗嘉祐四年己亥冬侍老蘇公自蜀至荊州詩四十二首

是年先生二十四歲

東坡先生編年詩卷一

後學查愼行補註　姪男開校刊

古今體詩四十二首仁宗嘉祐四年己亥冬侍老蘇公自蜀至荊州作

愼按南行集叙略云己亥之歲侍行適楚舟中無事凡與耳目所接者雜然有觸於中而發於咏歎蓋家君之作與弟轍之文皆在凡一百篇謂之南行集十二月十八日江陵驛書又按子由詩云初來寄荊渚魚雁賤宜客楚人重歲時爆竹聲磔磔新春始涉五田凍未生麥相攜歷唐許花柳漸芽坼蓋己亥十

蘇詩補註卷一　一　香雨齋

刻意摹杜之秦州雜詩並題目亦仿之氣格音節俱逼肖是少作之最佳者但未自成家耳

雖刻意學秦州然以李生平甘初試壯遊吾甚感慨而蒼茫波瀾不殊壯闊

荊州十首

游人出三峽。楚地盡平川。北客隨南賈。吳檣間蜀船。江侵平野斷。風捲白沙旋。欲問興亡意。重城自古堅。

荊州（元和郡縣志）荊南節度屬江南西道（太平寰宇記）荊州江陵郡屬山南東道楚郢都秦爲南郡卽今州也（九域志）西至峽州水路三百三十里北至襄州四百五十里至東京一千八百八十里　三峽（庾仲雍荊州記）巴楚有明月峽廣川峽東突峽今謂之巫峽秭歸峽歸鄉峽（太平寰宇記）巫峽在巫山縣明月峽在夷陵懸崖間黃牛峽在夷陵西又云三峽者西峽巫峽歸峽也（峽程記）三峽者明月廣谿仙山也○慎按三峽之名有二或以瞿塘灩澦巫山爲三峽或云州境之明月峽黃牛峽與西陵峽爲三峽

南方舊戰國。慘澹意猶存。慷慨因劉表。淒涼爲屈原。廢城猶帶井。古姓聚成村。亦解觀形勝。昇平不敢論。

古姓（太平寰宇記）武昌郡六姓吳伍程史龍鄧武陵郡三姓卞伍龔皆載山南東道荊州下

楚地濶無邊。蒼茫萬頃連。耕牛未嘗汗。投種去如捐。農事誰嘗勸。民愚亦可憐。平生事遊惰。那得怨凶年。

楚地（元和郡縣志）春秋以來楚國之都謂之郢都西接巴巫東連雲夢亦一都會之所（史記）鶉首楚之分自張十八度至軫十二度楚之分野 游惰（太平寰宇記）荊之爲言强也陽盛物堅其氣急悍故人多剽輕唐至德以後流傭爭食者衆五方雜處風俗大變五月五日競渡戲舟廢業耗民莫甚于此

朱檻城東角。高王此望沙。江山非一國。烽火畏三巴。戰骨淪秋草。危樓倚斷霞。百年豪傑盡。擾擾見魚蝦。

高王（五代史南平世家）高季興子後梁開平元年爲荊南節度末帝時封渤海王後唐莊宗朝封南平王子從誨嗣封父爵 望沙（荊州志）城東南有望沙樓後梁時高季興建以望沙津陳堯咨知荊州更名仲宣樓（五代史南平世家）高從誨多權詐晉高祖遣陶穀爲國信使從誨晏穀于望沙樓大陳戰艦于樓下曰吳蜀不賓頗修武備以待師期 三巴（華陽國志）劉璋改永寧爲巴郡以固陵爲巴東墊江以上

刻意摹杜之秦州雜詩
並題目亦仿之氣格音節
俱逼肖是少作之最佳者
但未自成家耳

雖刻意學秦州然以
李生平出初試壯遊無甚
感慨可發故波瀾不及
杜闊

荆州十首

游人出三峽。楚地盡平川。北客隨南賈。吳檣間蜀船。江侵平野斷。風捲白沙旋。欲問興亡意。重城自古堅。

荆州（元和郡縣志）荆南節度屬江南西道（太平寰宇記）荆州江陵郡屬山南東道楚郢都秦爲南郡即今州也（九域志）西至峽州水路三百三十里北至襄州四百五十里至東京一千八百八十里三峽（庾仲雍荆州記）巴楚有明月峽廣川峽東突峽在巫山縣明月峽在夷陵懸崖間黃牛峽在夷陵西又云三峽者西峽巫峽歸峽也（峽程記）三峽者明月廣谿仙山也 ○慎按三峽之名有二或以瞿塘灩澦巫山爲三峽或云州境之明月峽黃牛峽與西陵峽爲三峽

南方舊戰國。慘澹意猶存。慷慨因劉表。淒凉爲屈原。廢城猶帶井。古姓聚成村。亦解觀形勝。昇平不敢論。

古姓（太平寰宇記）武昌郡六姓吳伍程史龍郢武陵郡三姓卞伍龔皆載山南東道荆州下

從來拙(?)情中流出故
猶少作也，是卷集中
第一流作

苦寒念爾衣裘薄，獨騎瘦馬踏殘月。路人行歌居人樂，童僕怪我苦悽惻。亦知人生要有別，但恐歲月去飄忽。寒燈相對記疇昔，夜雨何時聽蕭瑟。君知此意不可忘，慎勿苦愛高官職。公自注：嘗有夜雨對牀之言，故云爾。

辛丑仁宗嘉祐六年

鄭州元和郡縣志：春秋鄭國，晉置榮陽郡，開皇三年改鄭州。貞觀七年自武牢移于今理，東至東京一百四十里。九域志：屬京東北路，宋爲奉寧軍節度。念庭闈潁濱遺老傳：轍年二十三，舉直言。是時先君被命修禮書，而兄子瞻出簽書鳳翔判官，旁無侍子，因奏乞養親。○按：許彥周詩話云：詩云「燕燕于飛，差池其羽。之子于歸，遠送于野。瞻望弗及，泣涕如雨。」此詞可泣鬼神矣。東坡送子由詩「登高回首坡壠隔，但見烏帽出復沒」，乃遠紹其意。

和子由澠池懷舊

人生到處知何似，應似飛鴻踏雪泥。泥上偶然留指爪，

假不赴知府廳罰銅八斤亦希亮任內事也
施氏原本移客位假寐一首入倅杭時蓋訛
以公弼爲述古耳今據邵傅聞見後錄改正
又和子由除夕見寄五古一首和子由聞余
善射七律一首皆在鳳翔時作施氏本鈌今
補入卷中

辛丑十一月十九日既與子由別於鄭州西門之
外馬上賦詩一篇寄之

不飲胡爲醉兀兀此心已逐歸鞍發歸人猶自念庭闈
今我何以慰寂寞登高回首坡壠隔但見烏帽出復沒

起句超拔

烏帽句實景寫情

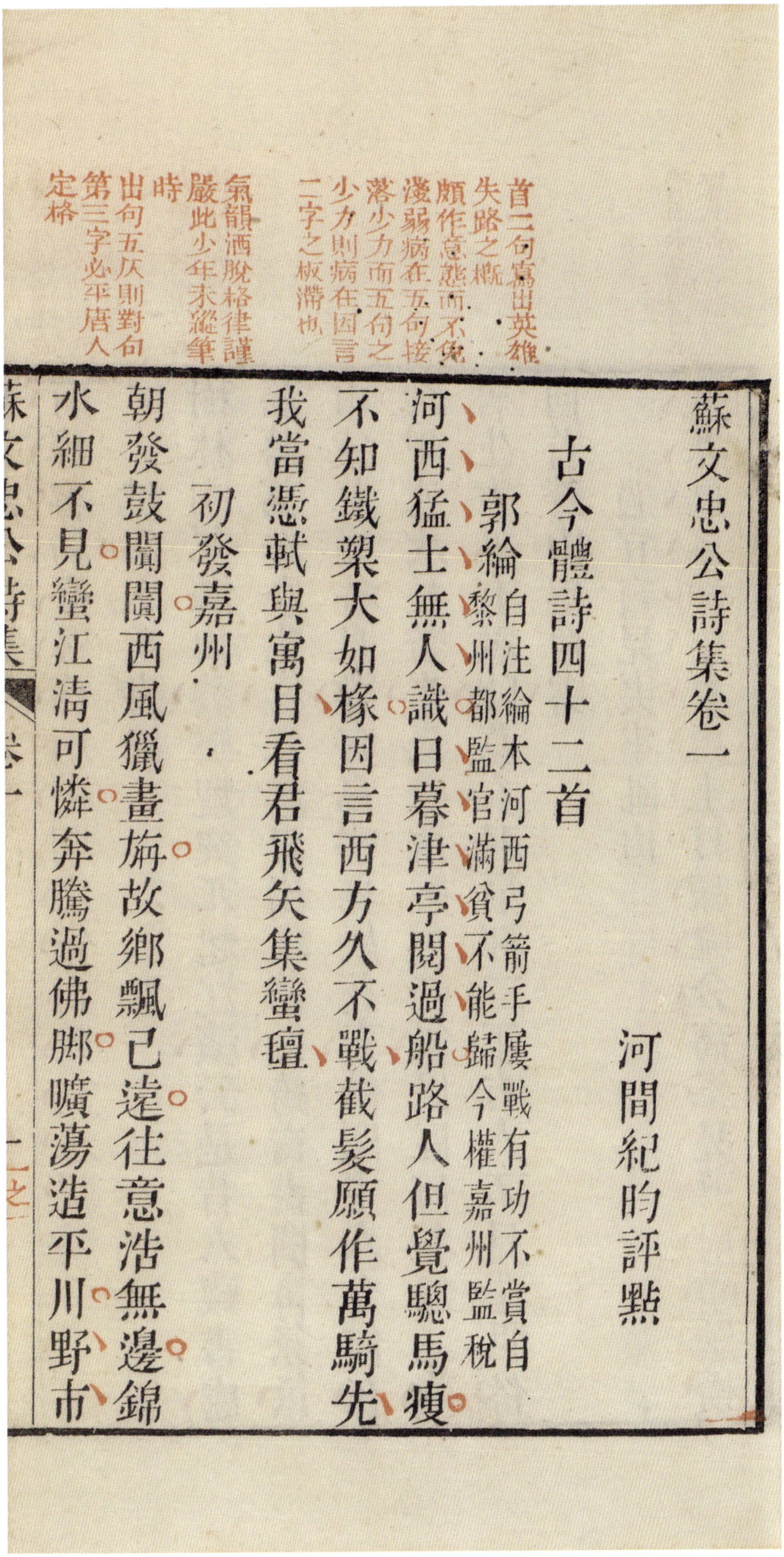

首二句寫出英雄失路之慨頗作意態而不免淺弱病在五句接落少力而五句之少力則病在因言二字之板滯也

氣韻洒脫格律謹嚴此少年未縱筆時

出句五仄則對句第三字必平唐人定格

蘇文忠公詩集卷一

河間紀昀評點

古今體詩四十二首

郭綸 自注綸本河西弓箭手屢戰有功不賞自黎州都監官滿貧不能歸今權嘉州監稅

河西猛士無人識日暮津亭閱過船路人但覺驄馬瘦不知鐵槊大如椽因言西方久不戰截髮願作萬騎先我當憑軾與寓目看君飛矢集蠻氈

初發嘉州

朝發鼓闐闐西風獵畫旟故鄉飄已遠往意浩無邊錦水細不見蠻江清可憐奔騰過佛腳曠蕩造平川野市

蘇文忠公詩集 卷一 一之一

書　名：蘇文忠公詩集五十卷
作　者：蘇軾撰，紀昀評點
版　本：清同治八年（1869）韞玉山房刻本
數　量：12册

額豹袖擁㡧襜傳入應門内俯伏脱劍眷天姿儼龍鳳
雜沓朝鵬鱣神功與絶迹後世兩莫扳自從李氏亡羣
盜竊山川長安三日火至寶隨飛烟尚有脱身者漂流
出東關三官豈容獨得此今已編吁嗟至神物會合當
有年京城諸權貴欲取百計難贈以玉如意豈能動高
禪信應一篇詩皎若畫在前

以上二卷大抵少作氣體未能成就疑當日删定之
餘藁後人重東坡名拾綴存之耳施氏本託始辛丑
未必無所受之未可以疎漏譏也

蘇文忠公詩集卷二終

超得飄忽

寫難狀之景

作一頓挫便不直瀉直瀉是七古第一病收處又繞一波高手總不使一直筆

蘇文忠公詩集卷三

古今體詩五十二首

辛丑十一月十九日旣與子由別於鄭州西門之外馬上賦詩一篇寄之

不飲胡爲醉兀兀此心已逐歸鞍發歸人猶自念庭闈（加一倍法）今我何以慰寂寞登高回首坡壠隔但見烏帽出復沒苦寒念爾衣裘薄獨騎瘦馬踏殘月路人行歌居人樂童僕怪我苦悽惻亦知人生要有別但恐歲月去飄忽寒燈相對記疇昔夜雨何時聽蕭瑟君知此意不可忘愼勿苦愛高官職自注嘗有夜雨對牀之言故云爾

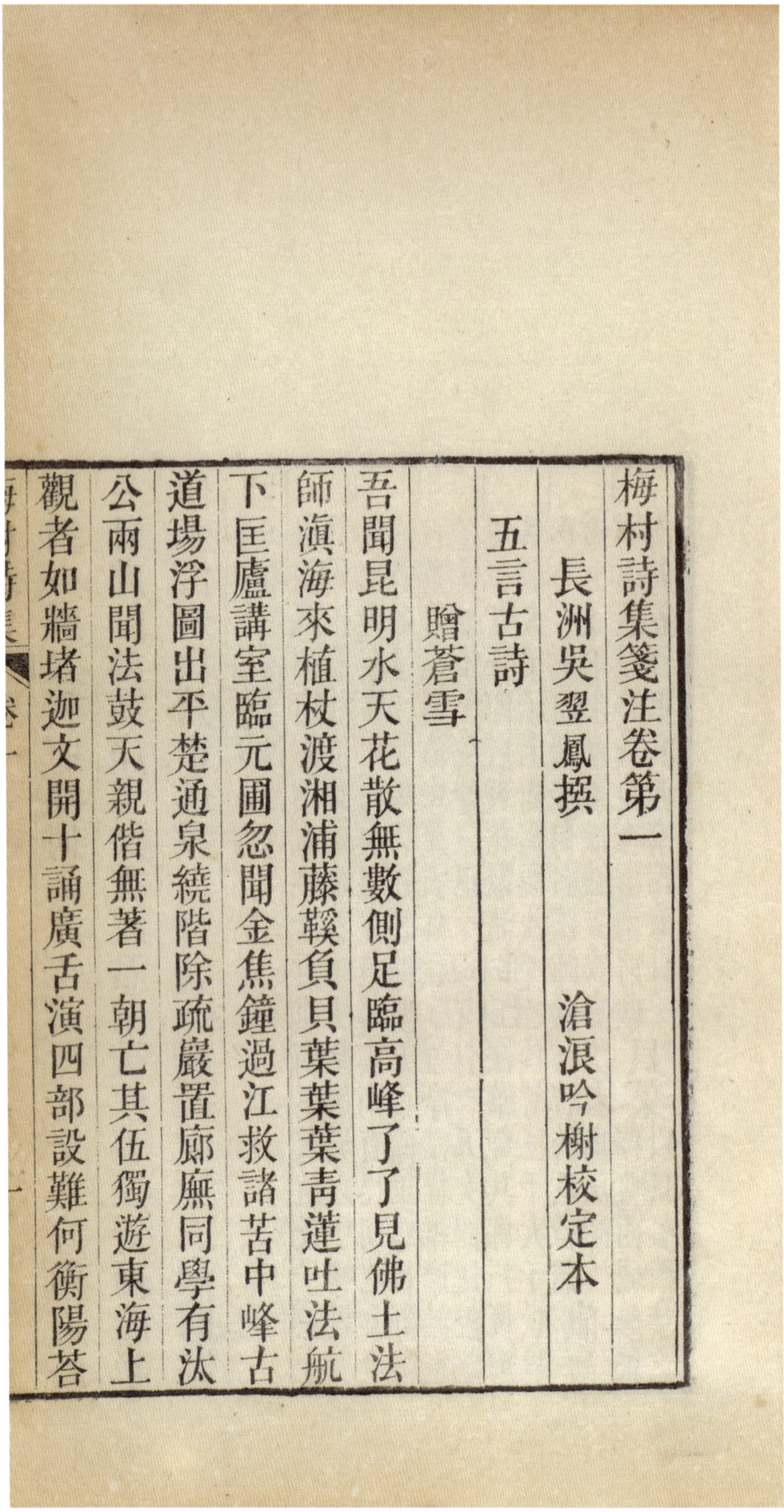
梅村詩集箋注卷第一

長洲吳翌鳳撰　滄浪吟榭校定本

五言古詩

贈蒼雪

吾聞昆明水天花散無數側足臨高峰了了見佛土法師滇海來植杖渡湘浦藤鞵負貝葉葉葉青蓮吐法航下匡廬講室臨元圖忽聞金焦鐘過江救諸苦中峰古道場浮圖出平楚通泉繞階除疏巖置廊廡同學有汰公兩山聞法鼓天親偕無著一朝亡其伍獨遊東海上觀者如牆堵迦文開十誦廣舌演四部設難何衡陽荅

梅村詩集　卷一　一

書　名：梅村詩集箋注十八卷
作　者：吴偉業撰，吴翌鳳注，嚴榮校定
版　本：清光緒七年（1881）湖北官書處刻本
數　量：12册

癭庵詩集序

甲子元日癭庵過余曰吾度歲之資今日只餘一金耳以易銅幣百數十枚實囊中猶不負聽歌錢也語未改臘癭庵遽於是秋八月逝世既五年斆庵檢其遺詩將梓就余請序余始得讀癭庵癸亥除夕詩其詩有云自諱囊空念婦勞其言何溫厚如是耶王風閔周三詩君子陽陽曰無所用其心也有兔爰爰曰君子不樂其生也癭庵之爲人若無所用其心者然亦時有憂

書　名：癭庵詩集一卷外集一卷
作　者：羅惇曧撰
版　本：民國十七年（1928）番禺葉氏刻本
數　量：1册

瘦庵詩集

馬通伯蒼梧翠竹山館圖　順德羅惇㬎

白頭收拾濟時心新拓山園一畝陰自註莊騷成定本舊栽梧竹長高林荷鉏閒味防人覺憑檻秋先照獨吟歲晚就君歸計熟結廬蒼翠有知音

邱嗇庵屬題所藏黃葉邨山人獲石圖山人甃地作池得一石案有斑篆七字畱

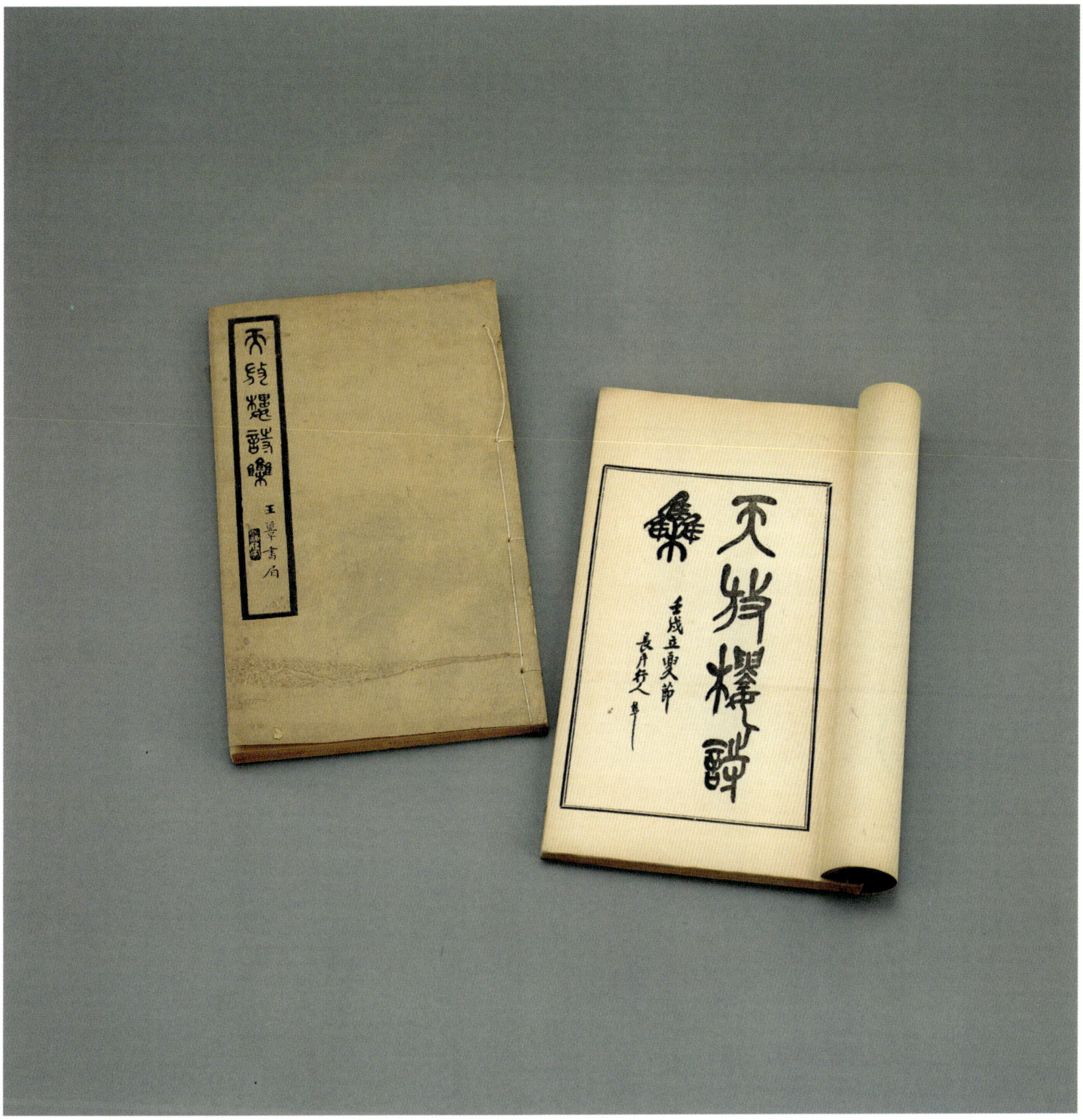

書　名：天放樓詩集九卷
作　者：金天羽撰
版　本：民國十一年（1922）鉛印本
數　量：2册

天放樓詩集

雷音集卷二

吳江金天羽松岑甫撰

人日和冬木老人秦散之病中見懷 乙卯

散老來書言抱痾山居倏經半載想不能久於人世矣蒙寄近詩病中曾題數語曰鶴望此編多訪古懷人之作一往情深頗得浣花之髓近來詩人何能望其項背云云又題一律另牋奉呈乞賜和力疾未能多書郵書者言散老病篤矣顧惓惓鶴望方作此書時令人扶起疊被爲几懸腕以書書猶中鋒也讀之感涕乃急和之

話在心頭酒在襟忘年交許隔年尋名山浪迹廬前諸人日題詩感苦吟天以散材饒匠斧公無哀唱託桑琴華山亦睡希夷叟闔眼神洲夢陸沉

東風冷入鼓鼙天新註猶龍病病篇歲晚橘租收薄値春深藥裹換流年灑醪胸腹回眞氣對鏡頭顱撫雪顛會脫沈痾理輕策杏花紅到蔡亭邊 詩去而散老病革目不能視須臾易簀矣

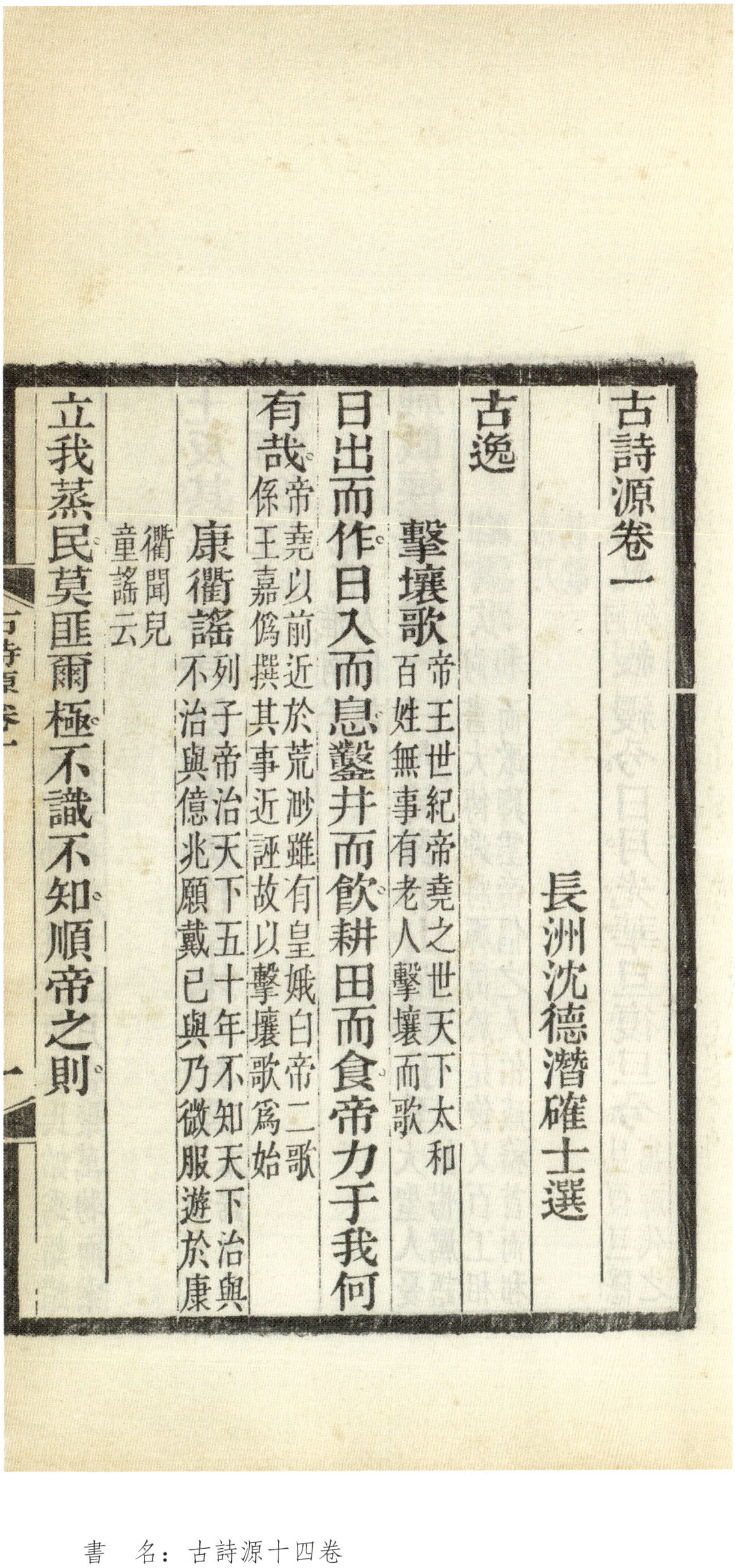
古詩源卷一

長洲沈德潛確士選

古逸

擊壤歌 帝王世紀帝堯之世天下太和百姓無事有老人擊壤而歌

日出而作。日入而息。鑿井而飲。耕田而食。帝力于我何有哉。帝堯以前近於荒渺雖有皇娥白帝二歌係王嘉僞撰其事近誣故以擊壤歌爲始

康衢謠 列子帝治天下五十年不知天下治與不治與億兆願戴已與乃微服遊於康衢聞兒童謠云

立我蒸民。莫匪爾極。不識不知。順帝之則。

古詩源卷一　一

書　名：古詩源十四卷
作　者：沈德潛選
版　本：清光緒十七年（1891）湖南思賢書局刻本
數　量：4册

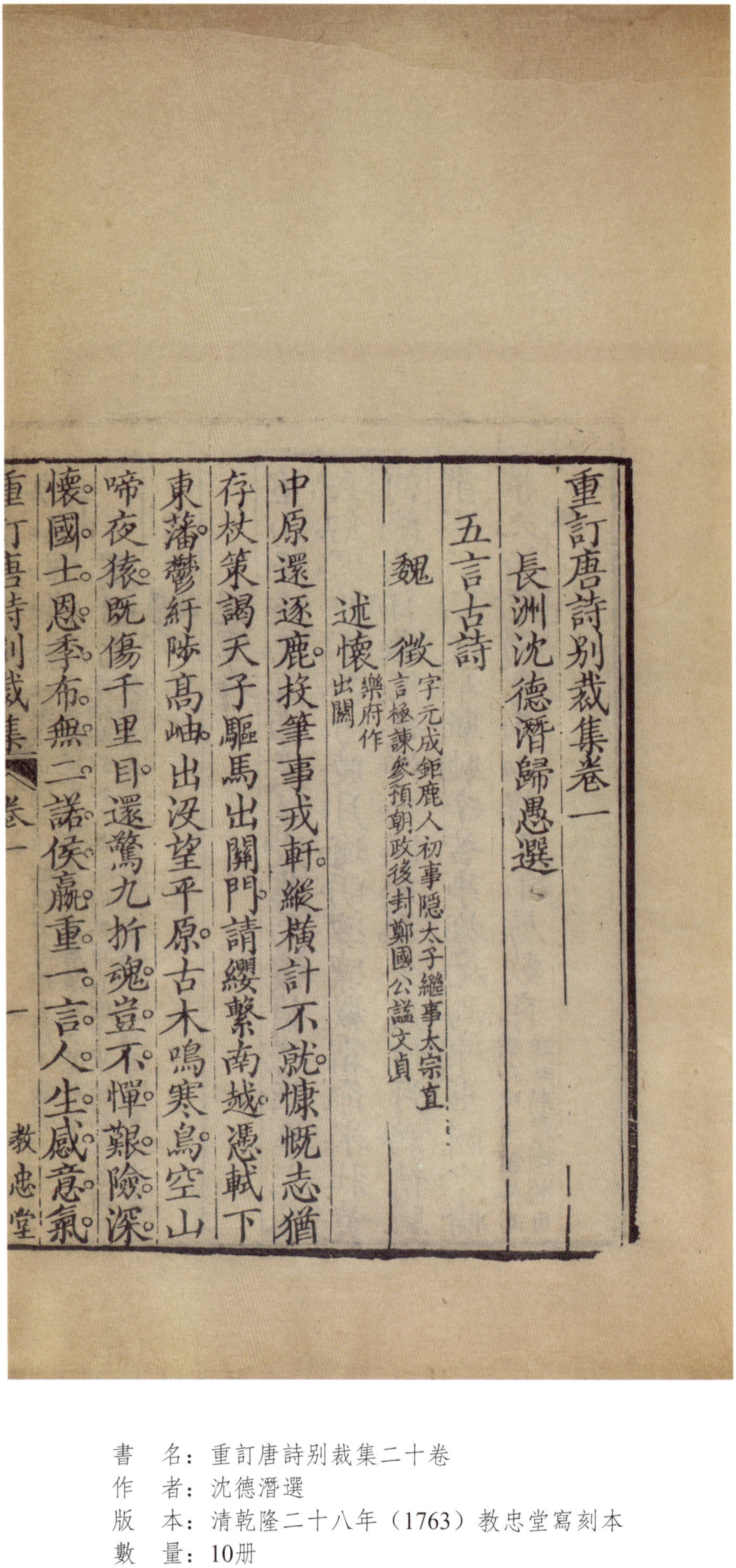
重訂唐詩別裁集卷一

長洲沈德潛歸愚選

五言古詩

魏　徵 字元成鉅鹿人初事隱太子繼事太宗直言極諫參預朝政後封鄭國公謚文貞

述懷 樂府作出關

中原還逐鹿投筆事戎軒縱橫計不就慷慨志猶存杖策謁天子驅馬出關門請纓繫南越憑軾下東藩鬱紆陟高岫出沒望平原古木鳴寒鳥空山啼夜猿既傷千里目還驚九折魂豈不憚艱險深懷國士恩季布無二諾侯嬴重一言人生感意氣

重訂唐詩別裁集　卷一　一　教忠堂

書　名：重訂唐詩別裁集二十卷
作　者：沈德潛選
版　本：清乾隆二十八年（1763）教忠堂寫刻本
數　量：10册

重訂唐詩别裁集卷二

長洲沈德潛歸愚選

李　白 字太白涼武昭王九世孫蜀人亦云山東人天才奇特遊長安賀知章見其文曰謫仙人也言於明皇召對金鑾殿詔供奉翰林帝在沉香亭賞名花召賦清平調三章帝愛其才因醉命高力士脫韡力士耻之摘詩中語激楊貴妃妃譖於帝賜金放還安祿山反永王璘辟為府僚佐璘起兵白逃回璘敗當誅先是嘗救郭子儀至是子儀請解官以贖詔長流夜郎赦還客當塗令李陽冰所代宗立以左拾遺召而白已卒矣葬當塗之青山○太白詩縱横馳驟獨古風二卷不矜才不使氣原本阮公風格俊上伯玉感遇詩後有嗣音矣

古風十五首

大雅久不作吾衰竟誰陳王風委蔓艸戰國多荆榛龍虎相啖食兵戈逮狂秦正聲何微茫哀怨起

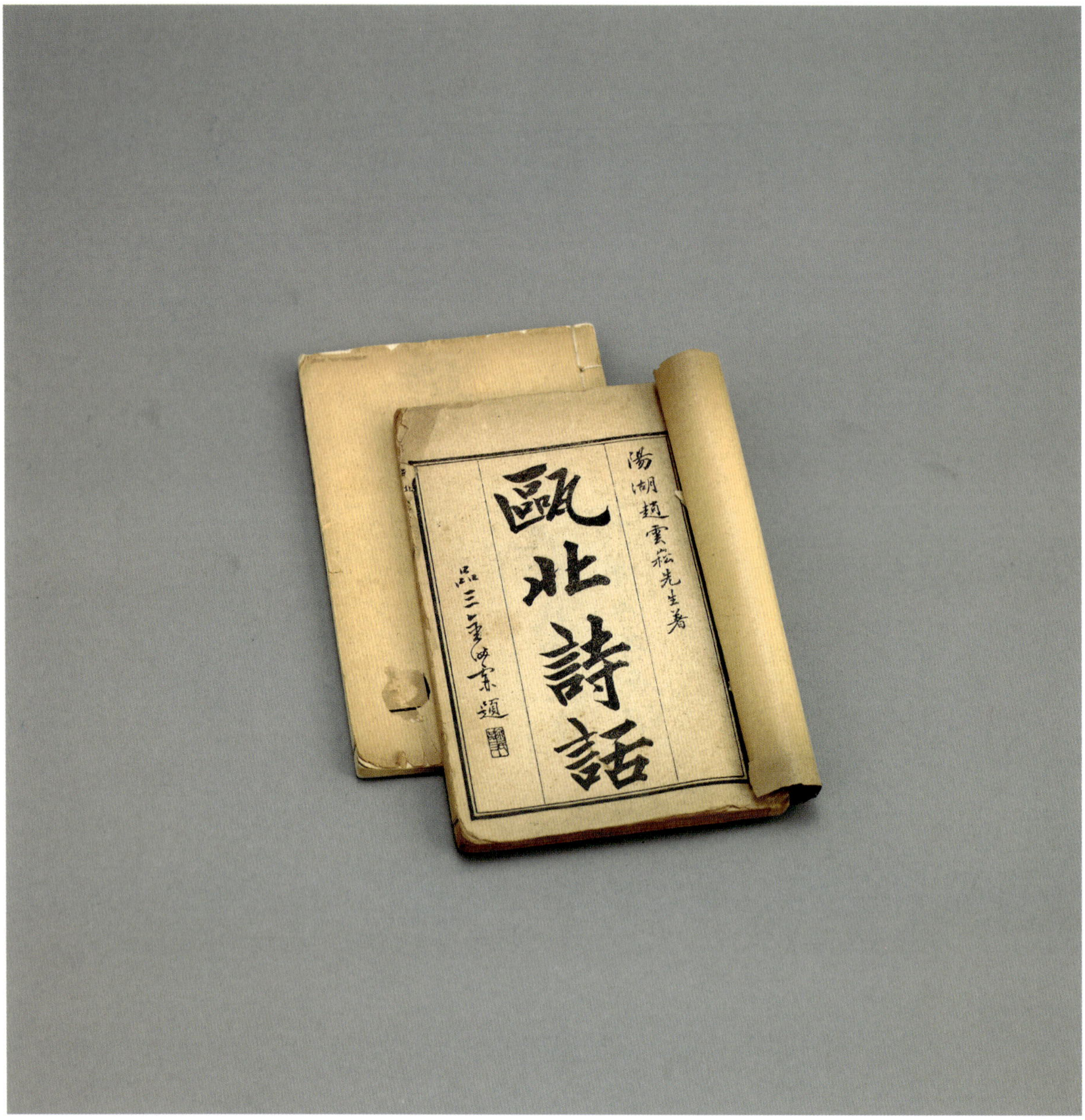

書　名：甌北詩話
作　者：趙翼撰
版　本：清光緒三十四年（1908）掃葉山房石印本
數　量：2册

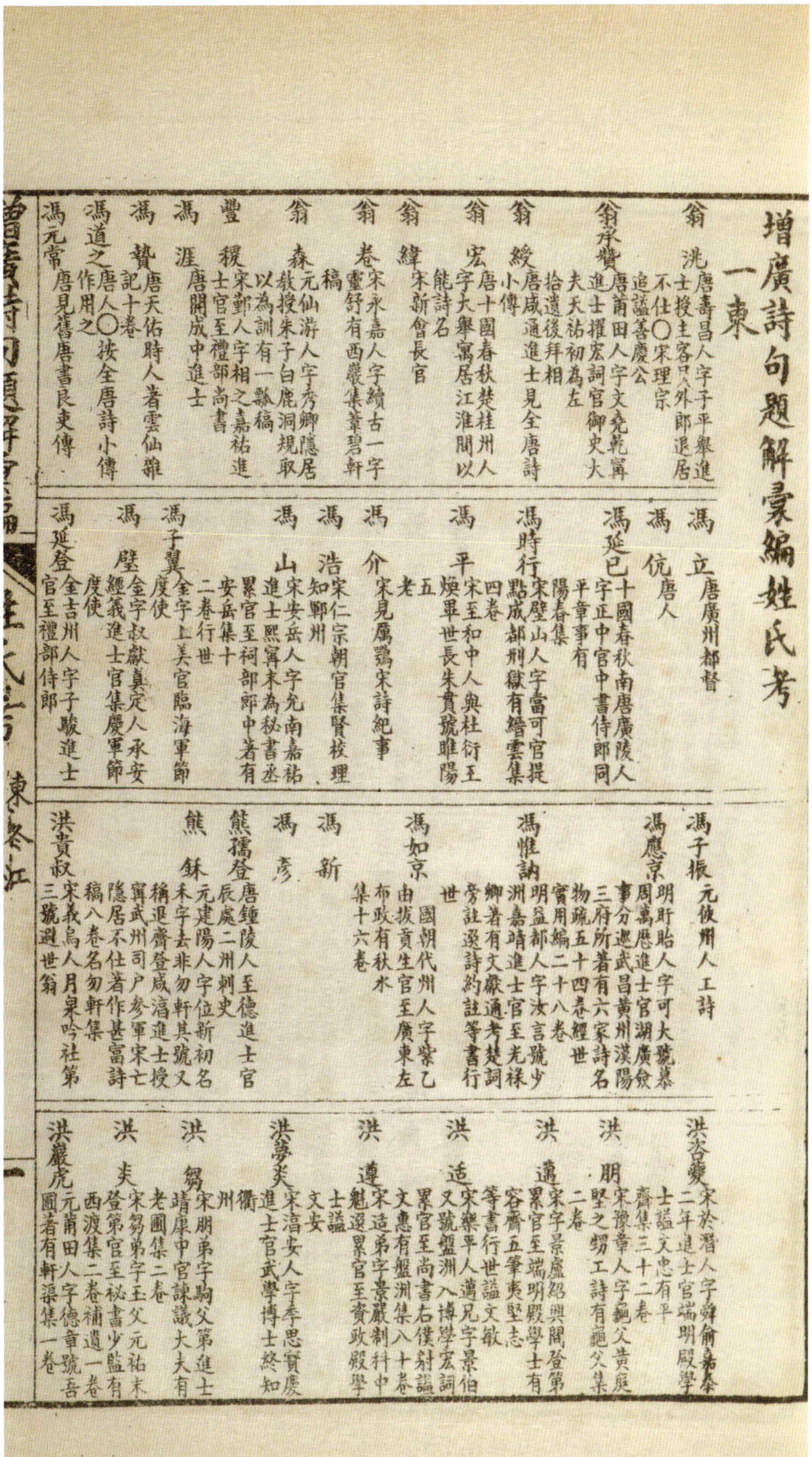
增廣詩句題解彙編姓氏考

一東

翁洮 唐壽昌人字子平舉進士授主客員外郎退居不仕〇宋理宗追謚善慶公
翁承贊 唐莆田人字文堯乾寧進士擢宏詞官御史大夫天祐初為左拾遺後拜相
翁綬 唐咸通進士見全唐詩小傳
翁宏 唐十國春秋楚桂州人字大舉寓居江淮間以能詩名
翁緯 宋新會長官
翁卷 宋永嘉人字續古一字靈舒有西巖集葦碧軒稿
翁森 元仙游人字秀卿隱居教授朱子白鹿洞規取以為訓有一瓢稿
豐稷 宋鄞人字相之嘉祐進士官至禮部尚書
馮涯 唐開成中進士
馮贄 唐天佑時人著雲仙雜記十卷
馮道之 唐人〇按全唐詩小傳作用之
馮元常 唐見舊唐書良吏傳
馮立 唐廣州都督
馮伉 唐人
馮延巳 十國春秋南唐廣陵人字正中官中書侍郎同平章事有陽春集
馮時行 宋璧山人字當可官提點成都刑獄有縉雲集四卷
馮平 宋至和中人與杜衍王煥畢世長朱貫號睢陽五老
馮介 宋見厲鶚宋詩紀事
馮浩 宋仁宗朝官集賢校理知鄆州
馮山 宋安岳人字允南嘉祐進士熙寧末為秘書丞累官至祠部郎中著有安岳集十二卷行世
馮子翼 金字上美官臨海軍節度使
馮壁 金字叔獻真定人承安經義進士官集慶軍節度使
馮延登 金吉州人字子駿進士官至禮部侍郎
馮子振 元攸州人工詩
馮應京 明盱眙人字可大號慕岡萬歷進士官湖廣僉事分巡武昌黃州漢陽三府所著有六家詩名物疏五十四卷經世實用編二十八卷
馮惟訥 明益都人字汝言號少洲嘉靖進士官至光祿卿著有文獻通考楚詞旁註選詩約註等書行世
馮如京 國朝代州人字紫乙由拔貢生官至廣東左布政有秋水集十六卷
馮新
馮彥
熊孺登 唐鍾陵人至德進士官辰處二州刺史
熊鉌 元建陽人字位新初名禾字去非勿軒其號又稱退齋登咸淳進士授寧武州司户參軍宋亡隱居不仕著作甚富詩稿八卷名勿軒集
洪貴叔 宋義烏人月泉吟社第三號遯世翁
洪咨夔 宋於潛人字舜俞嘉泰二年進士官端明殿學士謚文忠有平齋集三十二卷
洪朋 宋豫章人字龜父黃庭堅之甥工詩有龜父集二卷
洪邁 宋字景盧紹興間登第累官至端明殿學士有容齋五筆夷堅志等書行世謚文敏
洪适 宋樂平人邁兄字景伯又號盤洲入博學宏詞累官至尚書右僕射謚文惠有盤洲集八十卷
洪遵 宋适弟字景嚴制科中魁選累官至資政殿學士謚文安
洪夢炎 宋淳安人字季思寶慶進士官武學博士終知衢州
洪芻 宋朋弟字駒父第進士靖康中官諫議大夫有老圃集二卷
洪炎 宋芻弟字玉父元祐末登第官至秘書少監有西渡集二卷補遺一卷
洪巖虎 元莆田人字德章號吾圖著有軒渠集一卷

書　名：增廣詩句題解彙編四卷
作　者：瀛華書局編
版　本：清光緒十三年（1887）上海大同書局石印本
數　量：4册

豐年曾共比元圃任同論琢磨資
匠石物色任風塵虞璧珍先握韓
環價定吊珩問言羞楚城連寶陋
秦
鐵
珊思千網結硯記十年磨鎔去横
江鎖逆來引石鍼繞指剛能化堅
心氣不沉壯志銷磨杵雄懷記擁
衾賜硯青勞顧吟詩白許持剛健
誰能屈清瑩不待融犁休歌鑄錯
杵竟笑磨成勤石幢同樹塗金劵
共頒
珊瑚
曉立丹霞擁宵撐碧月孤沙痕消
折戟寶氣媚遺珠玲瓏金絡布隱
約寶光豁巧誰撈玉慣靈共吸磁
猜賦海朱唾沂研都碧樹栽鐵網
何年結金鰲自古蟠光彩撐蟾窟
玲瓏蠹蚤樓魚龍同戲彩星月合
交輝釣雪竿長拂鈎雲樹晤交萬
目連雲密千枝映月高
瑪瑙
霓盛天上露盤絢日邊霞腹孕瓊
漿漾綠纏墨漆縈名應居玉次寶
不類金剛輝煌紅玉影絢爛紫雲
紋
水晶
結自冰胎朗懸如月印澄枕邊桃
燦爛簾下月玲瓏歸稜標絕峻光
彩耀珠明性自徵瑩朧光知泯玷
瑕比觀參聖域喻義妙程門盤盛
冰散綱簾卷水沉薰

珍寶

聞言絕倒與語忘疲論詩
笑鄭說史吞顏窮澤生流
懸河瀉水黃絹幼婦參麴
鞠躬莊姬龍尾文仲羊裘
笑
莞爾　胡盧　捧腹　嗢噱
嫣然　絕倒　解頤　軒渠
嘻嘻　二哂　含睇　拍手
晏晏　衆哈　解顏　哄堂
撫掌　噴飯　陸雲疾
絕纓　墮驢　義府刀
長大
秀偉　釣龍　森挺
魁梧　憑虎　堂皇
跡七尺　一丈佛　有爽氣
腰十圍　八尺金　非常人
萬仞孤生九霄特立渡谷
之山車鄰之國防風之骨
專車長狄之眉見軾無路
以酒為糧赤郭以鬼為食
申香拂蓋而行巨霸枕鼓
而息金人詠幹於雲中翁
仲摹形於魏闕豈獨賈逵
長頭張蒼肥白王商見重
於匈奴朱雲少矜為勇力
哉
短小
蕞陋　侏儒　孋雉　高柴

形體

詩韻合璧卷二

下平聲

一先

先　必｜乎｜陽｜奉｜張｜德｜不｜一｜秀｜古｜月｜民｜何｜占｜右師｜身
｜惟｜焦｜彖｜佛｜元｜蜡｜泉｜筆｜光｜開｜大夫｜儒教｜六府｜翠微
｜讓人｜同人｜祖生｜靈運｜聞道｜着鞭｜太極｜許我｜張茂｜酌誰｜似孝｜
姓名｜邊孝｜局占｜得月｜務學｜得着｜農事｜獨占｜雪梅｜不後｜莫為｜
禮樂　○　｜啟｜飯｜覩｜務｜發｜見｜容｜正｜聖｜期｜儒｜難｜傳｜嘗｜生｜
｜　鞭｜得｜笑｜鞏｜覺｜進｜識｜甲｜施｜魔｜天｜幾｜驅｜零｜凋｜庚
｜登｜德｜資｜農｜春｜問｜賢｜人語｜士卒｜民言｜號吡稷為民｜魏書高祖
紀詔曰農惟政首稷為民｜才行惟｜後漢章彪傳彪上議曰士宜以才行為｜不可純
以閥閱紙台德｜尚書注言敬我心身所得之理以倡率臣民也

前　｜朧｜寒｜來｜在
○蘇軾虔州八境圖詩○着鞭從使祖生｜○｜後也○霰韻異　｜先｜居｜窗｜
君｜眼｜盧｜席｜簾｜馬｜羅帳｜玉几｜舞衫｜滄浪｜無｜生｜酒｜王｜身｜參
｜階｜簷｜士｜耳目｜綺窗｜酒樓｜歧路｜畫堂｜十年｜馬不｜古岸｜半生｜
暮江｜落窗｜　｜鞏｜軌｜業｜遂｜緒｜覺｜度｜事｜史｜懿｜哲｜訓｜進
付生｜綠水｜○　｜畫｜軒｜賢｜村｜宵｜因｜軍｜峯｜秀｜知｜鑑｜幾｜逐
｜身｜旌｜程｜㝵｜路｜山｜年｜緣｜期｜津｜蹤｜鋒｜定｜規｜窗｜驅｜言
｜榼｜林｜騎｜儔｜禽｜簷｜席｜事業｜溪曲｜番｜車覆｜日是｜夢失炬火導
上神仙傳王遙有竹篋長數寸一夜大雨晦冥遙使弟子以九節杖擔此篋冒雨而行衣
皆不濕常有兩炬火導｜○蘇軾寒食同游西湖詩○遨頭要及浣花｜○又送李方叔詩
○為我醉倒春風｜○又烟江疊嶂圖詩○小橋野店依山｜○又怨詩○黃葉滿枕｜
｜秋｜滿｜半｜百｜萬｜大｜十｜鑑｜祿二｜萬取｜客　○　｜覺｜鑑｜百｜

千　三｜斗十｜樁八｜路八｜橋種｜禮三｜車三｜牘三｜　族｜億｜慮｜杵
｜堆｜目｜鎚｜杯｜戶｜千｜叢｜乘｜初｜轉｜變｜駟｜載｜人｜樹｜頃｜錢
｜般｜條｜鍾｜巵｜秋｜膝｜秋｜尋｜塹｜齡｜聲｜歲｜金｜林｜巖｜紅｜戶
侯｜秋｜鑑｜歲苓｜年生｜古詳｜斯倉｜里｜畦蓋｜日酒｜佛經｜金駒｜截貞｜
里情｜歲榮｜截防｜古楊｜金裘｜里騎｜里遊｜古悲｜金字｜里逐｜竿玉｜鈞
弩｜鈞重｜人指｜載後｜仞岡｜秋蟾｜歲憂｜鈞輕｜鍾祿｜萬軸｜里驥｜斤犗

自修詩韻合璧卷二　一先　一

書　名：詩韻合璧大全
作　者：鄭玉森校勘
版　本：民國十二年（1923）上海廣益書局石印本
數　量：5册

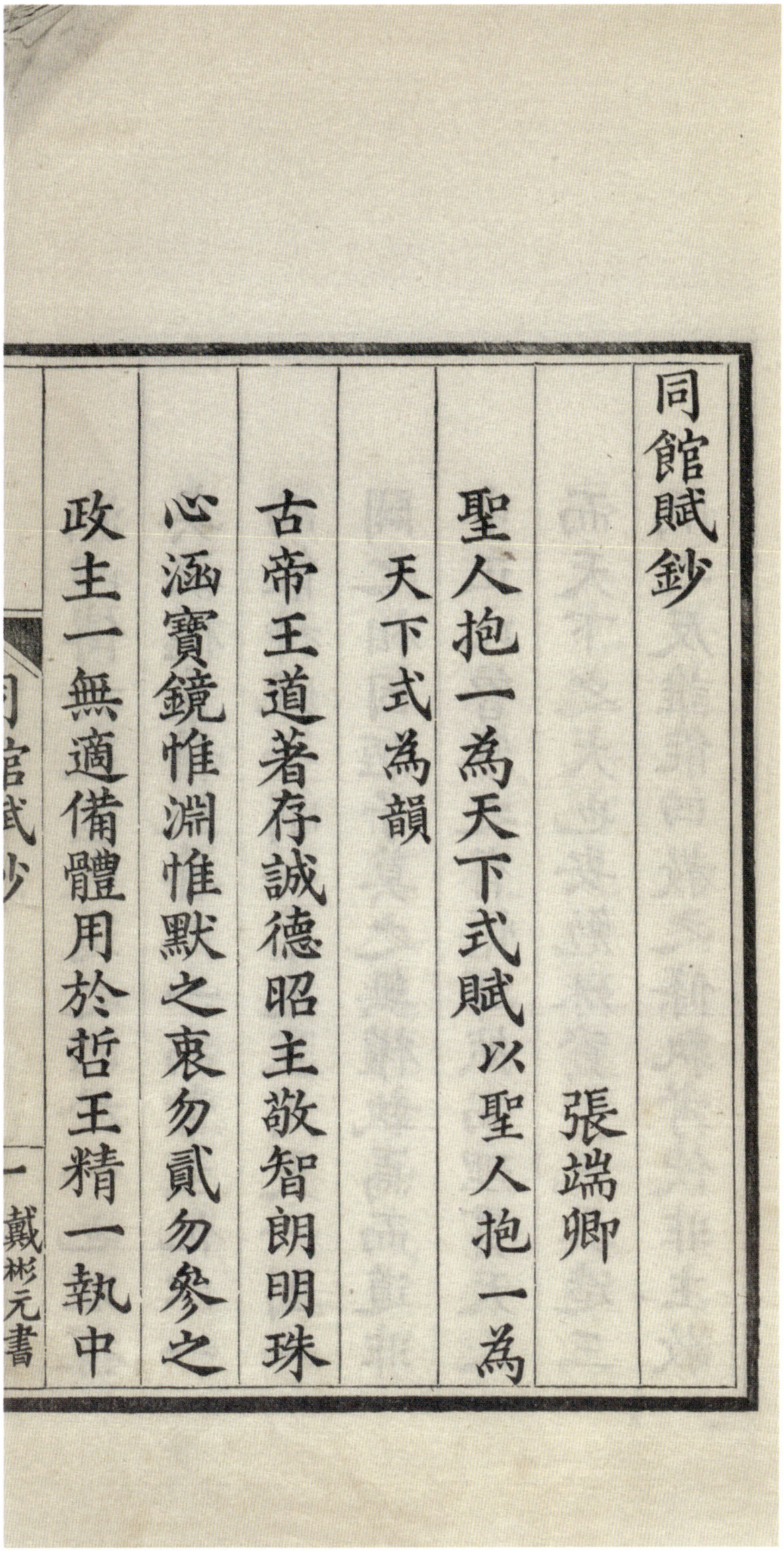
同館賦鈔
張端卿
聖人抱一為天下式賦以聖人抱一為
天下式為韻
古帝王道著存誠德昭主敬智朗明珠
心涵寶鏡惟淵惟默之東勿貳勿參之
政主一無適備體用於哲王精一執中
同館賦鈔　一　戴彬元書

書　名：詩賦標準
版　本：清光緒十一年（1885）刻本
數　量：1册

白虎觀講五經同異賦以大會諸儒考詳同異為韻

張端卿

漢章帝德著崇儒治隆保泰深維萬化之源不越五經之外發藏書於東觀蹤玉題金徵積軸於蘭臺聯珠編貝探奇則字仿龍威得士則吉賡鳳翽二千乘西京舊典凡聖言悉著為經十四員博

高賡恩書

書　名：古文辭類纂七十四卷
作　者：姚鼐纂集
版　本：清同治八年（1869）江蘇書局刻本
數　量：12册

古文辭類纂序目

桐城姚鼐纂集

鼐少聞古文法于伯父薑塢先生及同鄉劉才甫先生少究其義未之深學也其後游宦數十年益不得暇獨以幼所聞者寘之胸臆而已乾隆四十年以疾請歸伯父前卒不得見矣劉先生年八十猶善談說見則必論古文後又二年余來揚州少年或從問古文法夫文無所謂古今也惟其當而已得其當則六經至于今日其爲道也一知其所以當則于古雖遠而於今取法如衣食之不可釋不知其所以當而敝棄于時則存一家之言以資來者容有俟焉于是以所聞習者編次論說爲古文辭類纂其類十三曰論辨類序跋類奏議類書說類贈序類詔令類傳狀類碑誌類雜記類箴銘類頌贊類辭賦類哀祭類一類內而爲用不同者別之爲上下編云

序目　一

論辨類一　　古文辭類纂一

賈生過秦論上○○○

固是合後二篇義乃完然首篇爲特雄駿閎肆

秦孝公據殽函之固擁雍州之地君臣固守而窺周室有席卷天下包舉宇內囊括四海之意并吞八荒之心當是時商君佐之內立法度務耕織修守戰之備外連衡而鬭諸侯於是秦人拱手而取西河之外孝公既沒惠文武昭襄蒙故業因遺策南取漢中西舉巴蜀東割膏腴之地收要害之郡諸侯恐懼會盟而謀弱秦不愛珍器重寶肥饒之地以致天下之士合從締交相與爲一當此之時齊有孟嘗趙有平原楚有春申魏有信陵此四君者皆明智而忠信寬厚而愛人尊賢重士約從離橫兼韓魏燕趙齊楚宋衛中山之衆於是六國之士有甯越徐尚蘇秦杜赫之

書　名：駢體文鈔三十一卷
作　者：李兆洛輯
版　本：清光緒八年（1882）合河康氏刻梓家塾刻本
數　量：10册
鑒藏印：任盦
備　注：梁啟超批並跋、梁啟勳跋

近代文選諸書姚氏古文辭類纂
与茲編稱雙絶矣然姚本門戶太
嚴專宗八家取涂病隘學者欲
不憚而及於古毋寧先讀茲篇

壬子二月

飲冰

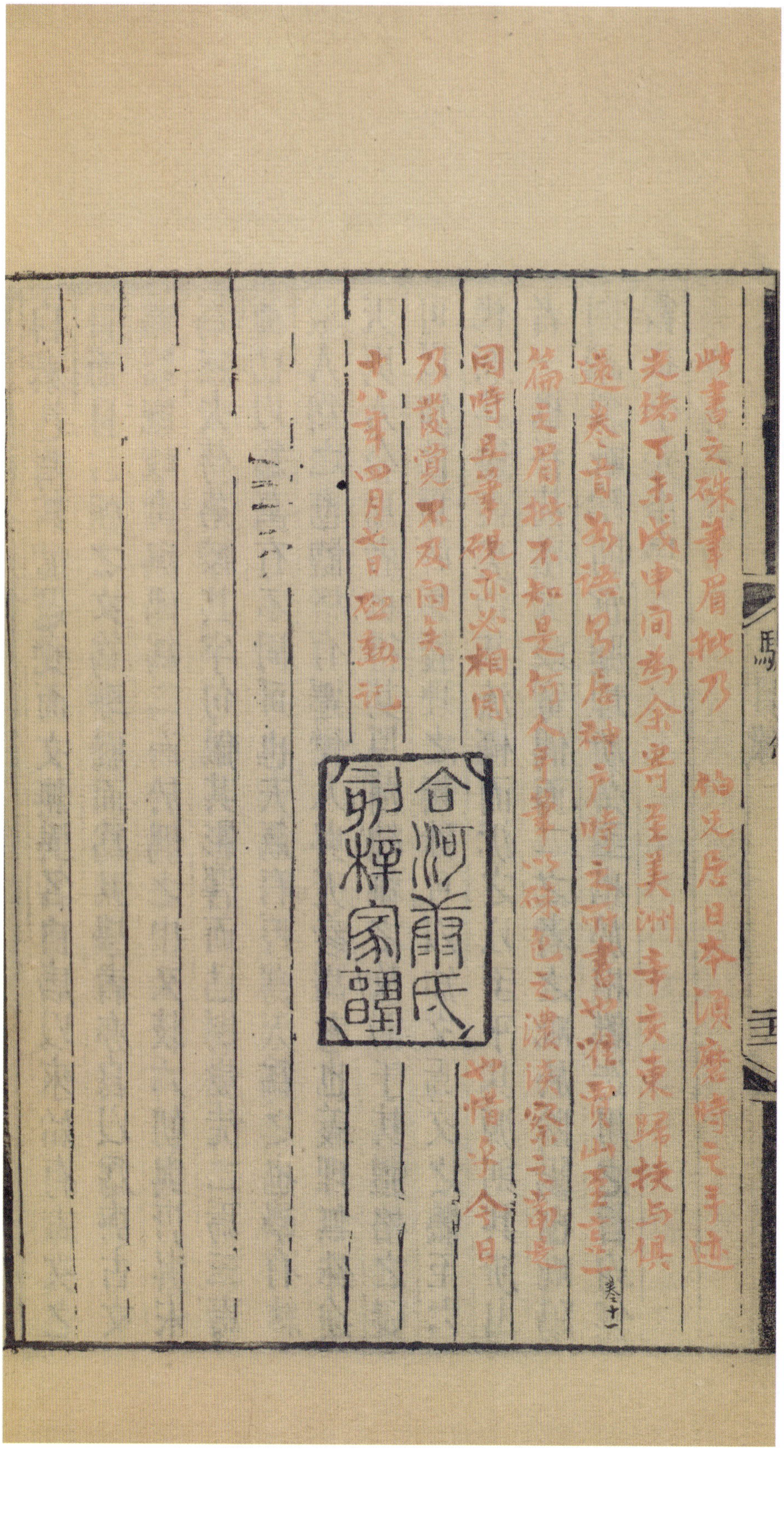

此書之硃筆眉批乃　伯兄居日本須磨時之手迹
光緒丁未戊申間為余寄至美洲辛亥東歸挾與俱
遂卷首數語乃居神户時之所書也惟賈山至言一
篇之眉批不知是何人手筆以硃色之濃淡察之當是
同時且筆硯亦必相同　也惜乎今日
乃發覺不及問矣
十八年四月七日　啓勳記

卷十一

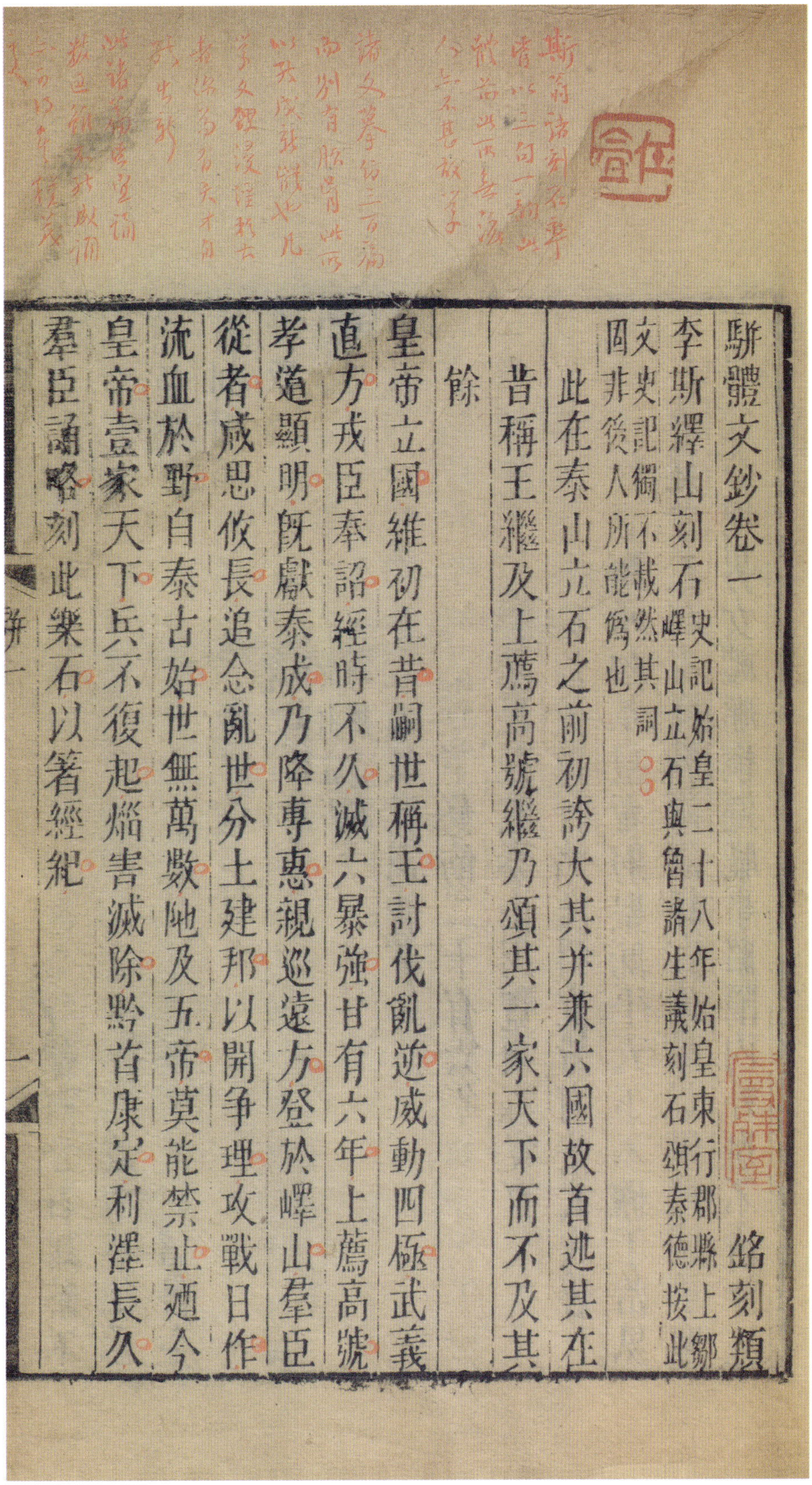

駢體文鈔卷一　銘刻類

李斯嶧山刻石　史記始皇二十八年始皇東行郡縣上鄒嶧山立石與魯諸生議刻石頌秦德按此文史記獨不載然其詞固非後人所能僞也

此在泰山立石之前初誇大其并兼六國故首述其在昔稱王繼及上薦高號繼乃頌其一家天下而不及其餘

皇帝立國維初在昔嗣世稱王討伐亂逆威動四極武義直方戎臣奉詔經時不久滅六暴強廿有六年上薦高號孝道顯明既獻泰成乃降專惠親巡遠方登於嶧山羣臣從者咸思攸長追念亂世分土建邦以開爭理攻戰日作流血於野自泰古始世無萬數陀及五帝莫能禁止迺今皇帝壹家天下兵不復起災害滅除黔首康定利澤長久羣臣誦略刻此樂石以箸經紀

揭士字伏後養士直注
到与方正削獄
戴目傾耳忌亂也嗜
令莫敢告意
蒙前富貴任殺排列
三條
三條只就奢侈述攻激
切指陳未涉到進諫
一邊然終為莫敢告
蓄勢何也所以自述
滅亡者皆由不聞忠
諫故也待看後文證
出

山是也臣不敢以久遠諭願借秦以為諭唯陛下少加意焉夫布衣韋帶之士修身於內成名於外而使後世不絕息至秦則不然貴為天子富有天下賦斂重數百姓任罷赭衣半道羣盜滿山使天下之人戴目而視側耳而聽一夫大呼天下響應者陳勝是也秦非徒如此也起咸陽而西至雍離宮三百鐘鼓帷帳不移而具又為阿房之殿殿高數十仞東西五里南北千步從車羅騎四馬鶩馳旌旗不橈為宮室之麗至於此使其後世曾不得聚廬而託處焉為馳道於天下東窮燕齊南極吳楚江湖之上瀕海之觀畢至道廣五十步三丈而樹厚築其外隱以金椎樹以青松為馳道之麗至於此使其後世曾不得邪徑而託足焉死葬乎驪山吏徒數十萬人曠日十年下徹三泉合采金石冶銅錮其內漆塗其外被以珠玉飾以翡翠中成游

不篤禮義句後用之有禮義提照神注禮士

突接此段透出納忠之義爲前後關鍵

設喻引古迤邐拖到士之當養

脫出養士一段

忽作一兩推極主威難犯以鼓擊士氣之不可不養氣靡則忠誠不盡也

覩上成山林爲葬薶之侈至於此使其後世曾不得蓬顆蔽冢而託葬焉秦以熊羆之力虎狼之心蠶食諸侯幷吞海內而不篤禮義故天殃已加矣臣昧死以聞願陛下少留意而詳擇其中臣聞忠臣之事君也言切直則不用而身危不切直則不可以明道故切直之言明王所欲急聞忠臣之所以蒙死而竭知也地之磽者雖有善種不能生焉江皋河瀕雖有惡種無不猥大昔者夏商之季世雖關龍逢箕子比干之賢身死亡而道不用文王之時豪俊之士皆得竭其智芻蕘採薪之人皆得盡其力此周之所以興也故地之美者善養禾君之仁者善養士雷霆之所擊無不摧折者萬鈞之所壓無不糜滅者今人主之威非特雷霆也勢重非特萬鈞也開道而求諫和顏色而受之用其言而顯其身士猶恐懼而不敢自盡又迺況于縱欲恣

加一層來勁

正諫

此段結穴

一子不事八十者二算不事賜天下男子爵大臣皆至公
卿發御府金賜大臣宗族亡不被澤者赦罪人憐其亡髮
賜之巾憐其衣赭書其背父子兄弟相見也而賜之衣平
獄緩刑天下莫不說喜是以元年膏雨降五穀登此天之
所以相陛下也刑輕於他時而犯法者寡衣食多於前年
而盜賊少此天下之所以順陛下也臣聞山東吏布詔令
民雖老羸癃疾扶杖而往聽之願少須臾毋死思見德化
之成也今功業方就名聞方昭四方鄉風今從豪俊之臣
方正之士直與之日日獵射擊兔伐狐以傷大業絕天下
之望臣竊悼之詩曰靡不有初鮮克有終臣不勝大願願
少衰射獵以夏歲二月定明堂造大學修先王之道風行
俗成萬世之基定然後惟陛下所幸耳古者大臣不媟故
君子不常見其齊嚴之色肅敬之容大臣不得與宴遊方

正修潔之士不得從射獵使皆務其方以高其節則羣臣莫敢不正身修行盡心以稱大禮如此則陛下之道尊敬功業施於四海垂於萬世子孫矣誠不如此則行日壞而榮日滅矣夫士修之於家而壞之於天子之廷臣竊愍之陛下與衆臣宴遊與大臣方正朝廷論議夫遊不失樂朝不失禮議不失計軌事之大者也

枚叔上書諫吳王

諷諫之文若近若遠新序說苑皆師其意者也

臣聞得全者昌失全者亡舜無立錐之地以有天下禹無十戶之聚以王諸侯湯武之土不過百里上不絕三光之明下不傷百姓之心者有王術也故父子之道天性也忠臣不避重誅以直諫則事無遺策功流萬世臣乘願披腹心而效愚忠惟大王少加意念惻怛之心於臣乘言夫以

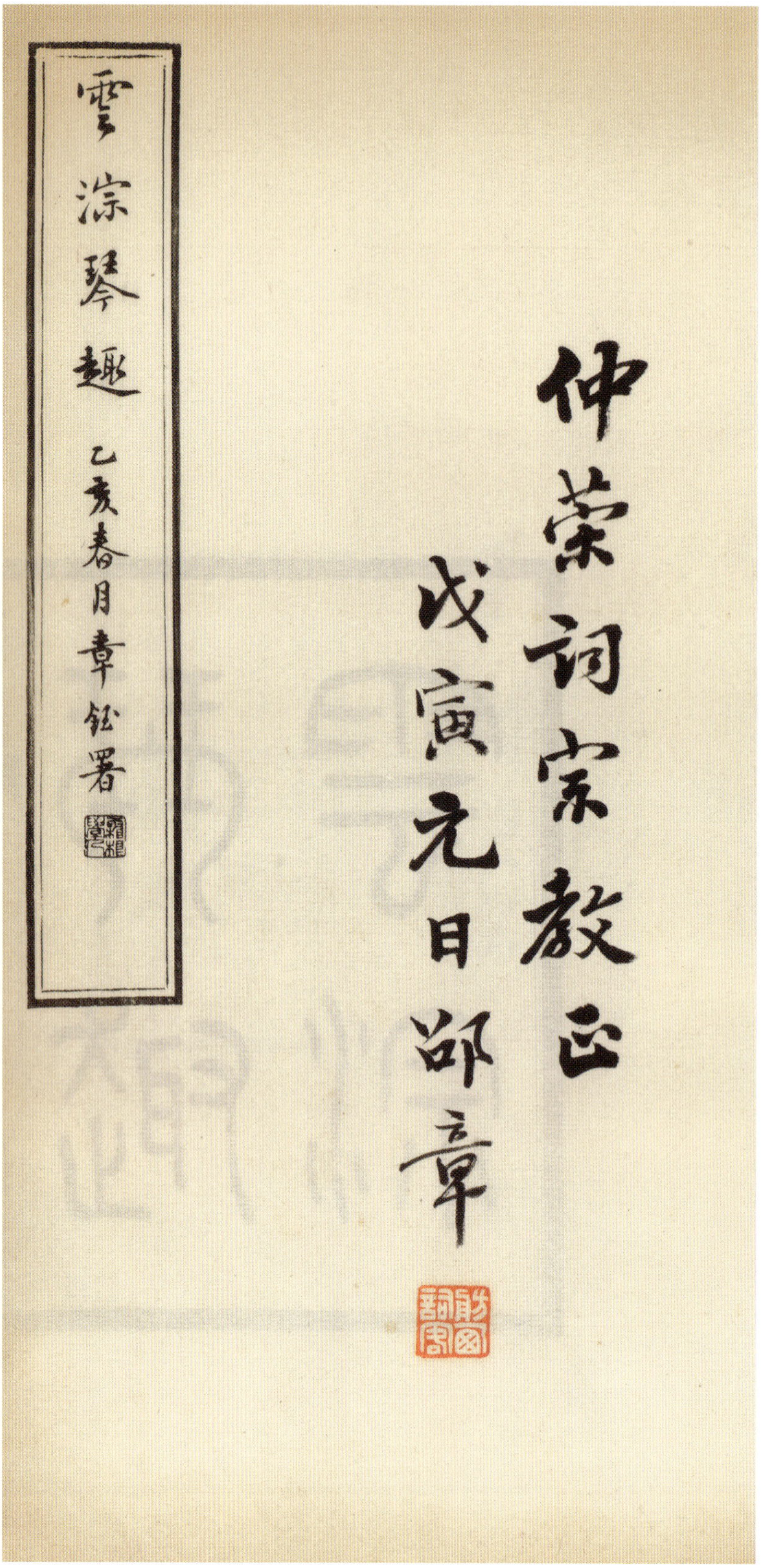

書　名：雲淙琴趣三卷
作　者：邵章撰
版　本：民國十九年（1930）邵氏自刻本
數　量：1册
備　注：有作者贈梁啟勳之簽名

雲淙琴趣卷一

杭邵章伯褧

清平樂

癸亥四月淸史館舫齋落成

湘簾垂砌舊夢和愁記彈指花塼人影地倫揾金僊暗淚　沈沈雲宇初揩隔牆聲靜天街怪道如舟屋小午陰斜轉庭槐

露華

淸史館山桃榆梅連理花發和碧山

賃春送日看疏紅淡綠輕逗香魂天街趁暖

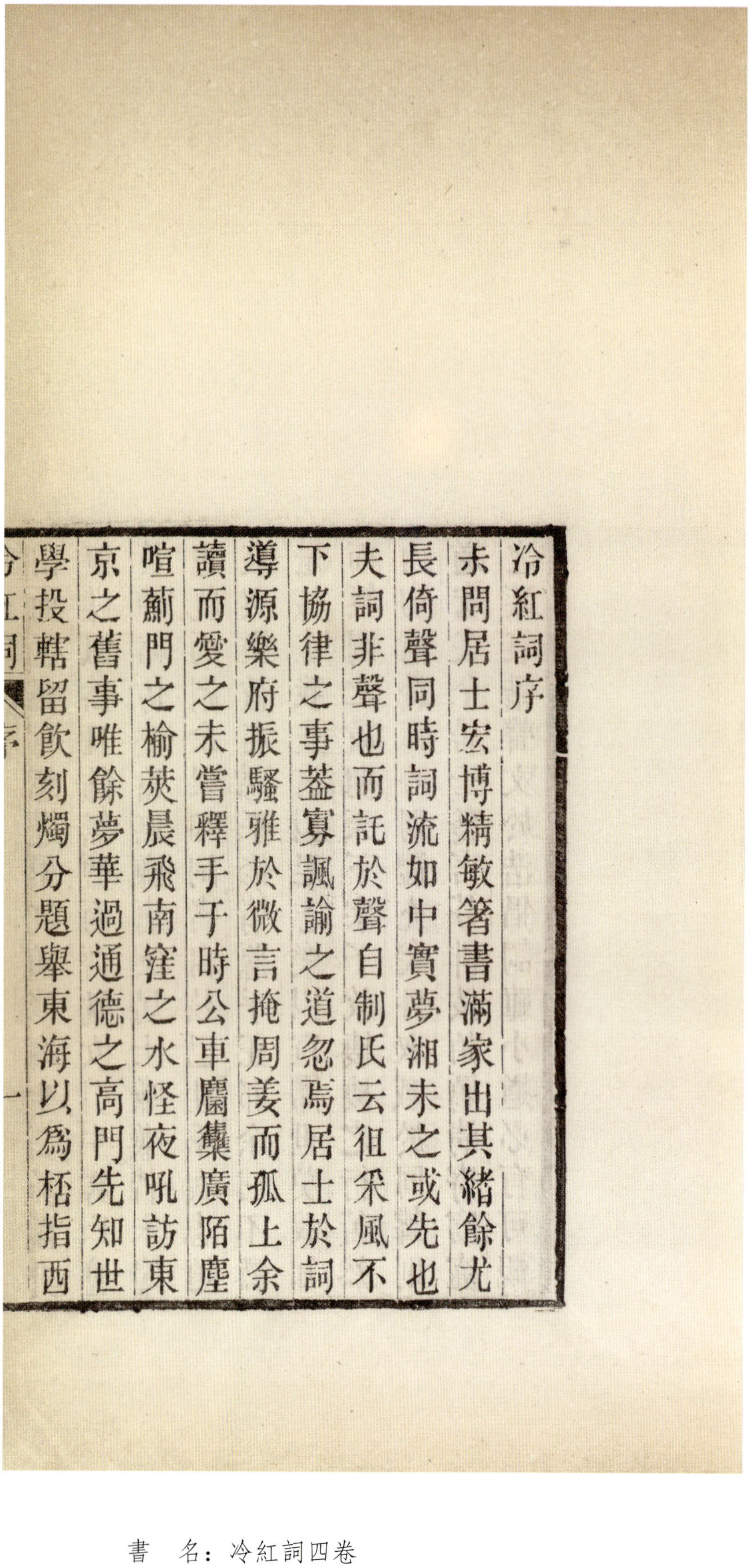

冷紅詞序

未問居士宏博精敏箸書滿家出其緒餘尤長倚聲同時詞流如中實夢湘未之或先也夫詞非聲也而託於聲自制氏云徂采風不下協律之事葢寡諷諭之道忽焉居士於詞導源樂府振騷雅於微言掩周姜而孤上余讀而愛之未嘗釋手于時公車麕集廣陌塵喧薊門之榆莢晨飛南窪之水怪夜吼訪東京之舊事唯餘夢華過通德之高門先知世學投轄留飲刻燭分題舉東海以爲梧指西

冷紅詞　序　一

書　名：冷紅詞四卷
作　者：鄭文焯撰
版　本：清光緒三十四年（1908）耦園刻本
數　量：1册

冷紅詞

北海鄭文焯叔問

菩薩蠻

宮花不見人憔悴朝朝洗面燕支淚樓閣易斜暉綠塵箏雁飛　空階銷玉冷燕立秋千影隔院騎聲來卧屏紅扇開

小波秋冷夫容苑鴛鴦頭白花應見山黛可憐顰故宮眉樣新　有人妝澹薄縞袂垂深幕青鳥驀飛來報君雙鳳釵

畫樓殘點和簫咽鏡中愁見人如月雙陸賭

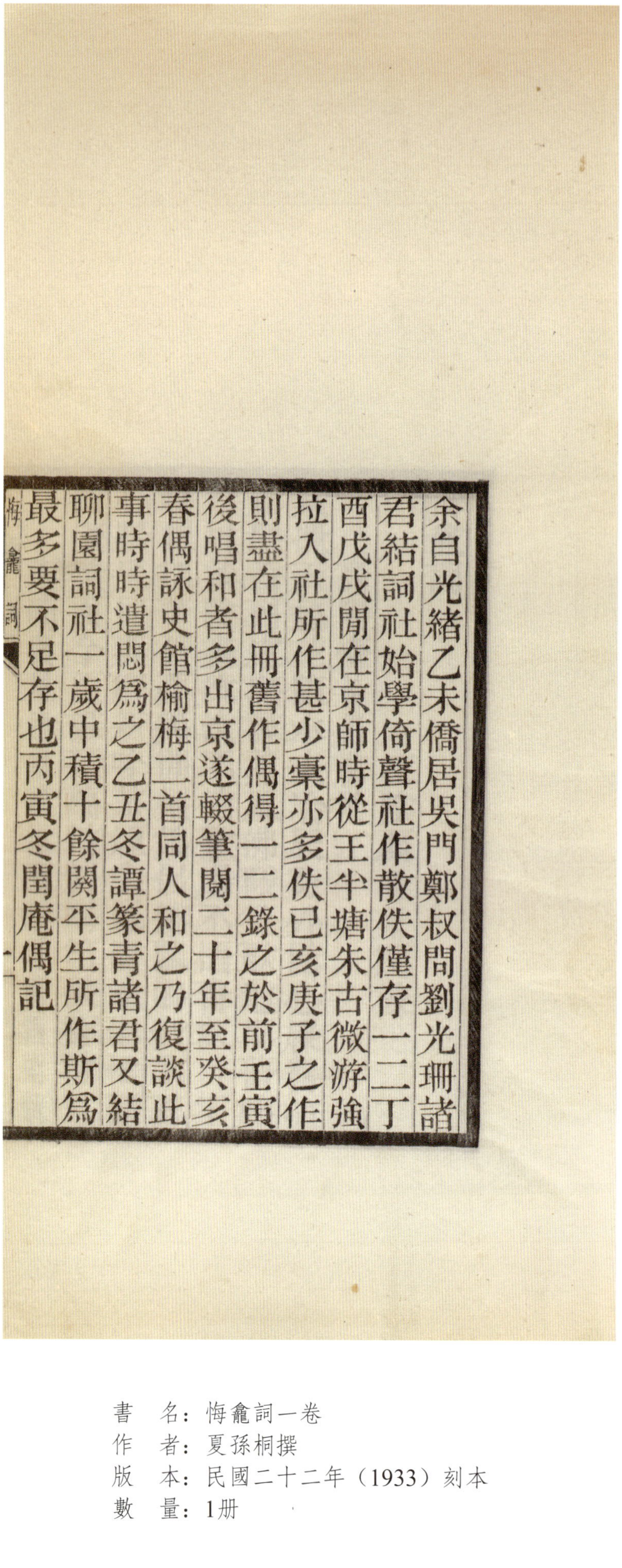
余自光緒乙未僑居吳門鄭叔問劉光珊諸君結詞社始學倚聲社作散佚僅存一二丁酉戊戌間在京師時從王半塘朱古微游強拉入社所作甚少槀亦多佚已亥庚子之作則盡在此冊舊作偶得一二錄之於前壬寅後唱和者多出京遂輟筆閱二十年至癸亥春偶詠史館榆梅二首同人和之乃復談此事時時遣悶爲之乙丑冬譚篆青諸君又結聊園詞社一歲中積十餘闋平生所作斯爲最多要不足存也丙寅冬閏庵偶記

悔龕詞　一

書　名：悔龕詞一卷
作　者：夏孫桐撰
版　本：民國二十二年（1933）刻本
數　量：1册

悔龕詞

江陰夏孫桐閏枝

高陽臺 怡園曲社

絮攪天愁，花隨水去，洽辰分外驚心。屧響喧廊，塵香到處堪尋。薰風沸暖笙歌地，早瞢騰、一片藤陰。晝沈沈，不信歡場，不悟春深。年時醒卻華胥夢，笑閒招鶴侶，倦聽鵑音。木石心腸，呆兒那解新吟。茶煙半晷清池影，怕回看、淺鬢而今。更誰禁，萬竹斜陽，笛破穿林。

南浦 藝風遠自武昌郵示月湖看雨新

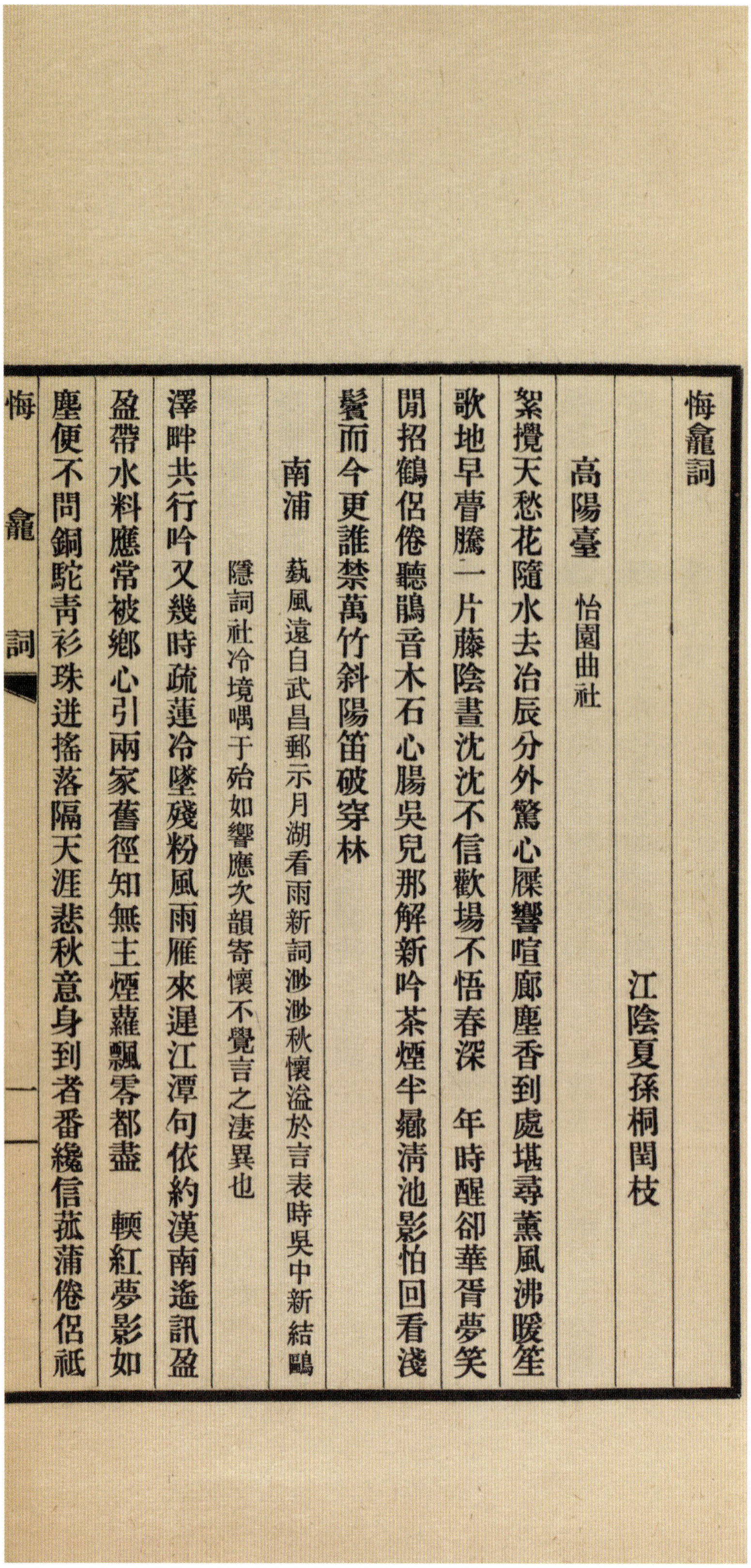
悔龕詞

江陰夏孫桐閏枝

高陽臺　怡園曲社

絮攪天愁花隨水去治辰分外驚心屧響喧廊塵香到處堪尋薰風沸暖笙歌地早瞢騰一片藤陰晝沈沈不信歡場不悟春深　年時醒卻華胥夢笑閒招鶴侶倦聽鵑音木石心腸吳兒那解新吟茶煙半颺清池影怕回看淺鬢而今更誰禁萬竹斜陽笛破穿林

南浦　蓺風遠自武昌郵示月湖看雨新詞渺渺秋懷溢於言表時吳中新結鷗隱詞社冷境喁于殆如響應次韻寄懷不覺言之淒異也

澤畔共行吟又幾時疏蓮冷墜殘粉風雨雁來遲江潭句依約漢南遙訊盈盈帶水料應常被鄉心引兩家舊徑知無主煙蘿飄零都盡　輭紅夢影如塵便不問銅駝青衫珠迸搖落隔天涯悲秋意身到者番纔信菰蒲倦侶祇

悔龕詞　一

書　名：悔龕詞一卷詞續一卷觀所尚文存補遺一卷
作　者：夏孫桐撰
版　本：1962年排印本
數　量：1册
備　注：葉恭綽題書名，顧廷龍跋

悔龕詞續

江陰夏孫桐閏枝

應天長　明費宮人巷在天津學宮前沽上詞社命題徵和用清眞韻

嘑鵑恨杳飛燕徑迷門楣弔古生色甚處翠蕪埋玉宮斜閉寒食興亡事驚過客送鈿轂苧蘿人寂漫腸斷閱世滄桑滿路苔藉　慷慨隕紅顏一劍酬恩天問競呵壁故殿又更陵谷烏衣幾荒宅丁沽冷塵障陌早淚洒夢華陳迹付歌板寫怨春風環佩猶識

暗香　白蓮　章曼仙招社集於法源寺以暗香疏影賦寺中花木

露鉛欲滴照小池靜影亭亭枝立耐暑玉肌出水清涼總如拭搖曳風裳淡冶宜對我山人衣白看盡日有恨無言幽思入吟筆　岑寂衆香國便證與靜因供佛初折鬧紅盡滌端合芬陀署禪室一鬲茶煙榻畔渾未覺西風消息甚處素心伴杳涉江暗憶

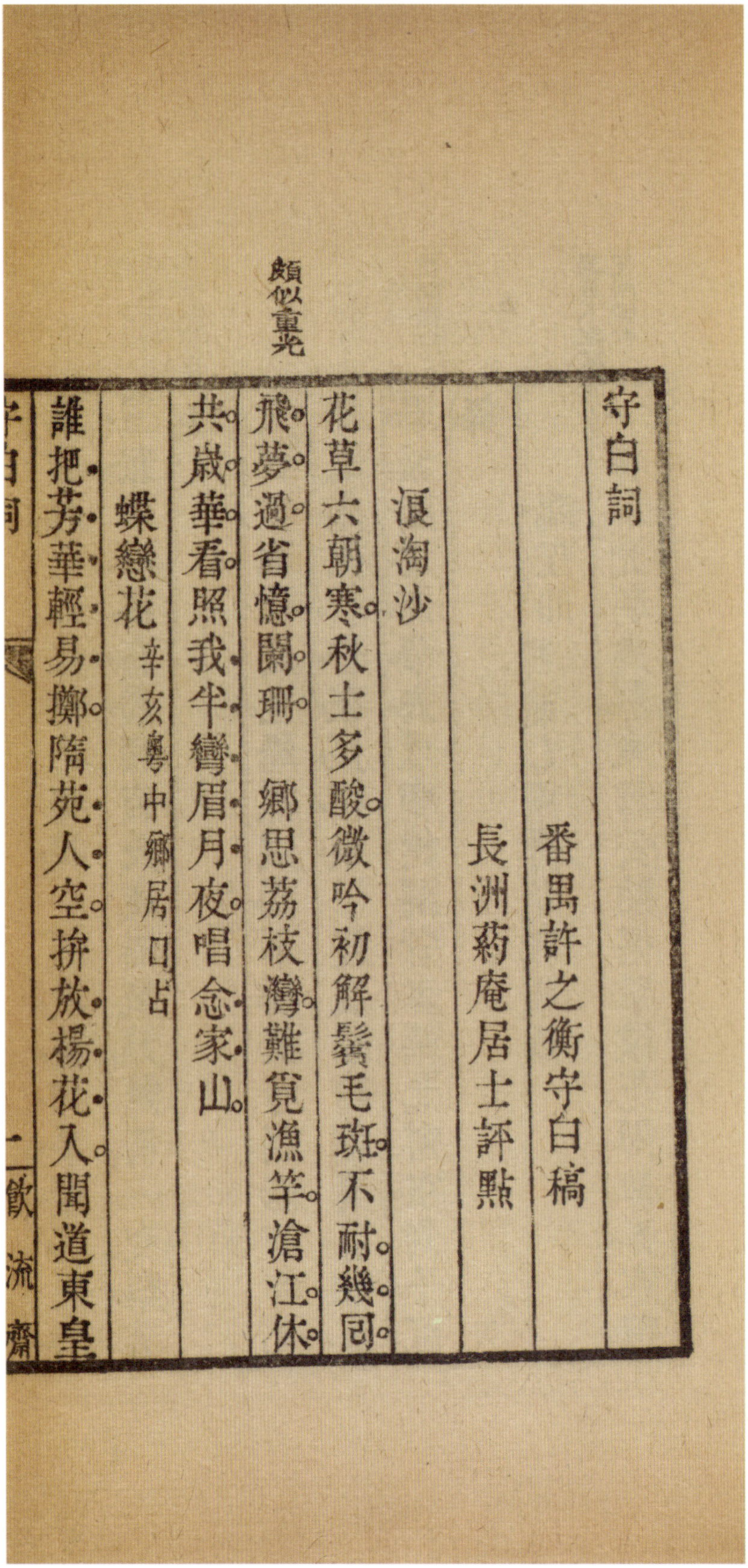
頗似重光

守白詞

番禺許之衡守白稿

長洲葯庵居士評點

浪淘沙

花草六朝寒。秋士多酸。微吟初解鬢毛斑。不耐幾回飛夢過。省憶闌珊。　鄉思荔枝灣。難覓漁竿。滄江休共歲華看。照我半彎眉月夜。唱念家山。

蝶戀花　辛亥粵中鄉居口占

誰把芳華輕易擲。隋苑人空。拚放楊花入閶道東皇

守白詞　一　飲流齋

書　名：守白詞甲稿、乙稿

作　者：許之衡撰，藥庵居士評點

版　本：民國十八年（1929）、十九年（1930）許氏飲流齋印本

數　量：2册

備　注：此爲許之衡簽名贈梁啟勳本

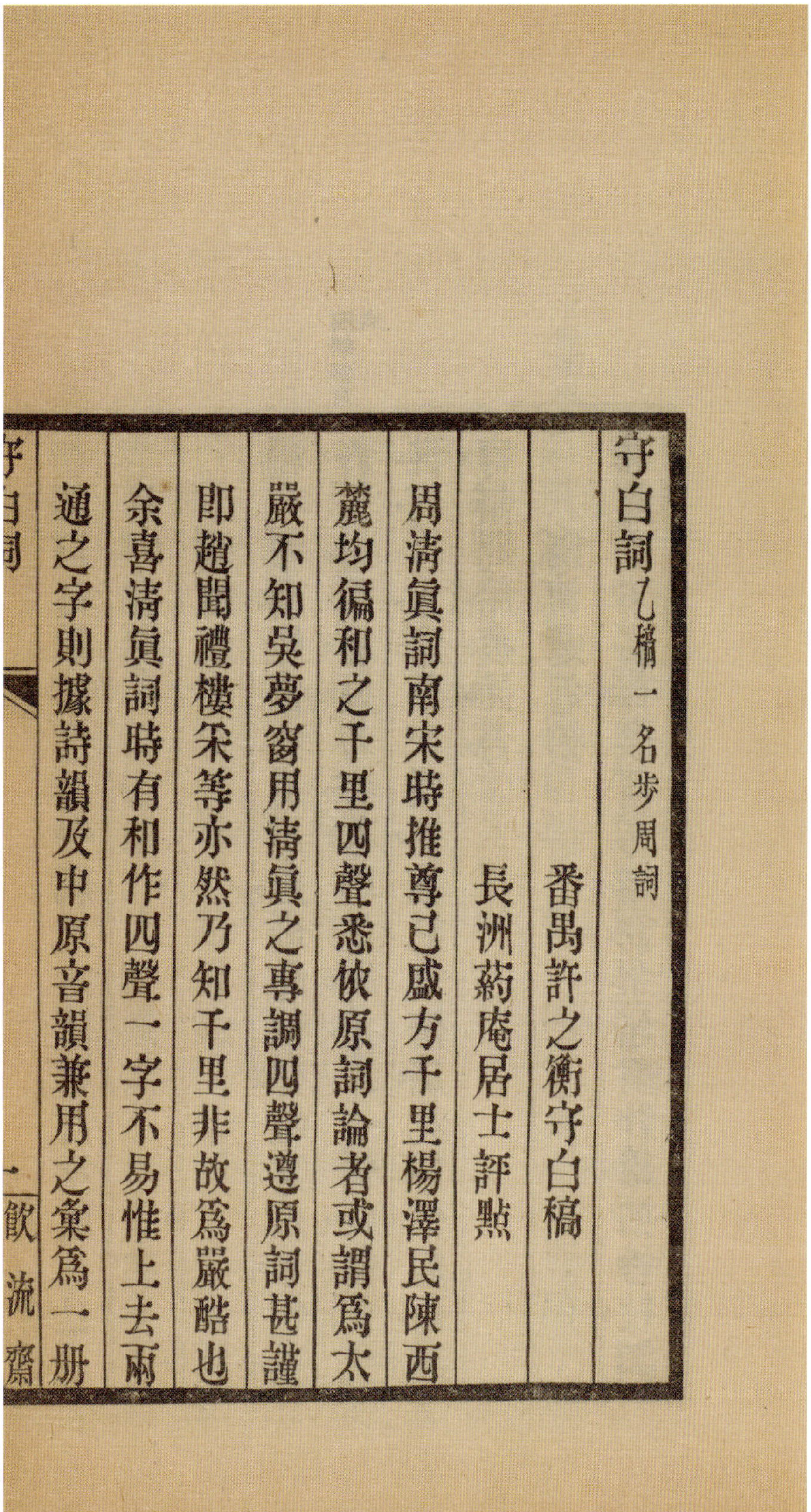

守白詞乙稿 一名步周詞

番禺許之衡守白稿

長洲莂庵居士評點

周清眞詞南宋時推尊已盛方千里楊澤民陳西麓均徧和之千里四聲悉依原詞論者或謂爲太嚴不知吳夢窗用清眞之專調四聲遵原詞甚謹即趙聞禮樓采等亦然乃知千里非故爲嚴酷也余喜清眞詞時有和作四聲一字不易惟上去兩通之字則據詩韻及中原音韻兼用之彙爲一册

守白詞 一 飲流齋

評語

託旨深故無浮藻選言潔故無滯音高朗之致把臂汴京其次者亦不墮金源以下把卷三復唯有低首

彊村朱孝臧識

大集諸詞能通消息之微此昔人所謂麗以則者

世愚弟冒廣生讀

守台論作詞之法云以大重爲主腦以兩宋爲融合以清眞爲歸宿今觀所作殆駸駸乎能副所言矣

弟黃福頤拜讀

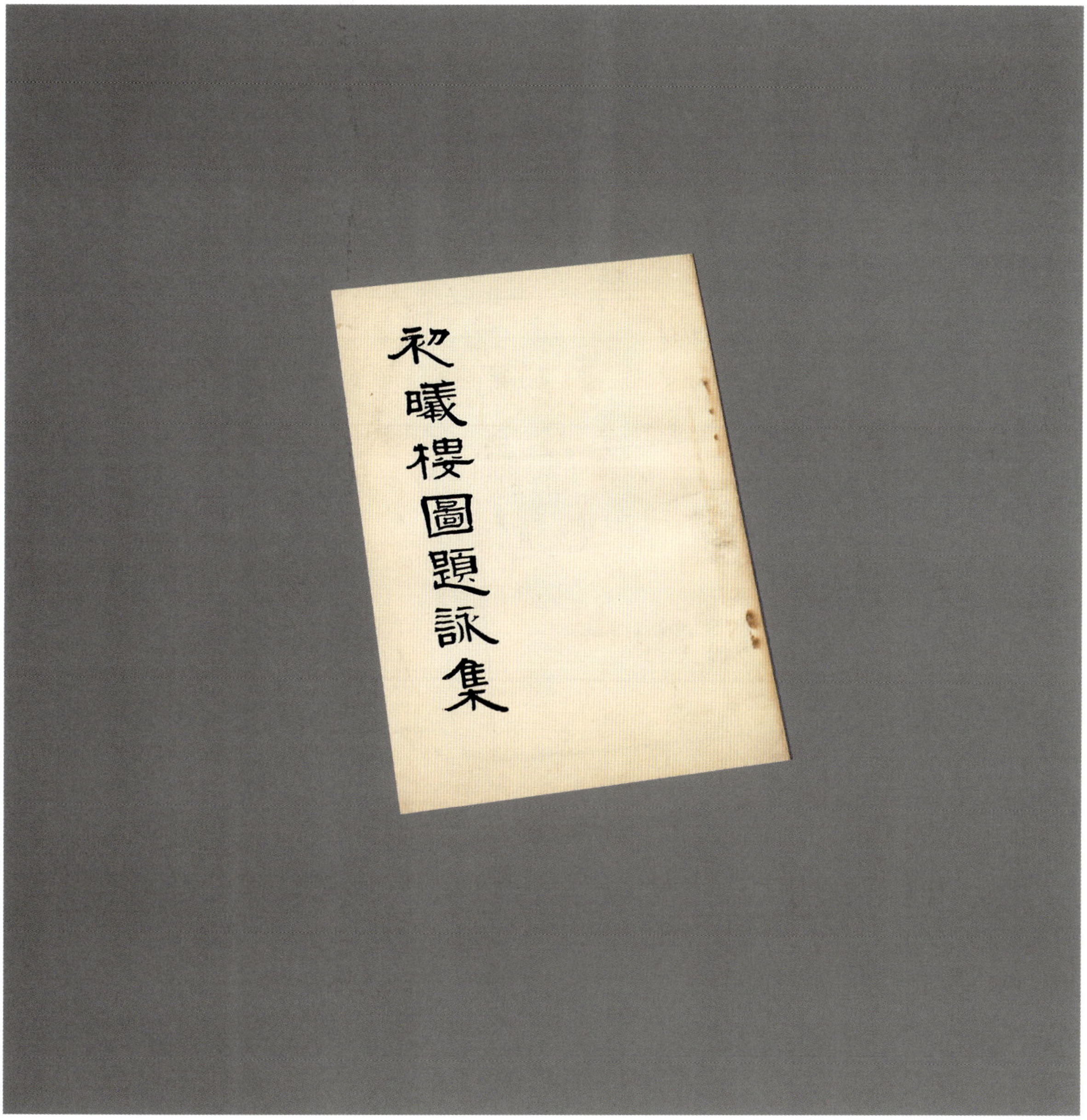

書　名：初曦樓圖題詠集
作　者：陳一峰等撰
版　本：1961年印本
數　量：1册

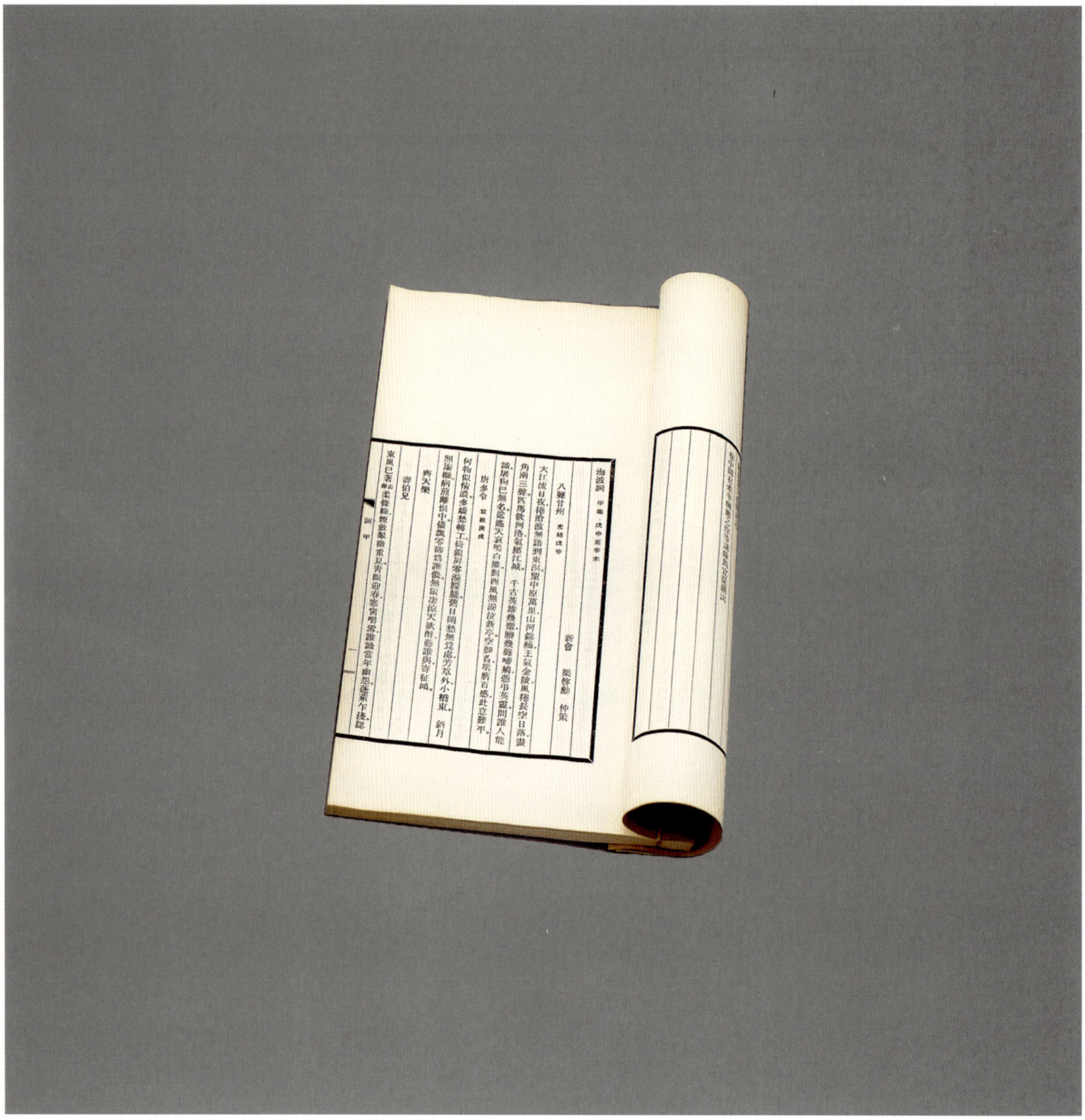

書　名：海波詞四集
作　者：梁啟勳撰
版　本：1952年鉛印本
數　量：1冊

海波詞 甲集 戊申至辛未

新會 梁啓勳 仲策

八聲甘州 光緒戊申

大江流日夜．捲滄波無語到東溟。望中原萬里．山河錦繡．王氣金陵。風捲長空日落．畫角兩三聲。匹馬飲河洛．氣壓江城。 千古英雄幾輩．賸幾聲啼鴂．憑弔英靈。問誰人能識．屠狗已無名。迢遙天哀鳴白雁．對西風無淚泣新亭。空翹首．塡膺百感．此意難平。

唐多令 宣統庚戌

何物似情濃。多嬌愁轉工。倚銀屏零淚朦朧。舊日閑愁無覓處．芳草外．小橋東。 斜月照簾櫳。病煎離恨中。儘飄零卻爲誰儂。無限凄涼天欲醉．憑誰與寄征鴻。

齊天樂

壽伯兄

東風已著去聲柔條綠．煙斂翠微重見。青眼迎春．寒窗嚼雪．誰識當年幽怨。蓬萊乍淺。認

海波詞　乙集　壬申至乙亥

水龍吟　壬申

壬申重陽後七日．遊潭拓寺．宿延清閣。

西風未老秋容．霜林還綴黃金柳。郊原帶郭．縱橫川澤．羣山回首。萬里龍沙．雲連大野．太行東走。是崑崙左股．開茲沃壤．應知道．坤維厚。　梵宇參差林藪。倚高牆松陰盈畝。深潭古栢．荒碑曾記．只今枯朽。王氣銷沉．冲霄銀杏．幾經陽九。但思量往事．延清閣上．立黃昏後。

浣溪沙

石景山道中

寥落西風薜荔牆。疏林殘葉雜丹黃。夕陽無賴下前崗。　搖曳駝鈴通遠驛．燈昏茅店月微茫。秋來何事不淒涼。

滿江紅

詞　乙　一

海波詞 丙集 丙子至乙酉

聲聲慢 丙子

衝寒草色，布暖風煙，牆陰殘雪初融。曲曲鴛屏，回眸一笑相逢。朝朝畫眉依樣，只輕顰總是難工。意渾懶，念薰香兀坐，却爲誰儂。 小立樓頭無那，望長河落日，光影千重。對碧遙岑，含情兩兩歡容。輪他薜蘿山鬼，自年年說法談空。休惆悵，送春歸猶倩墜紅。

浣溪沙

坐聽荷蕖滴露聲。暮雲凝重彩雲輕。滿庭花影月縱橫。 漫有閑情思錦瑟，百無聊賴說鷗盟。玉繩低轉夜潮生。

高陽臺

觀崑曲孽海記之思凡，試以一闋寫劇中人之情緒。

夢覺高唐，情如春草，倩魂欲渡蒼茫。逝水年華，漫將前事思量。玉容寂寞心情懶，只自憐時世新妝。怕臨流影落清波，羞怯行藏。 芳心靜逐爐煙裊，甚栖遲梵宇，休怨韶光。

海波詞 丁集 丙戌至辛卯

金縷曲 丙戌

乙酉之春．目覩時勢遷移．自以爲八年之苦悶生涯．行將解脫．精神奮發．如灌醍醐．準擬薄海騰歡．大酺十日．因作大酺及六州歌頭兩長調以寄意。今乃知春夢迷離．都成幻景．摩挲倦眼．猶自笑人．讀少陵喜聞官軍收大河南北之詩．愈增惆悵．相樂餘年．殆已絕望．作此一歌．用消妄念。

往事眞如夢。算年來停辛佇苦．爲誰珍重。人影迷離燈匼匝．冷卻層檐繡棟。只買得春愁盈甕。曾記河橋留後約．道青春結伴還鄉共。心頭願．忒空洞。　捫碑剔蘚知何用。便饒伊驚弦霹靂．的盧飛鞚。對酒情懷閒意氣．畢竟輸他酩湩。被造化小兒翻弄。江上峯青人不見．俏黃鸝高坐花梢哢。狂喜語．且休誦。

憶江南

題蟄園勘詞圖

書　名：稼軒詞疏證六卷
作　者：辛棄疾撰，梁啟超輯，梁啟勳疏證
版　本：民國二十年（1931）梁氏曼殊室刻本
數　量：6册
備　注：梁啟勳跋

稼軒詞卷一

宋　歷城　辛棄疾　幼安

新會梁啟超輯　梁啟勳疏證

念奴嬌

書東流村壁

野塘花落。又匆匆過了清明時節。剗地東風欺客夢。一枕雲屏寒怯。曲岸持觴。垂楊繫馬。此地曾輕別。樓空人去。舊遊飛燕能說。　聞道綺陌東頭。行人曾見。簾底纖纖月。舊恨春江流不斷。新恨雲山千疊。料得明朝。尊前重見。鏡裏花難折。也應驚問。近來多少華髮。

书籍

稼軒詞卷二

宋 歴城 辛棄疾 幼安

新會梁啟超輯 梁啟勳疏證

水龍吟

次年南澗用韵爲僕壽僕與公生日相去一日再和以壽南澗

玉皇殿閣微涼看公重試薰風手高門畫戟桐陰閬道青青如舊蘭佩空芳蛾眉誰妬無言搔首甚年年卻有呼韓塞上人爭問公安否金印明年如斗向中州錦衣行晝依然盛事貂蟬前後鳳麟飛走富貴浮雲我評軒冕不如杯酒待從公痛飲八千餘歲伴

菩薩蠻

乙巳冬南澗舉似前作因和之

錦書誰寄相思語。天邊數徧飛鴻數。一夜夢千回。梅花入夢來。漲痕紛樹髮。霜落瀟湘白。心事莫驚鷗。人間千萬愁。

題信州本作用前韵從四卷本乙集 瀟湘四卷本作沙洲

〔飲冰室攷證〕此詞信州本只題用前韵三字四卷本乙集全題如右唯南澗作前澗實不詞吾以意校改自信不謬果爾則本年冬先生與南澗已會晤南澗老矣〔是年六十八〕栖隱上饒細檢南澗甲乙稿及南澗詩餘晚年絕無去饒遠游痕跡則兩公握手可推定其必在饒先生帥江西饒爲轄境雖未嘗不可巡閱蒞止然以他方面資料綜核之似是年秋冬間先生已落職歸饒故得晤南澗於帶湖新居也其旁證則於次年詳論列之

〔啟勳案〕此詞頗奇詞題所云前作乃〔金陵賞心

書　名：藝蘅館詞選四卷附録詞論補遺一卷
作　者：梁思順輯
版　本：清光緒三十四年（1908）鉛印本
數　量：1册

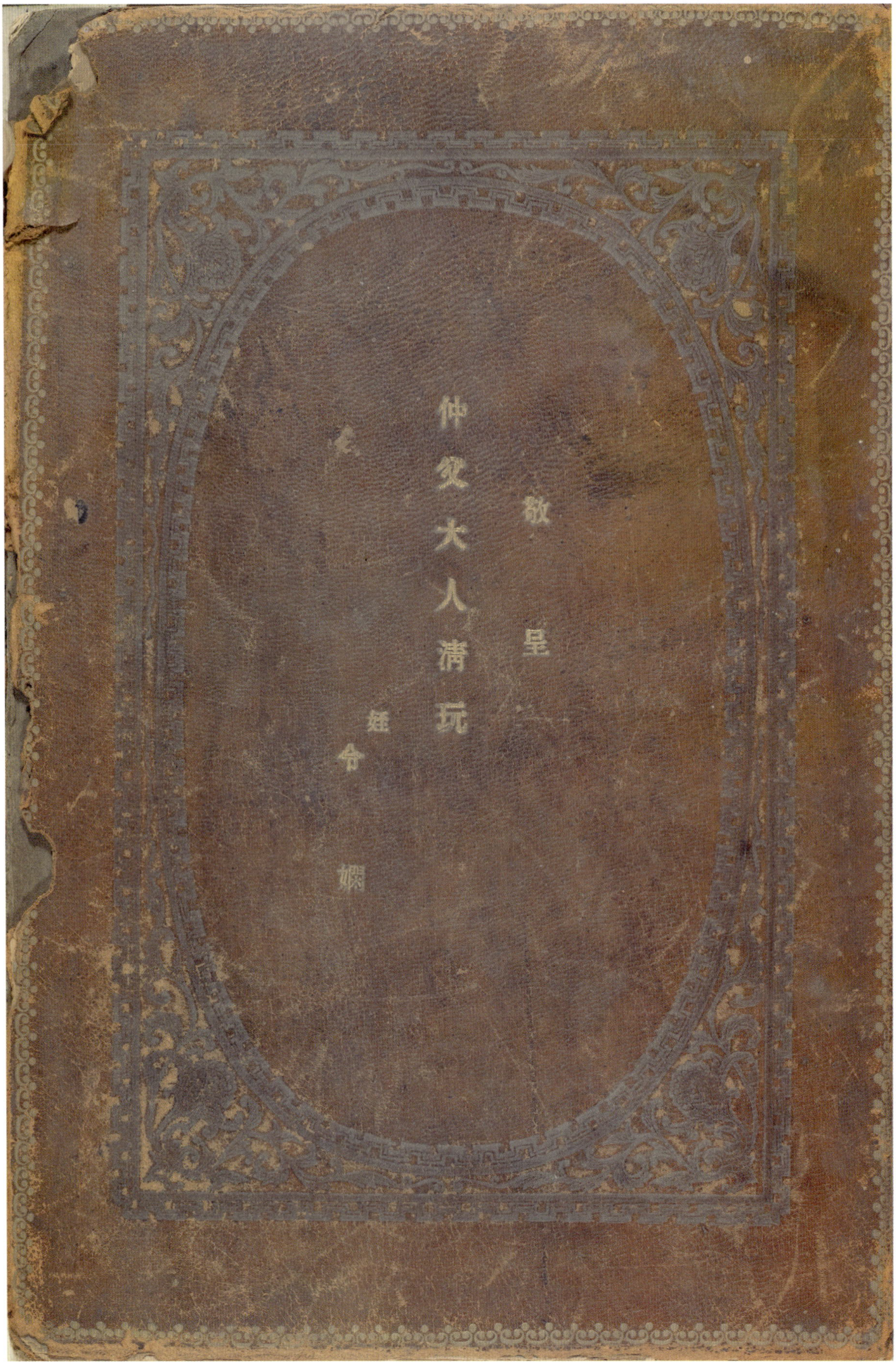
敬呈
仲父大人清玩
姪令嫻

蓺蘅館詞選
新會梁令嫻鈔
歸安朱祖謀署

藝蘅館詞選

新會 梁令嫻 鈔

甲卷 唐五代詞

後唐莊宗

一葉落

一葉落。搴朱箔。此時景物正蕭索。畫樓月影寒。西風吹羅幕。吹羅幕。往事思量著。

如夢令

曾宴桃源深洞。一曲清歌舞鳳。長記別伊時。和淚出門相送。如夢。如夢。殘月落花煙重。

家大人云昔人言宋徽宗爲李後主後身此詞感均頑豔亦不減簾外雨潺潺諸作

藝蘅館詞選

新會　梁令嫻　鈔

乙卷　北宋詞

徽宗皇帝

燕山亭　見杏花作

裁剪冰綃。輕疊數重。冷淡臙脂勻注。新樣靚妝。豔溢香融。羞殺蕊珠宮女。易得凋零。更多少無情風雨。愁苦。問院落淒涼。幾番春暮。憑寄離恨重重。這雙燕何曾會人言語。天遙地遠。萬水千山。知他故宮何處。怎不思量。除夢裏有時曾去。無據。和夢也新來不做。

晏殊

字同叔臨川人景祐二年同進士出身康定間拜集賢殿學士同中書門下平章事兼樞密使卒贈司空兼侍中謚元獻有珠玉詞一卷

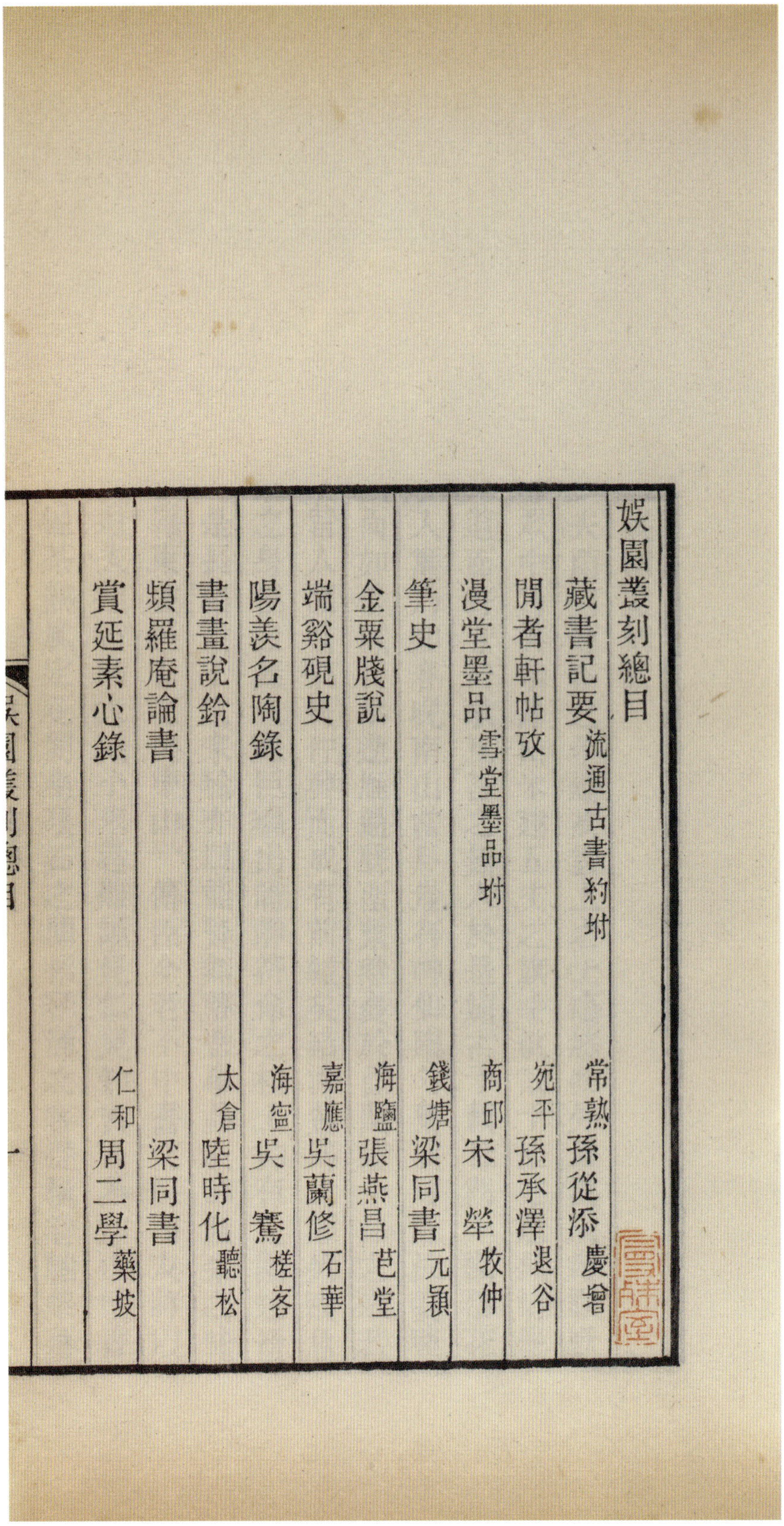

娱園叢刻總目

藏書記要 流通古書約坿　常熟孫從添慶曾

閒者軒帖攷　宛平孫承澤退谷

漫堂墨品 雪堂墨品坿　商邱宋犖牧仲

筆史　錢塘梁同書元穎

金粟牋說　海鹽張燕昌芑堂

端谿硯史　嘉應吳蘭修石華

陽羡名陶錄　海寧吳騫槎客

書畫說鈴　太倉陸時化聽松

頻羅庵論書　梁同書

賞延素心錄　仁和周二學藥坡

書　名：娱園叢刻、榆園叢刻

作　者：許增輯

版　本：清同治、光緒間許氏刻本

數　量：16册

鑒藏印：曼殊室、曼殊室藏

藏書記要

常熟孫從添慶增著
仁和許　增邁孫栞

余無他好而中於書癖家藏卷帙不下萬數雖極貧不忍棄去然聖賢之道非此不能攷證數年以來或持槖以載所見或攜篋以誌所聞念茲在茲幾成一老蠹魚矣同志欲標其要竊不自量記爲八則其當與不當冀有識者諒之以爲芻蕘之一得云耳

第一則

購求

購求書籍是最難事亦最美事最韻事最樂事知有是書而無力購求一難也力足以求之矣而所好不在是二難也知

山中白雲詞卷一

西秦玉田生張炎叔夏著　仁和許增邁孫技栞

南浦

春水

波暖綠粼粼燕飛來好是蘇堤纔曉魚沒○舊鈔本作沫浪痕圓流紅去翻笑東風難掃荒橋斷浦柳陰撐出扁舟小回首池塘青欲徧絕似夢中芳草　和雲流出空山甚年年淨洗花香不了新綠乍生時孤村路猶憶那回曾到餘情渺渺茂林觴詠如今悄前度劉郎歸去後溪上碧桃多少

別本溪燕甃游絲一作掠芹根漾粼粼鴨綠光動晴曉一作碎清曉何處落紅多芳菲夢翻入嫩蘋一作碎萍深藻一番夜雨一番吟老池塘草寂歷一作柳下斷橋人欲一作不渡還見柳陰舟

詞源卷上

西秦玉田生張炎叔夏著　仁和許增邁孫挍栞

五音相生

宮屬土君之象爲信徵所生其聲濁生數五成數十宮中也居中央暢四方唱始施生爲四聲之綱

商屬金臣之象爲義宮所生其聲次濁生數四成數九商章也物成就可章度也

角屬木民之象爲仁羽所生其聲半清半濁生數三成數八角觸也物觸地而戴芒角也

徵屬火事之象爲禮角所生其聲次清生數二成數七徵祉也物盛大而繁祉也

羽屬水物之象爲智商所生其聲最清生數一成數六羽宇也物

納蘭詞卷一

長白性德容若箸
仁和許增邁孫栞

憶江南

昏鴉盡小立恨因誰急雪乍翻香閣絮輕風吹到膽瓶梅心字已成灰

赤棗子

驚曉漏護春眠格外嬌慵只一作止誤自憐寄語釀花風日好綠窗來與上琴絃

憶王孫

西風一夜翦芭蕉倦眼經秋耐寂寥强把心情付濁醪讀離騷愁似湘江日夜潮

納蘭詞卷一　一

蘅夢詞卷一

吳江郭麐祥伯箸
仁和許增邁孫刊

風蜨令

碪入尖風響鐙留短燄紅一衾幽夢斷孤鴻正是可憐時候可憐儂　鏡約眉痕外琴聲鬢影中王昌不合住牆東贏得傷春傷別恨重重

一翦梅

莫愁生小鬱金堂鬢點飛黃機織流黃曼聲一曲轉清商塵繞歌梁花顫釵梁　洞房對雷頓書倉一丈紅薔只隔紅牆題成錦字少人將月自迴廊人自迴腸

菩薩蠻

憶雲詞甲槀

錢唐項廷紀蓮生撰
仁和許　增邁孫校

點絳脣

秋意

夢怯秋清，小屏題徧相思句。露濃如雨，不響梧桐樹。　采藥闌空，是舊吹笙處。愁凝佇，暗蛩無語，涼月隨人去。

浪淘沙

元夜有懷

綠酒負金蕉，疊鼓春宵，小屏風底暗香焦。閒夢一牀推不去，夜夜楓橋。　往事只魂銷，雙鯉迢迢，梅箋與我兩無聊。賸有簡樓弓樣月，還憶吹簫。

松壺畫贅卷上

仁和錢　杜叔美著
仁和許　增邁孫栞

霽夫沈先生隱居灣東築鶴離草堂足迹不入城市余與袁壽階買舟過訪出先世石田翁灣東圖卷見示索余更爲一幀以紀勝事

先生舊業灣之東自縛三間小茅舍到門汨汨瀉溪流繞屋陰陰半桑柘湖邊自種田一區身外惟餘書百架題詩清興到瀼西汲井山泉出牆罅釣魚竿插卧牀前載鶴船横草堂下碧甎家釀能醉人赤脚奚奴解行炙幽夢醒時餑飥香午雞啼歇藤花謝便欲編籬與結鄰不用蒲葵亦消夏蛙聲閣閣催荷鋤門外雨來翻穲稏

笙月詞卷之一

山陰王詒壽眉叔

菩薩蠻

繡囊香鎖鈿文笛鞸鬟卸了鴛釵碧銀燭海紅紗搴幃人似花　梨渦縈淺笑翠被薰蘭早譙鼓又三更透簾斜月明

玉簫逗麝羅屏迴隔窗嬌鳥呼人醒鬆髻翠盤鴉綠檀橫墮花　倚人香玉軟日影銀紗半春困尙朦朧暈波雙縷紅

碧歛吹絮絲風悄龍文玉掌梳妝巧雙影照菱花素雲

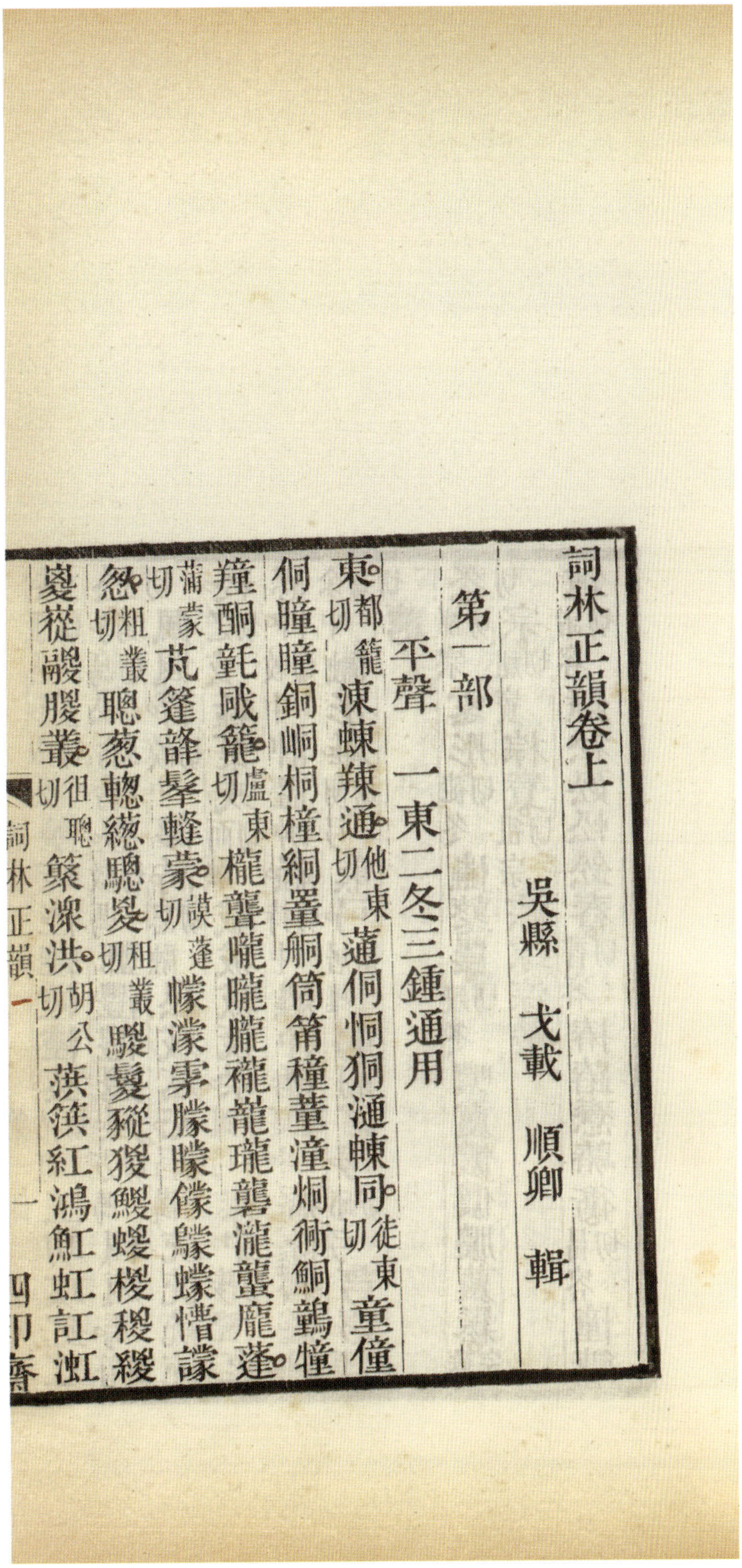
詞林正韻卷上
吳縣　戈載　順卿　輯
第一部
平聲　一東二冬三鍾通用
東都籠切涷蝀鶇通他東切蓪侗恫狪[illegible]蝀同徒東切童僮
侗曈瞳銅峒桐橦絧罿𦨴筒筩穜董潼烔衕鮦[illegible]憧
犝酮氃戙籠盧東切櫳聾嚨曨朧襱龍瓏蘢瀧蠪龐蓬蒲蒙切
芃篷韸鬔韼蒙謨蓬切幪濛雺朦矇饛鸏蠓懵[illegible]
怱粗叢切聰葱[illegible][illegible]驄㚇租叢切騣鬉豵猣鯼螋椶稯緵
嵏[illegible][illegible][illegible]叢徂聰切藂潨洪胡公切葓[illegible]紅鴻魟虹訌洚
詞林正韻　一　四印齋

書　名：四印齋所刻詞
作　者：王鵬運輯
版　本：清光緒七年（1881）王氏家塾刻本
數　量：7册
鑒藏印：曼殊室、曼殊室藏、梁、仲策
備　注：梁啟勳批

第十三十四兩部既全收
閉口音不應更收「凡」「范」
「梵」三韻

去聲五十二沁

第十四部

平聲二十二覃　二十三談
二十四鹽　二十五沾
二十六嚴　二十七咸
二十八銜　二十九凡
上聲四十八感　四十九敢
五十琰　五十一忝
五十二儼　五十三豏
五十四檻　五十五范

花間集卷第一　五十首

温助教庭筠五十首

菩薩蠻十四首　更漏子六首　歸國遥二首

酒泉子四首　定西番三首　楊柳枝八首

南歌子七首　河瀆神三首　女冠子二首

玉蝴蝶一首

菩薩蠻　温助教庭筠

小山重疊金明滅鬢雲欲度香顋雪懶起畫蛾眉弄粧梳洗遲　照花前後鏡花面交相映新帖繡羅襦雙雙金鷓鴣

書　名：四印齋所刻詞
作　者：王鵬運輯
版　本：清光緒十四年（1888）王氏家塾刻本
數　量：6册
鑒藏印：曼殊室、曼殊室藏
備　注：梁啟超批並跋，梁啟勳點校

甲集本多踏歌一首此本亡矣
乙集本多糖多令一首此本亡矣　見補遺
丙集本多六州歌頭一首玩文知是賀
韓平原者諸本皆無甚是韓敗　見補遺
後編者刪去

稼軒長短句目錄

縮槧元大德廣信本

稼軒　　四印齋

忍勤案：此本共得詞五百七十二(三)首，辛啟南補遺除誤入及重出，補得三十三首。淳熙本所有而此皆無者凡十首，唐宋百家詞(丁集)所有而此皆無者凡四首，共計六百廿(二)九首，是為稼軒傳世詞之總數。但只得六百二十一首，實一時錯算。

十八年十月八日跋

六百二十一首不誤，因本集鷓鴣天詞共六十首，而目錄只得五十九首故也。但仍只於補遺之跋語中作此本仍以五百七十二首計算，實誤而巧合耳。

此本與淳熙本甲乙丙集校，此有彼無者二百四十首；彼有此無者甲集四首、乙集八首，又並有而調名異題者一首，丙集四首。兩本合計除復重共五百八十八首，再合以辛啟南從永樂大典所輯補遺三十六首，內除誤收他人作二首，與此兩本複重五首，實二十九首，都共得詞六百一十七首，是為傳世辛詞之總數。戊辰夏忍勤記

彊村叢書之稼軒詞補遺但又更有一跋，致稼軒傳世詞為六百二十一首，謹附注於此。忍勤記 三月廿五

頃又於清波別志得好事近一首，於歷代詩餘得菩薩蠻一首、杏花天一首，共計六百二十四首，是為稼軒詞之總數。忍勤記 十八年十二月十日

今日用硃筆分斷叶句豆并手圈點其疑義以案萬氏詞律 十八年九月廿八日 松勳記

歷代詩餘所選稼軒詞凡二百九十一首其中異於淳熙四卷本及信州十二卷本者共二百十餘字且多精鑿更惜未知彼所據者為何本也以下凡墨筆校勘者即歷代詩餘之字

十八年十二月廿一 松盦

稼軒長短句卷之一

宋 歷城 辛棄疾 幼安

哨遍

秋水觀 丙

蝸角鬬爭左觸右蠻一戰連千里君試思方寸此心微總虛空并包無際喻此理何言泰山毫末從來天地一稊米嗟小大相形鳩鵬自樂之二蟲又何知記跖行仁義孔丘非更殤樂長年老彭悲火鼠論寒冰

慶元五年己未 六十

淳熙五年戊戌作

濟江江邊根漢山閣題云江行簡
楊濟翁周顯先詞中句云嗄塵
勞三十九年非 蓋淳熙丁酉五自
隆興帥被召赴行在戊戌（三十九歲）
赴湖北轉運副使往似與楊周偕
行专行程写經揚州湖江而上也
濟翁名炎正吉水人慶元二年進士
官至安撫使後時尚未登第似是

和人韻　高　足

稼軒長短句卷之三

水調歌頭

舟次揚州和楊濟翁周顯先韻

落日塞塵起胡騎獵清秋漢家組練十萬列艦聳層樓誰道投鞭飛渡憶昔鳴髇血汙風雨佛貍愁季子正年少匹馬黑貂裘今老矣搔白首過揚州倦游欲去江上手種橘千頭二客東南名勝萬卷詩書事業嘗試與君謀莫射南山虎直覓富民侯

鏑　暗　遺馬

丙午丁未間作

稼軒長短句卷之七

新荷葉

和趙德莊韻

人已歸來杜鵑欲勸誰歸綠樹如雲等閒付與鶯飛兔葵燕麥問劉郎幾度沾衣翠屏幽夢覺來水繞山圍 有酒重攜小園隨意芳菲往日繁華而今物是人非春風半面記當年初識崔徽南雲雁少錦書無箇因依

卲鉅案德莊見卷三葉四新荷葉原唱見介庵琴趣卷一葉四

花庵作倩誰喚流鶯
花庵亦作試
花庵却作又

喚流　心
鳴
將愁歸去

．祝英臺近
綠楊堤春草渡花落水流去百舌聲中喚起海棠睡斷腸幾點愁紅啼痕猶在多應怨夜來風雨別情苦馬歸遲猶憶長亭歸期又成誤簾捲青樓回首在何處畫梁燕子雙雙能言能語不解道相思一句
吳訥百家詞稼軒丁集

將

勸啼鸎聲住　鬢邊覷應把花卜歸期才
簪又重數羅帳燈昏哽咽夢中語是他春
帶愁來春歸何處却不解帶將愁去
．與客飲瓢泉客以泉聲喧靜爲
問余醉未及畣或者以蟬噪林
逾靜代對意甚美矣翌日爲賦
此詞以褒之
水縱橫山遠近拄杖占千頃老眼羞明水
底看山影試敎水動山搖吾生堪笑似此

流

鷓鴣天

欲上高樓本避愁愁還隨我上高樓經行幾處江山改多少親朋盡白頭　歸休去去歸休不成人總要封侯浮雲出處元無定得似浮雲也自由

又

一片歸心擬亂雲春來諳盡惡黃昏不堪向晚簷前雨又待今宵滴夢魂　爐燼冷鼎香氛酒寒誰遣為重溫何人柳外橫斜笛客耳那堪不忍聞

右二首見吳訥百家詞稼軒丁集

吳子似過秋水

秋水長廊水石間有誰來共聽潺潺羨君人物東西晉分我詩名大小山　窮自樂晚方閒人間路窄酒盃寬看君不了癡兒事又似風流靖長官

和章泉趙昌父

萬事紛紛一笑中淵明把菊對秋風細看爽氣今猶在惟有南山一似翁　情味好語言工三賢高會古來同誰知止酒停雲

今　懶

澗泉亦同和

元集本調另贈人一首起句風流標格
又送粉卿行一首起句轎兒排了
皆此本所無 後一首見補遺
間

風流標格惺鬆言語 箇十分奇絕三分蘭
菊十分梅鬥合就一枝風月 笙簧未語星
河易轉涼夜厭厭留客只愁酒盡各西東
更把酒推辭一霎

磯
江頭一帶斜陽樹總是六朝人住處悠悠
興廢不關心惟有沙洲雙白鷺 仙人磯
下多風雨好卸征帆留不住直須抖擻盡
塵埃趁新涼秋水去

鵲橋仙

爲人慶八十席上戲作 甲

朱顏暈酒方瞳點漆閒傍松邊倚杖不須
更展畫圖看自是箇壽星模樣 今朝盛

甲集本調有稼軒日向兒童説一首爲此本所無

花庵有之　辛稼補遺有之

丙集有畫樓影蘸清溪水一首此本所無

有金陵二字

菩薩蠻　賀周國輔侍人

畫樓影蘸清溪水　歌聲響徹行雲裏　簾幕燕雙雙　綠楊低映窗　曲中特地誤　要試周郎顧　酥裹雲鬟消　春風大小喬

淡黄弓樣鞋兒小　腰肢只怕風吹倒　蓦地管絃催　一團紅雪飛　曲終嬌欲訴　定憶梨園譜　指日按新聲　主人朝玉京

乙集有淡黄弓樣鞋兒小一首此本所無

李閣疑爲南澗之誤

乙巳冬前澗舉似前作因和之

乙巳作

稼軒長短句卷之十一

菩薩蠻

金陵賞心亭爲葉丞相賦　甲

青山欲共高人語。聯翩萬馬來無數。煙雨却低回。望來終不來。　人言頭上髪。總向愁中白。拍手笑沙鷗。一身都是愁。

用前韻　乙

錦書誰寄相思語。天邊數徧飛鴻數。一夜夢千回。梅花入夢來。　漲痕紛樹髪。霜落

卷十一　一　四印齋

癸巳　甲寅　淳熙十二年乙巳　四十六

邯鄲張埜野夫古山樂府

水龍吟　酹稼軒墓在分水嶺下

嶺頭一片青山可能埋得凌雲氣遐方異域
當年滴盡英雄清淚星斗撐腸雲煙盈
紙縱橫游戲漫人間留得陽春白雪千載
下無人繼　不見戟門華第見蕭蕭竹枯
松悴問誰料理帶湖煙景瓢泉風味萬
里中原不堪回首人生如寄且臨風高唱
逍遙舊曲為先生酹

登山臨水送將歸悲莫悲兮生別離不用
登臨怨落暉昔人非惟有年年秋雁飛

大德己亥中呂月刊畢于廣信
書院後學孫粹然同職張公俊

稼軒長短句卷之十二終

淳熙本所無者十八首

十月五日點竟　啟勳記

彊村從毛本手題二百餘字

彊村本水龍吟凡六首

泗州作

東坡樂府卷上

宋眉山蘇軾子瞻

水龍吟

古來雲海茫茫道山絳闕知何處人間自有赤城居士龍蟠鳳翥清淨無爲坐忘遺照八篇奇語向玉霄東望蓬萊晻靄有雲駕驂風馭行盡九州四海笑紛紛落花飛絮臨江一見謫仙風采無言心許八表神遊浩然相對酒酣箕踞待垂天賦就騎鯨路穩約相將去

元豐七年甲子 先生四十九歲

又贈趙晦之吹遂侍兒

用彊邨本校訂此本並案年譜以標出年歲及所在地凡四日而畢計彊邨本多詞三百首而斯本僅詞二百七十二首其中誤入他人六首實詞二百六十六首少於彊邨三十四首

十八年九月二十七日　仲策記

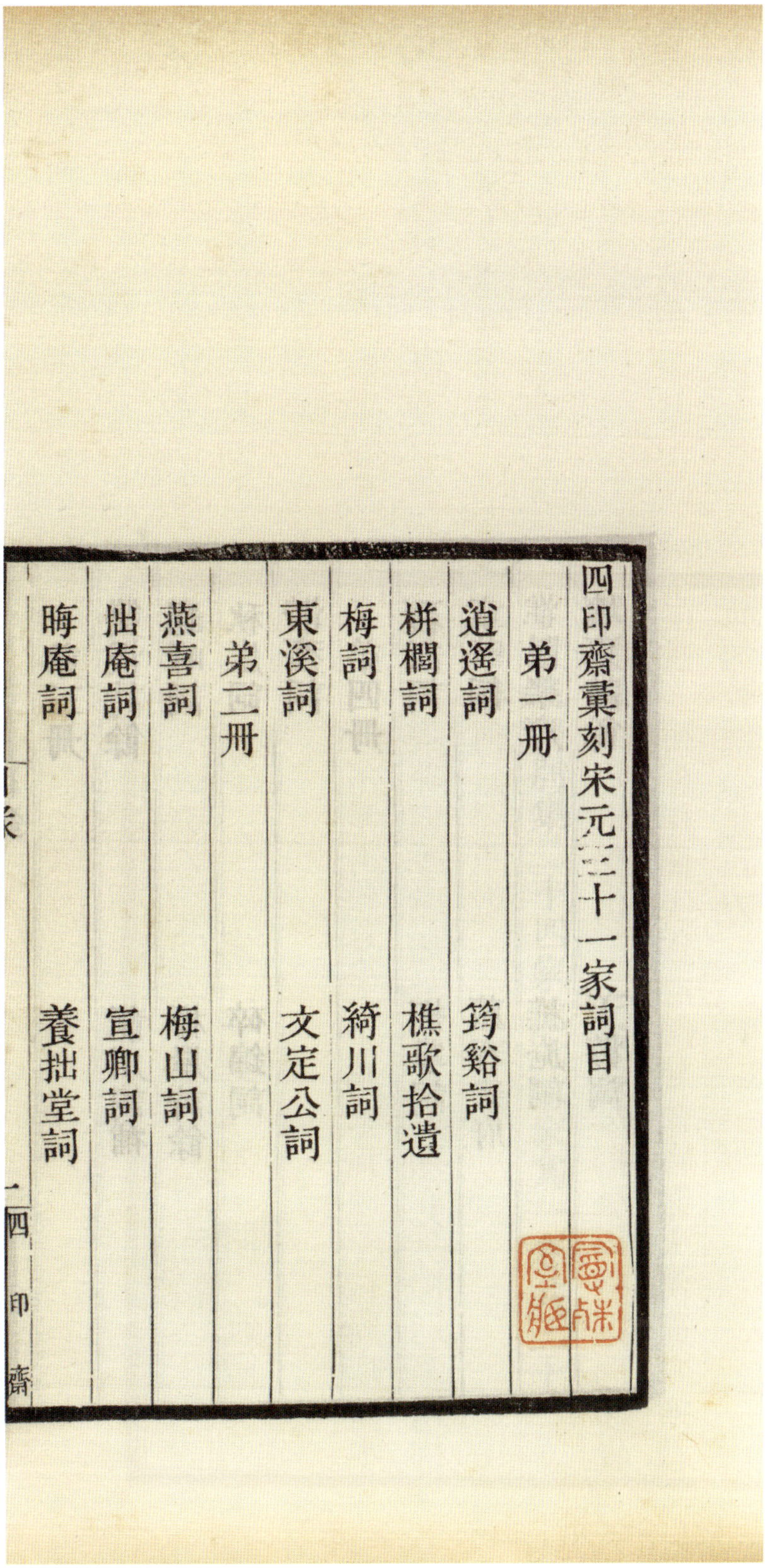

書　名：宋元三十一家詞
作　者：王鵬運輯
版　本：清光緒十九年（1893）四印齋刊本
數　量：4册
鑒藏印：曼殊室藏、仲策讀書印記
備　注：梁啟勳批並跋

逍遥詞

宋 大名 潘閬 逍遥

酒泉子

長憶錢塘不是人寰是天上萬家掩映翠微間處處水潺潺 異花四季當窻放出入分明在屏障別來隋柳幾經秋何日得重遊

其二

長憶錢塘臨水傍山三百寺僧房攜杖徧曾遊閒話覺忘憂 栴檀樓閣雲霞畔鐘梵清宵徹天漢別來遥禮祇焚香便恐是西方

汲古閣影鈔宋本

虞美人 此上佚八頁

□□□□□□□□□□□□□□□□□□□□
□□□□□□□□□□□□□處歸向桃源住桃
源有路透漁溪自恨仙凡從此隔雲泥

又

綺疏人把羅衣疊岫幌鋪殘月寶煙細裊博山中夢惹
暖紅鴛錦醉香風覺來猶記乘鸞處不是藍橋住落
花流水認前溪想見五雲爲路靜無泥

其人之故鄉殆是江西或浙江
又西江月之「卷簾獨坐撚髭鬚後」朝中措之
「看取星星潘鬢花衰羞上人顏」則其人作
客湖湘時當在中年以後
又如朝中措之「客遊只欲賦歸休」西江月之
「天涯流落歲時殘望斷故園心眼」是見其
人實客遊他鄉下僚沈滯不甚得意
凡此只是隨筆掇錄或可供頡微闡幽
者之採擇焉
辛巳立冬後三日　啓勳記

仲策讀書印記

且多羈離清平樂起二句似是和盧蒲江之「風不定移去
移來簾影」蓋謁金門如若是則其人當生於寧宗慶元以後
又清平樂之詞題曰「辛卯清明日」攷南宋一代只有兩辛卯一在
孝宗乾道七年一在理宗紹定四年既曰慶元以後宜是紹定四
年若是可決為理宗朝之人物矣
卷中屢見湘楚等名如虞美人之「又是一番紅葉下三湘」清平樂之「誰
管天涯顛頷楚鄉又過清明」醉蓬萊之「又值生初故鄉何在三楚
雲高謾勞回首」則其人固嘗久客荊楚者
又如秦樓月之「秋漠漠登臨常羨東飛鶴」木蘭花之「登樓準擬故人書
章華詞　殷勤試問西歸雁」寫鴻雁多曰南歸北來罕言西歸者則

藏春樂府

元　邢州　劉秉忠　仲晦

木蘭花慢

到閑人閑處，更何必，問窮通。但遣興哦詩，洗心觀易，散步攜笻。浮雲不堪攀慕，看長空、澹澹沒孤鴻。今古漁樵話裏，江山水墨圖中。　千年事業一朝空。春夢曉聞鐘。得史筆標名，雲臺畫像，多少成功。歸來富春山下，笑狂奴、何事傲三公。塵事休隨夜雨，扁舟好待秋風。

又

既天生萬物，自隨分，有安排。看鶯鷟雲霄，驊騮道路，斥

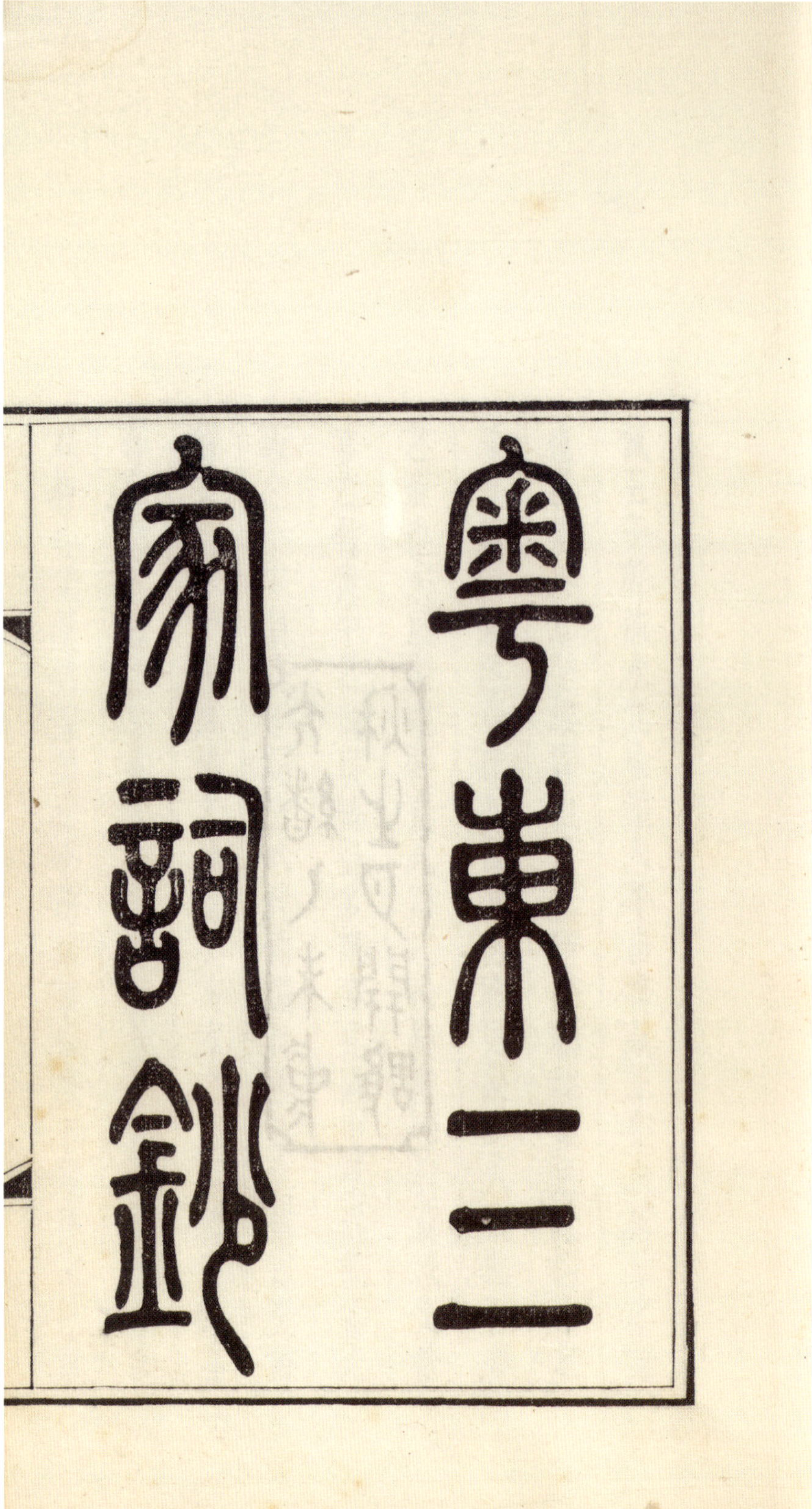

粵東三
家詞鈔

書　名：粵東三家詞鈔
作　者：葉衍蘭輯
版　本：清光緒二十二年（1896）刻本
數　量：1冊

佩玉千聲流水九曲遊入平出書菰正宗此楞華之諦
也送遠碧草登樓青山目之所際春秋佳色此隨山之
珍也錦瑟幽憶奇珠轉圜裹回裹回采詩入樂此秋夢
之禪也夫以榮曜華茂人間之松鞠同生引商流徵倚
官之竹肉中呂既日轉益多師亦且同中見異賦當六
義之一宋景喝于詞出八代而還比興十九嶺表崇秀
海氣合離敦乎風雅之林蔚矣文章之府匪獨國秀亦
有寓公目論
本朝心儀曩喆陳梁振乎前轍黎張賡乎菰林尚已東

楞華室詞

番禺沈世良伯眉著

唐多令

送李明遠

華髮漸星星扁舟逐去程向西風殘酒初醒卻笑輕裝如落葉吹過了短長亭　驛路瘴花明檣烏五兩輕渺天涯水熟潮生苦竹黃蘆聽不斷更聽到夜猨聲

摸魚兒

以女兒香遺家偉士兼媵小詞時君方有比紅

隨山館詞

番禺汪瑔芙生著

唐多令

家近赤欄橋人吹紫玉簫記年時舟趁春潮認得素馨斜畔路無賴月可憐宵　鬟影玉釵搖眉痕石黛描乍相看已自魂銷何況酒闌鐙𤇯後妝閣畔卸雲翹

摸魚兒

秋陰

似將晴又還將雨西風愁鎖庭院秋光黯澹渾如夢依

𢦤社詞鈔作者姓名錄

辛卯秋編 以齒為序

懺盦	廖恩燾	鳳舒	廣東	八十七
鷦盦	汪曾武	仲虎	江蘇	八十六
居餘	彭一卣	主鬯	湖北	八十五
公嚴	汪鸞翔	公嚴	廣西	八十一
訒庵	林葆恒	子有	福建	八十 正月歿
疚齋	冒廣生	鶴亭	江蘇	七十九
枝巢	夏仁虎	蔚如	江蘇	七十八
吷庵	夏敬觀	劍丞	江西	七十七
夬廬	許寶蘅	季湘	浙江	七十七
元初	胡先春	元初	安徽	七十六
仲策	梁啟勳	仲策	廣東	七十六
潛子	高毓浵	淞荃	河北	七十五
仲雲	靳志	仲雲	河南	七十五
娟淨	傅嶽棻	治薌	湖北	七十五 正月歿

書　名：𢦤社詞鈔二卷
作　者：廖恩燾、汪曾武等撰
版　本：1951年油印本
數　量：1册

憶年時登樓長嘯不知四域淒清正重陽纔過看秋色太
分明祇是茱萸依舊有風林霜樹總不平鳴在亭前引起
落帽濺巾情恰似聽東牆杵聲　空冥欲雨還晴吟不斷
亂雲生記殘山度雁斜陽落鶩陳迹堪驚難忘昨宵長笛
病初起怯衣輕對黃花想扶節去那能輕負佳節如此頻
仍何況半醒

前調　益公

悵前朝重陽風雨却償此日登臨對晴空秋遠展嘉會慰
幽襟袖手憑高凝睇愛西山山色嫵媚情深更浮來眼底
一氣靜千林適意事不論古今　抽簪結想送老松與菊
百年心念攀枯自樂無絃獨撫人豈忘琴此懷待同誰說
祇陶令是知音儘黃塵讓他膠擾側身江海回首應笑歸
遲歸思不禁

前調　稼厂

俯層軒闌心風雨薦花且補重陽看秋容依舊勝衰柳比

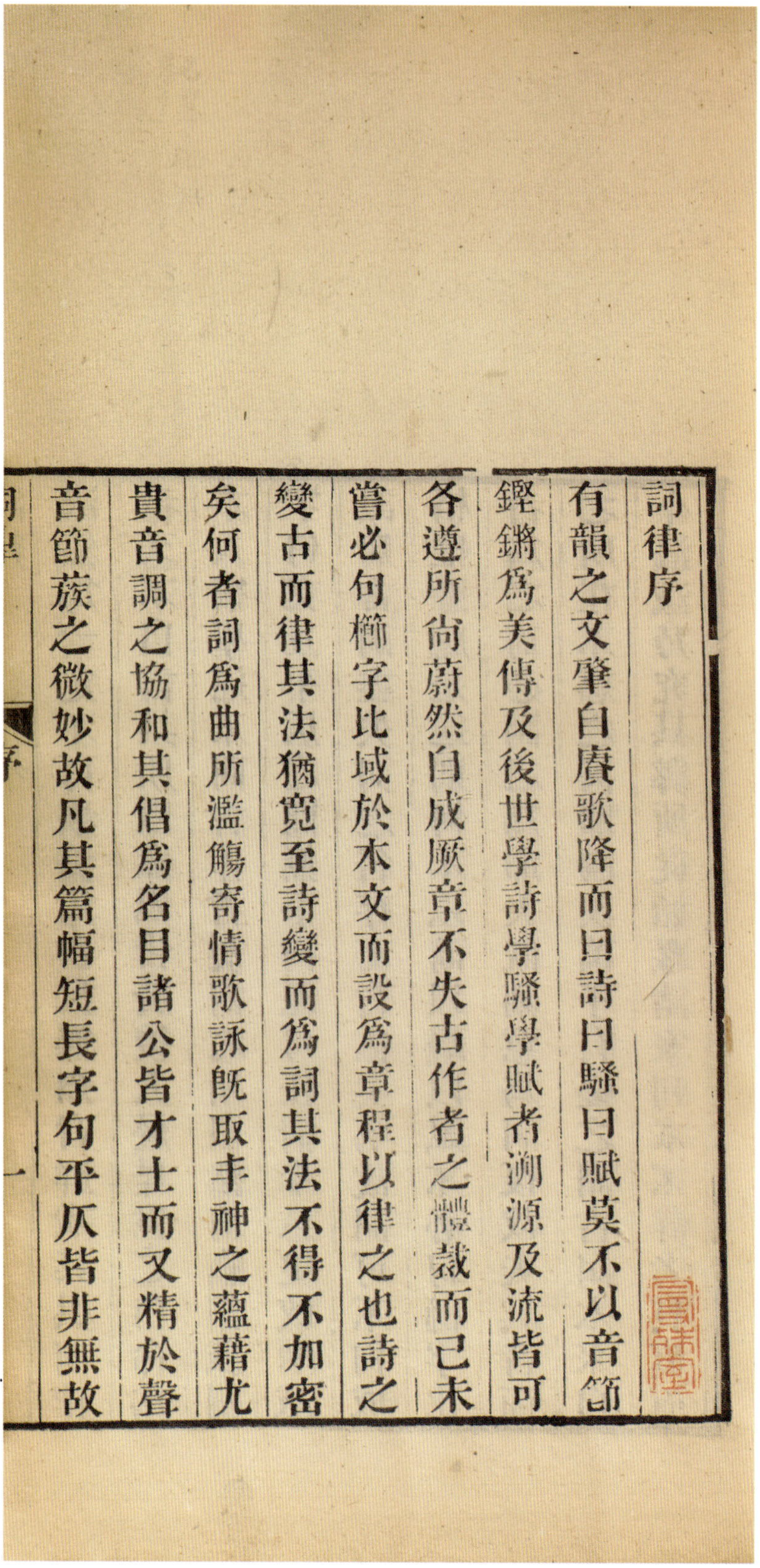

詞律序

有韻之文肇自賡歌降而曰詩曰騷曰賦莫不以音節鏗鏘爲美傳及後世學詩學騷學賦者溯源及流皆可各遵所尙蔚然自成厥章不失古作者之體裁而已未嘗必句櫛字比域於本文而設爲章程以律之也詩之變古而律其法猶寬至詩變而爲詞其法不得不加密矣何者詞爲曲所濫觴寄情歌詠旣取丰神之藴藉尤貴音調之協和其倡爲名目諸公皆才士而又精於聲音節族之微妙故凡其篇幅短長字句平仄皆非無故

書　名：詞律二十卷拾遺六卷補遺一卷
作　者：萬樹訂正，恩錫、杜文瀾校刊
版　本：清光緒二年（1876）刻本
數　量：12册
鑒藏印：曼殊室

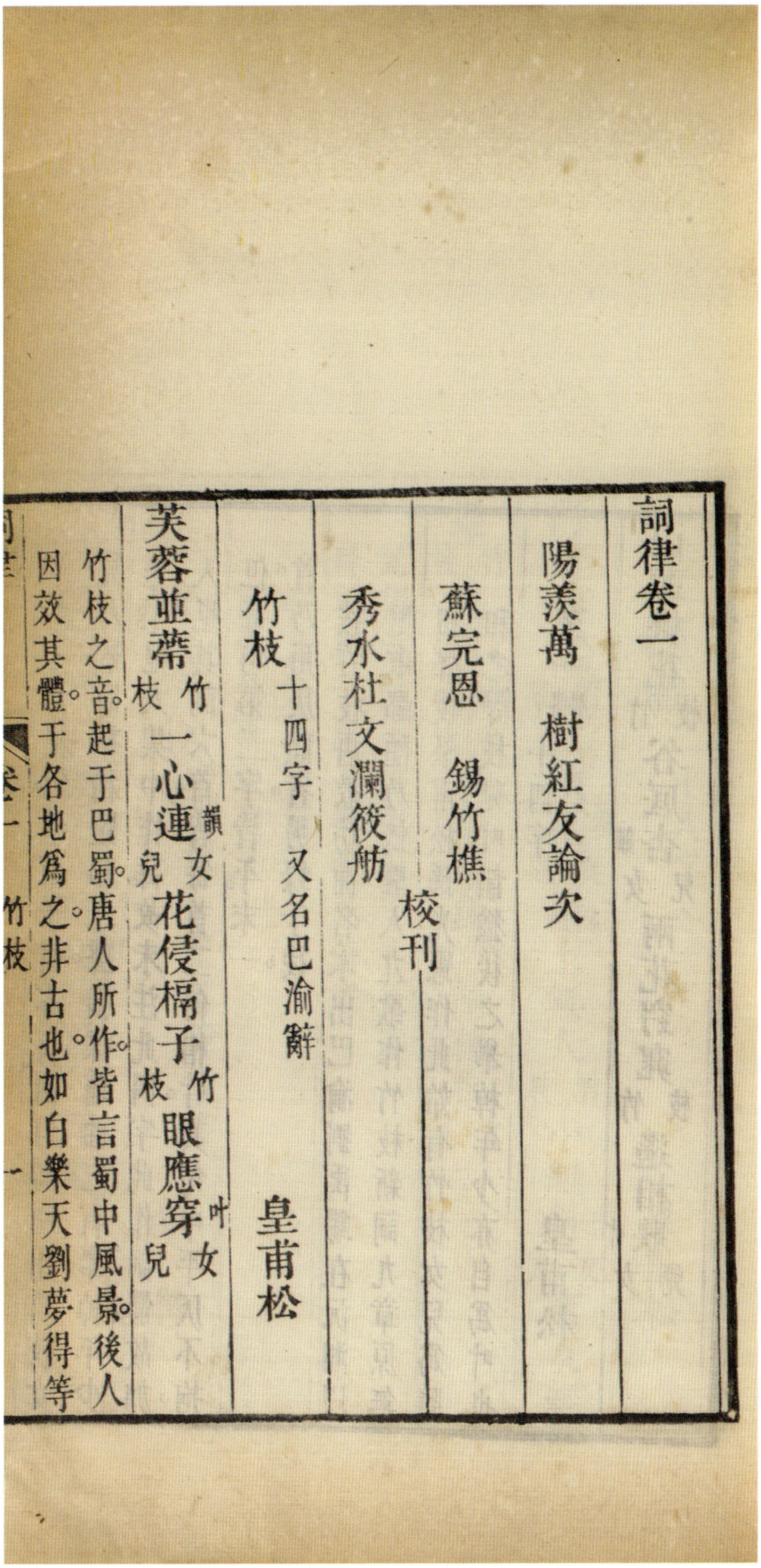

詞律卷一

陽羨萬　樹紅友論次

蘇完恩　錫竹樵

秀水杜文瀾筱舫　校刊

竹枝　十四字　又名巴渝辭　皇甫松

芙蓉並蔕竹枝一心連韻女兒　花侵槅子竹枝眼應穿叶女兒

竹枝之音。起于巴蜀。唐人所作。皆言蜀中風景。後人因效其體。于各地爲之。非古也。如白樂天劉夢得等

詞律　卷一　竹枝　一

詞學 上編

新會梁啓勳初稿

（一）總論

詞學二字頗生硬．過去雖有此名辭．未見通顯．計詞之傳於世者．今尚得八百三十餘調．一千六百七十餘體。然而音譜失傳．徒供讀品．今但視作文學中之一種以研究之．則詞學二字亦尚可通。自元曲勃興．詞聲漸失．然倚聲之作．尚代有傳人．作品雖不能付歌喉．但作者若有一字不師古．輒羣起而非之．是以千餘年間．繩墨因依．竟無敢以一字背古人．其控制力之偉大．直是一種神秘性．斯亦可驚也已。學問遞嬗．遂成進化。韻文亦學問之一種．自不

書　名：詞學二卷
作　者：梁啟勳著
版　本：民國二十一年（1932）京城印書局鉛印本
數　量：2册

書　名：詞學
作　者：梁啟勳著
版　本：中國書店1985年影印本
數　量：1册

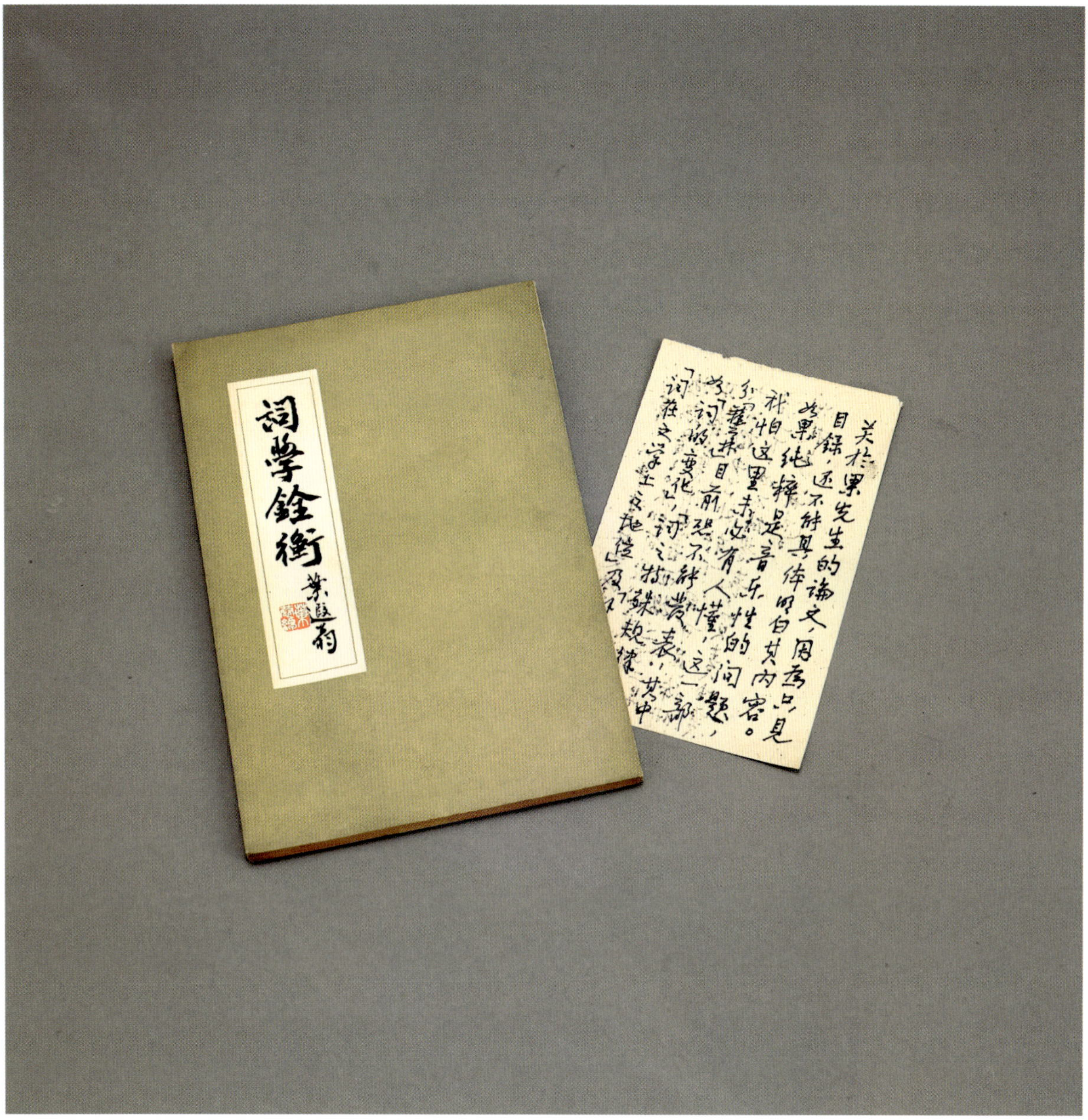

書　名：詞學銓衡
作　者：梁啟勳著
版　本：鉛排自印本
數　量：1册

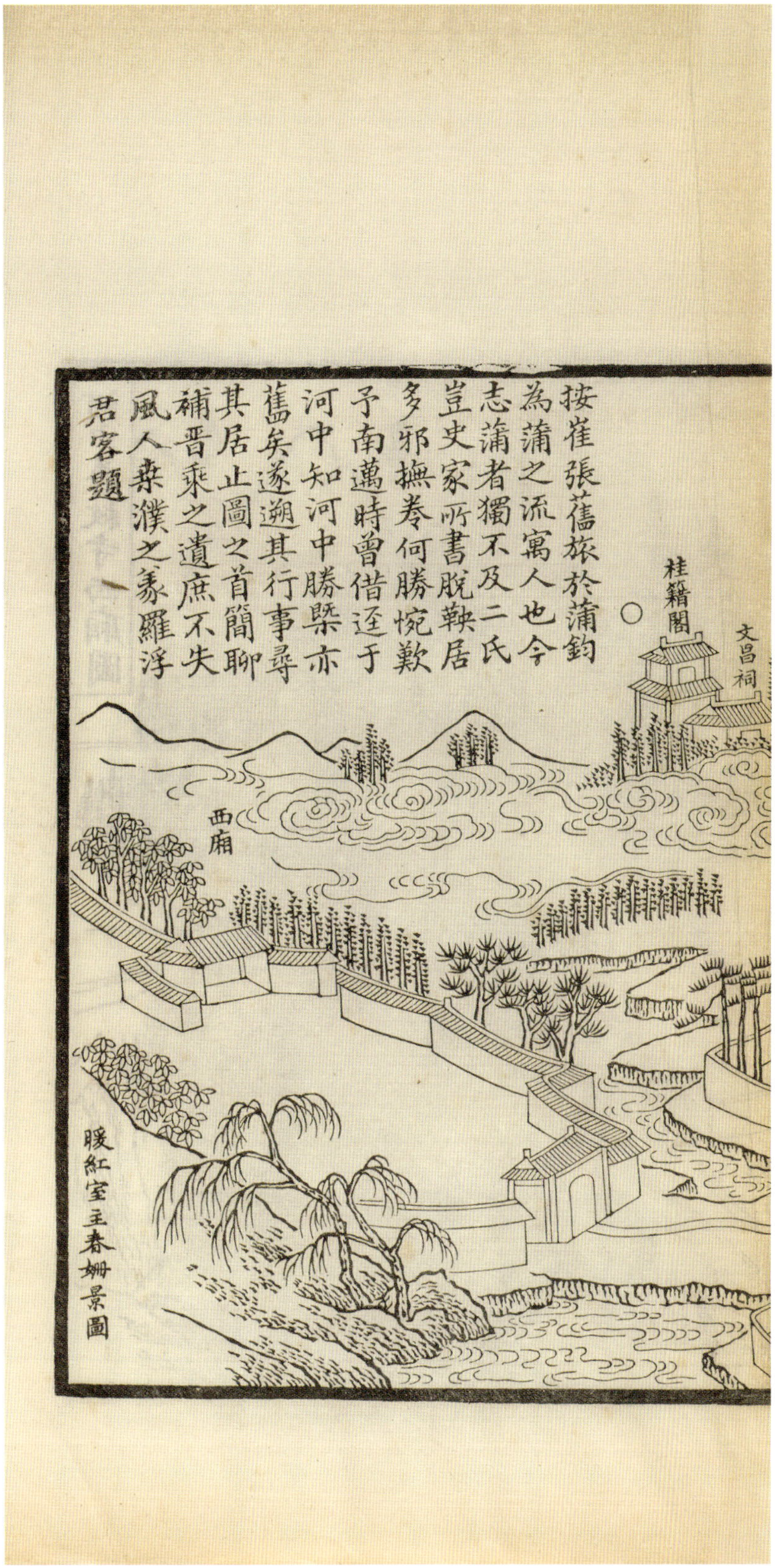
按崔張舊旅於蒲鈞
為蒲之流寓人也今
志蒲者獨不及二氏
豈史家所書脫軼居
多邪撫卷何勝惋歎
予南邁時曾借迳于
河中知河中勝槩亦
舊矣遂遡其行事尋
其居止圖之首簡聊
補晉乘之遺庶不失
風人桑濮之義羅浮
君客題
桂籍閣
文昌祠
西廂
暖紅室主春姍景圖

書　名：西厢記諸宫調四卷
作　者：董解元撰，顧渚山樵點定
版　本：民國劉氏暖紅室刻本
數　量：2册
備　注：《彙刻傳奇》第一種

董解元西厢卷一

彙刻傳奇第一種

顧渚山樵點定　　夢鳳樓暖紅室刊校

仙呂調【醉落魄纏令】引辭　吾皇德化、喜遇太平多暇、干戈倒載閑兵甲、這世爲人、白甚不歡洽。　秦樓謝館鴛鴦幄、風流稍是有聲價、教惺惺浪兒每都伏咱、不曾胡來、俏倬是生涯。

【整金冠】攜一壺兒酒、戴一枝兒花、醉時歌、狂時舞、醒時罷、每日價疏散、不曾著家、放二四不拘束、儘人團

書　名：西廂記
作　者：王實甫撰
版　本：民國劉氏暖紅室刻本
數　量：9册
備　注：《彙刻傳奇》第二種

短長亭斟別酒　第四本　八

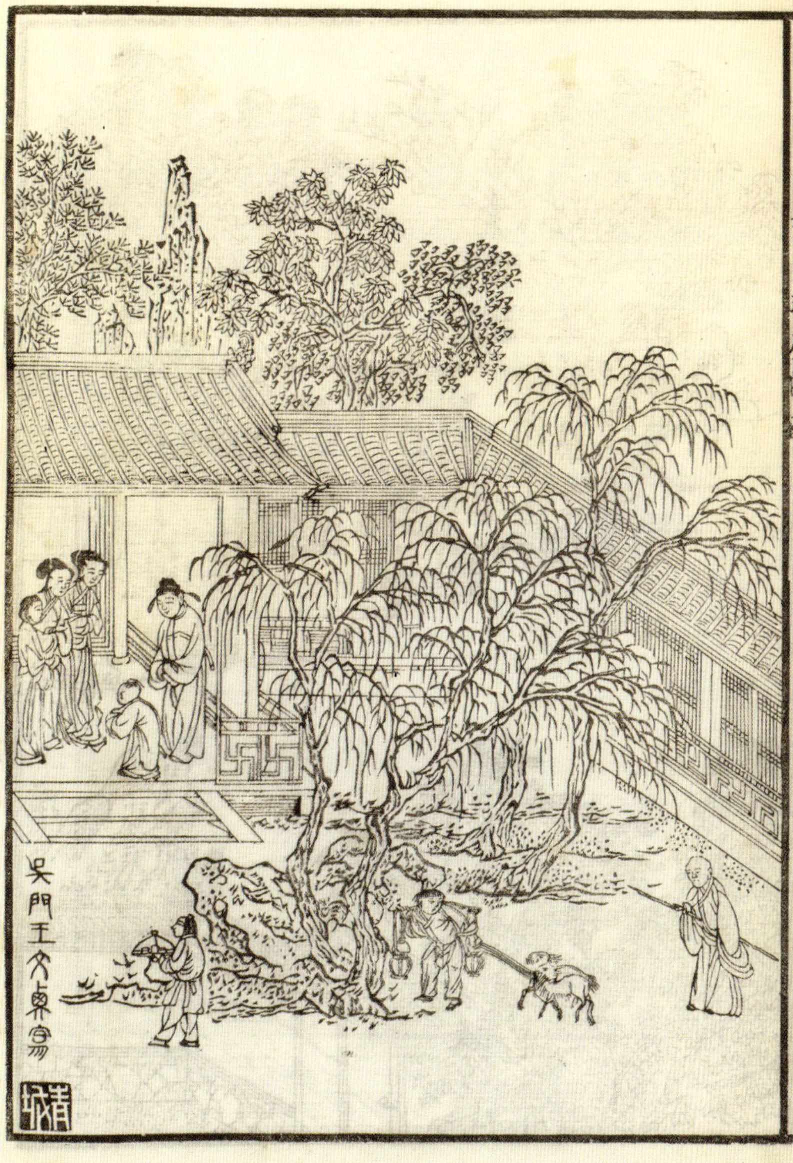

張君瑞慶團圓

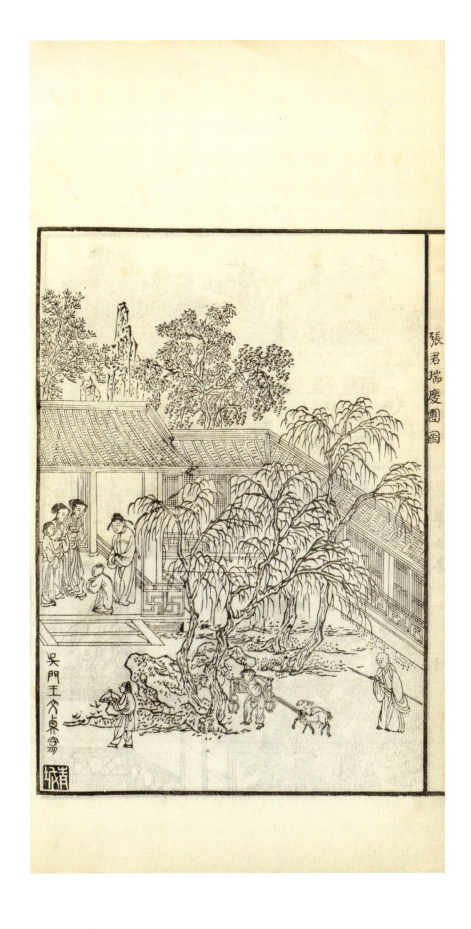

院本體止四折其有情多用白而不可不唱者以一二小令爲之非賞花時即端正好如墊桌之以木模

西廂記第一本　彙刻傳奇第二種

即空觀主人鑒定本　夢鳳樓　暖紅室　刊校

張君瑞鬧道場雜劇

楔子

外扮老夫人上開　老身姓鄭。夫主姓崔。官拜前朝相國。不幸因病告殂。祗生得箇小姐。小字鶯鶯。年一十九歲。鍼黹(音指)女工。詩詞書算。無不能者。老相公在日。曾許下老身之姪。乃鄭尚書之長子鄭恒爲妻。因俺孩

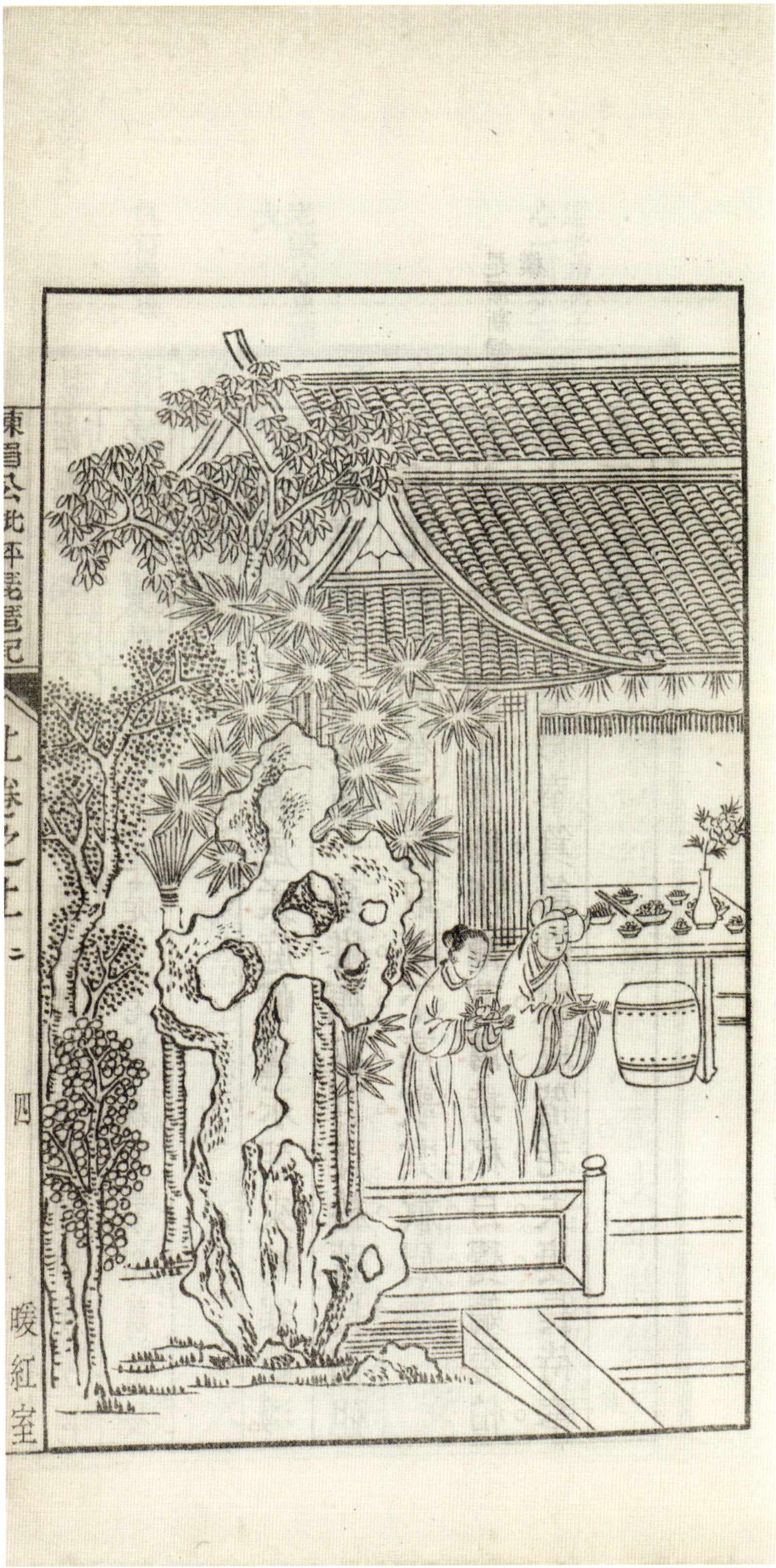

書　名：琵琶記
作　者：高明撰，陳繼儒評
版　本：民國劉氏暖紅室刻本
數　量：2册
備　注：《彙刻傳奇》第二種

看取花下壺酒
共祝眉壽
微常寫

陳眉公批評琵琶記上卷之上　彙刻傳奇第二種

雲間眉公陳繼儒評　夢鳳樓暖紅室刊校

第一齣　副末開場

【水調歌頭】秋燈明翠幕夜案覽芸編今來古往其間故事幾多般少甚佳人才子也有神仙幽怪瑣碎不堪觀正是不關風化體縱好也徒然○論傳奇樂人易動人難知音君子這般另作眼兒看休論插科打諢也不尋宮數調只看子孝共妻賢正是驊騮方獨

果是真話

讀盛明雜劇詩三十首

甲子冬季蘇垣陳兵風鶴傳聞公私塗炭余坐臥小樓讀曲自遣非敢作達聊以塞聽而已　霜厓

高唐神女賦託意在楚宮巫山雲雨跡渺然思太空詞臣多幻想點綴窮化工安知宋大夫目成在牆東荒唐寄孌弄聊抒靈均忠　高唐夢

一舸五湖遊敝屣祿萬鍾鳥盡良弓藏老子其猶龍坦庵浮西施結想頗凡庸何如秋水外雙槳搴夫容試彈水仙操恍聽長樂鐘　五湖游

書　名：盛明雜劇三十卷
作　者：沈泰輯
版　本：民國間上海中國書店影印武進董氏刻本
數　量：10册

高唐夢圖　一

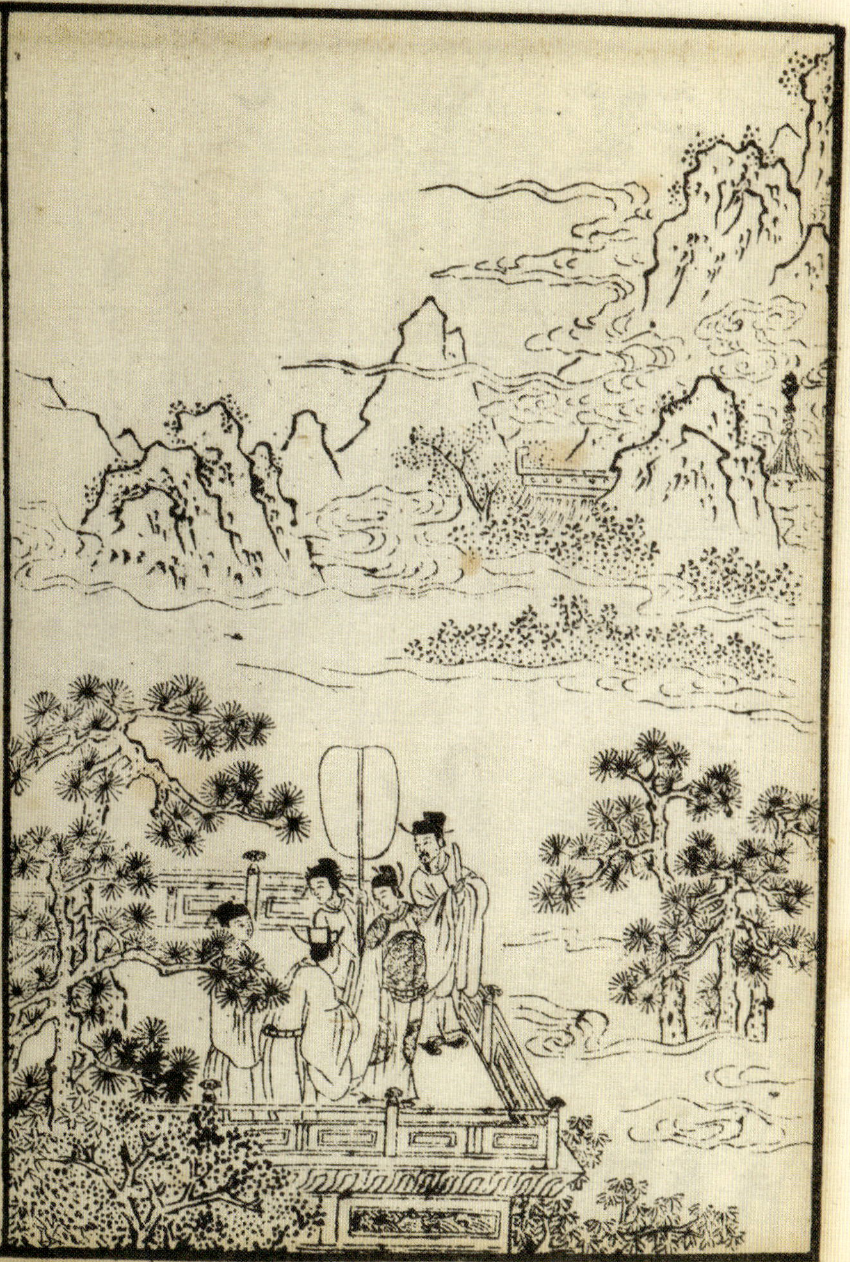

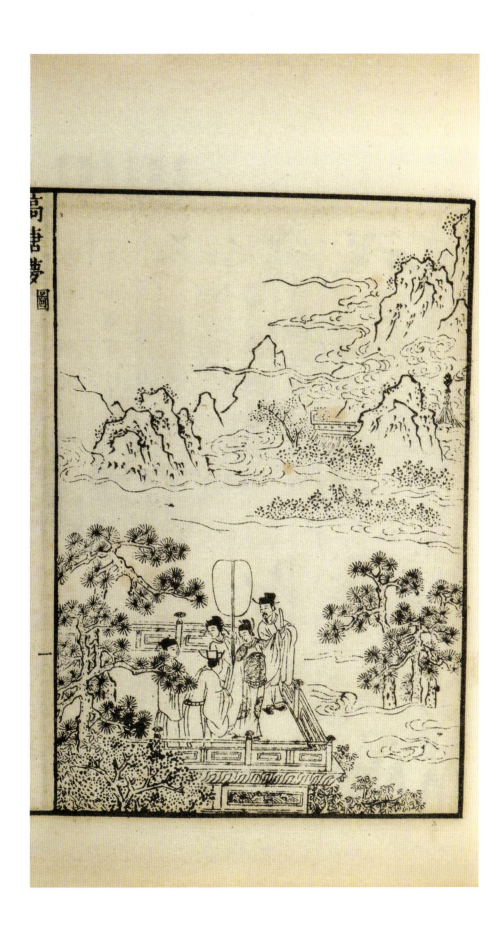

賦以妖艷勝巧於獻態此以婉轉勝妙在含情

盛明雜劇

新都伯玉汪道昆譔　西湖　長吉黃嘉惠　閱
瑯琊敬美王世懋評　　　　林宗沈　泰

總目

楚襄王陽臺入夢、　陶朱公五湖泛舟、
張京兆戲作遠山　陳思王悲生洛水、

高唐夢

【末上】【如夢令】歲事、悠悠、轉轂、世路、紛紛、覆鹿、人醉、我、何醒、莫待、黃粱先、熟、明燭明燭、夢斷、巫山六六、酒闌人倦、厭聽繁音、昔賢曾賦高唐、今日翻成下

高唐夢　一

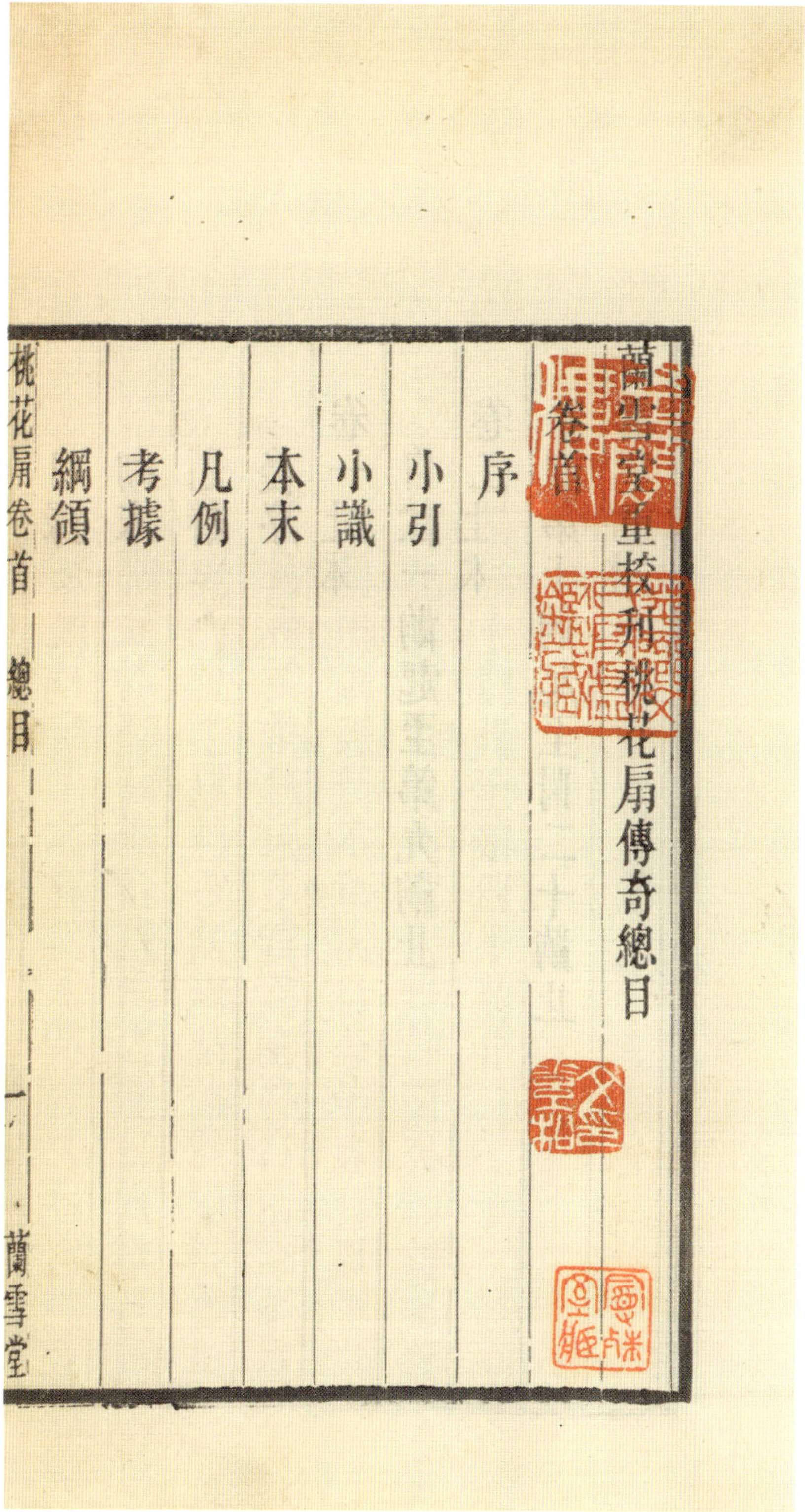

蘭雪堂重校刊桃花扇傳奇總目

卷首

序

小引

小識

本末

凡例

考據

綱領

桃花扇卷首　總目　一　蘭雪堂

書　名：桃花扇傳奇
作　者：孔尚任撰
版　本：清光緒三十三年（1907）李氏蘭雪堂刻本
數　量：5册
鑒藏印：合肥李國松健父所刻書、思簡樓、芊鄉文氏舟虛鑒藏、文素松印、曼殊室藏
備　注：文素松舊藏、梁啟勳批注並賦《蝶戀花》詞

沖場一曲可感可興有旨有趣非風雅領袖誰其能之

桃花扇傳奇卷一上本

云亭山人編　蘭雪堂重校刊

試一齣　先聲　康熙甲子八月

蝶戀花 副末氈巾道袍白鬚上 古董先生誰似我非玉非銅滿面包漿裹剩魄殘魂無伴夥時人指笑何須躲　舊恨塡胸一筆抹遇酒逢歌隨處畱皆可子孝臣忠萬事妥休思更喫人參果

日麗唐虞世花開甲子年山中無寇盜地上總神仙老夫原是南京太常寺一個贊禮爵位不尊姓

此詩乃余澹心
贈李香君者哉
諸鈔一手爲書
於勢望崇代
龍友作之見板
橋雜記

矣

安娘一語令千古美人短氣

或傳龍友詩乃余澹心代作

香君身材嬌小諢號香扇墜舊院人多呼之

〔旦〕收扇袖中介〔丑〕俺們不及桃李花罷了怎的便是辛夷樹〔淨〕辛夷樹者枯木逢春也〔丑〕如今枯木逢春也曾鮮花着雨來〔雜〕持詩箋上楊老爺送詩來了〔生〕接讀介生小傾城是李香懷中婀娜袖中藏緣何十二巫峰女夢裡偏來見楚王〔生〕笑介此老多情送來一首催粧詩妙絕妙絕〔淨〕懷中婀娜袖中藏說的香君一捻身材竟是個香扇墜兒〔丑〕他那香扇墜能值幾文怎比得我這琥珀猫兒墜〔衆〕笑介〔副淨〕大家吹彈起來勸新人多飲幾盃〔丑〕

著作

天空地濶放意喊唱偶有紅帽皂隸嚇之而逃譜

桃花扇之筆卽記桃花源之筆也可勝慨嘆

乙酉端午後二日題竟

福王棄南京正是乙酉五月初九日恰三百年矣

愛好情懷無物我。原是皮囊。豈必重包裹。凡聖智愚同一影。肺肝已見奚雜辭。

三百年來如電抹。昨日全非、今又何嘗可。征伐會盟都不妥。吁嗟世事唯因果。

蝶戀花 用老贊禮沖場曲之原韻詰之詩意有所指

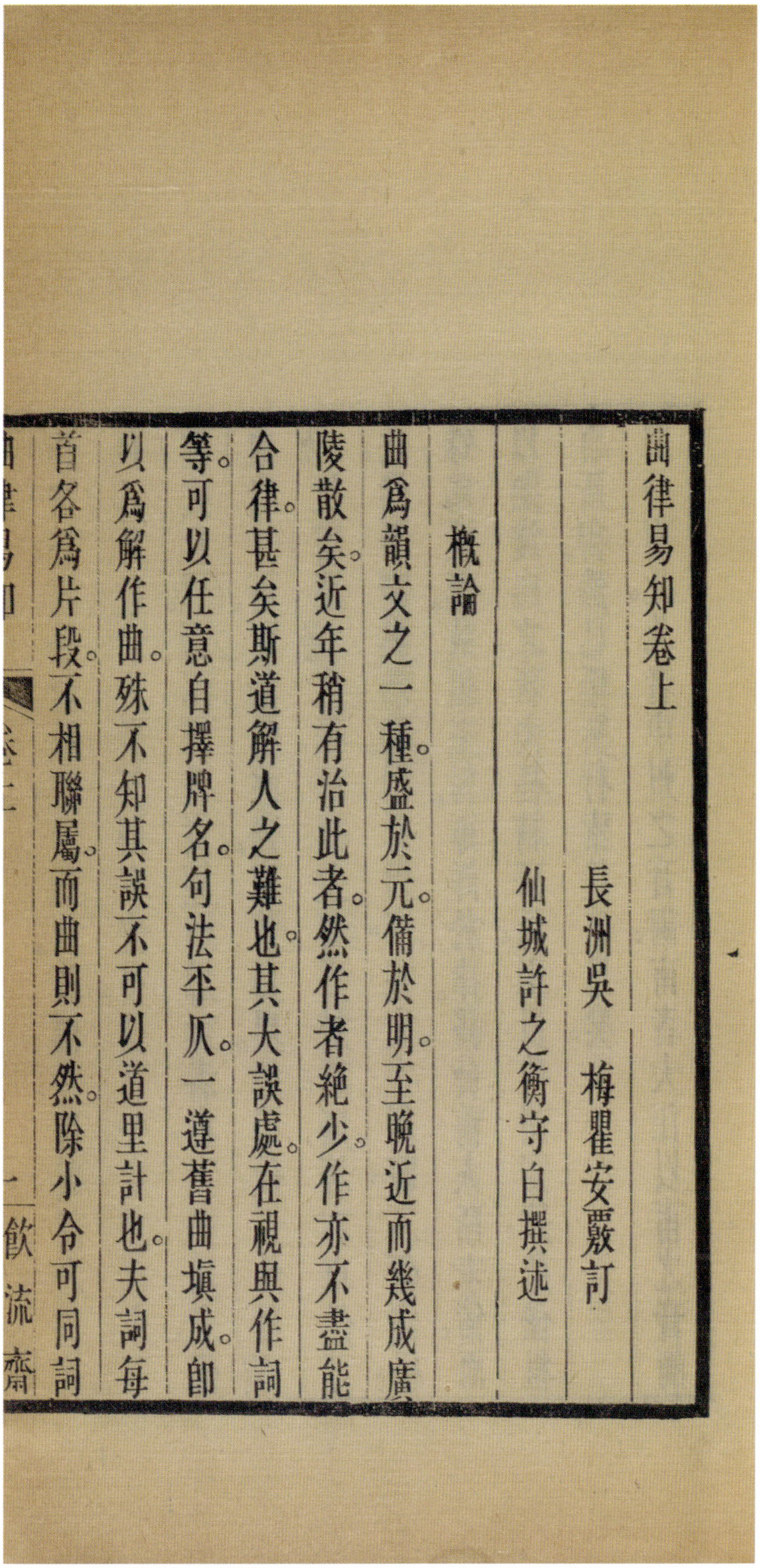
曲律易知卷上

長洲吳　梅瞿安覈訂

仙城許之衡守白撰述

槩論

曲爲韻文之一種。盛於元。備於明。至晚近而幾成廣陵散矣。近年稍有治此者。然作者絶少。作亦不盡能合律。甚矣。斯道解人之難也。其大誤處。在視與作詞等。可以任意自擇牌名。句法平仄。一遵舊曲塡成。卽以爲解作曲。殊不知其誤。不可以道里計也。夫詞每首各爲片段。不相聯屬。而曲則不然。除小令可同詞

曲律易知　卷上　一　飲流齋

書　名：曲律易知二卷
作　者：吳梅覈訂，許之衡撰述
版　本：民國十一年（1922）飲流齋刻本
數　量：2册

曲律易知卷下

長洲吳　梅瞿安覈訂
仙城許之衡守白撰述

論排場

作傳奇第一須知排場。若不明排場。鮮不笑柄百出者。惟排場千變萬化。似不易以筆墨罄。且向來論曲之書。未論及此。然此爲最要關鍵。不宜以其繁難而秘之也。余就管見所知。編排成類。就其大者常者言之。若夫劇情既萬有不齊。則運用之變化千端。自不能賅括悉盡。惟有此一編。斯觸類旁通。不至茫無涯

書　名：加批繪圖西游記（殘存第三十至一百回）
作　者：吴承恩撰，陳士斌詮
版　本：民國十一年（1922）上海會文堂書局石印本
數　量：存七册

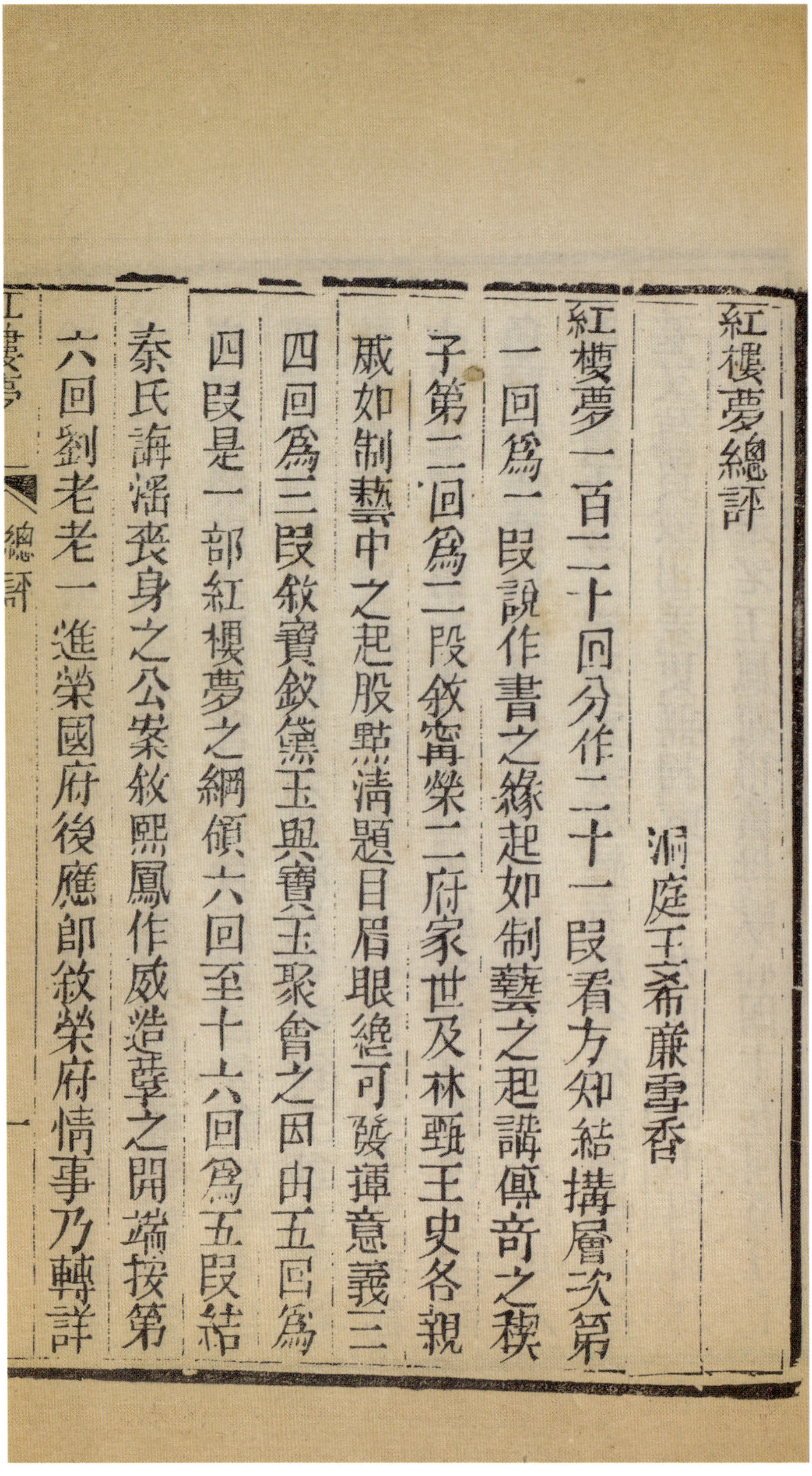

紅樓夢總評

洞庭王希廉雪香

紅樓夢一百二十回分作二十一段看方知結構層次第一回爲一段說作書之緣起如制藝之起講傳奇之楔子第二回爲二段敘甯榮二府家世及林甄王史各親戚如制藝中之起股點清題目眉眼絕可發揮意義三四回爲三段敘寶釵黛玉與寶玉聚會之因由五回爲四段是一部紅樓夢之綱領六回至十六回爲五段結秦氏誨淫喪身之公案敘熙鳳作威造孽之開端按第六回劉老老一進榮國府後應即敘榮府情事乃轉詳

紅樓夢　總評　一

書　名：新評綉像紅樓夢全傳
作　者：曹雪芹撰，王希廉評
版　本：清道光十二年（1832）雙清仙館刻本
數　量：32册

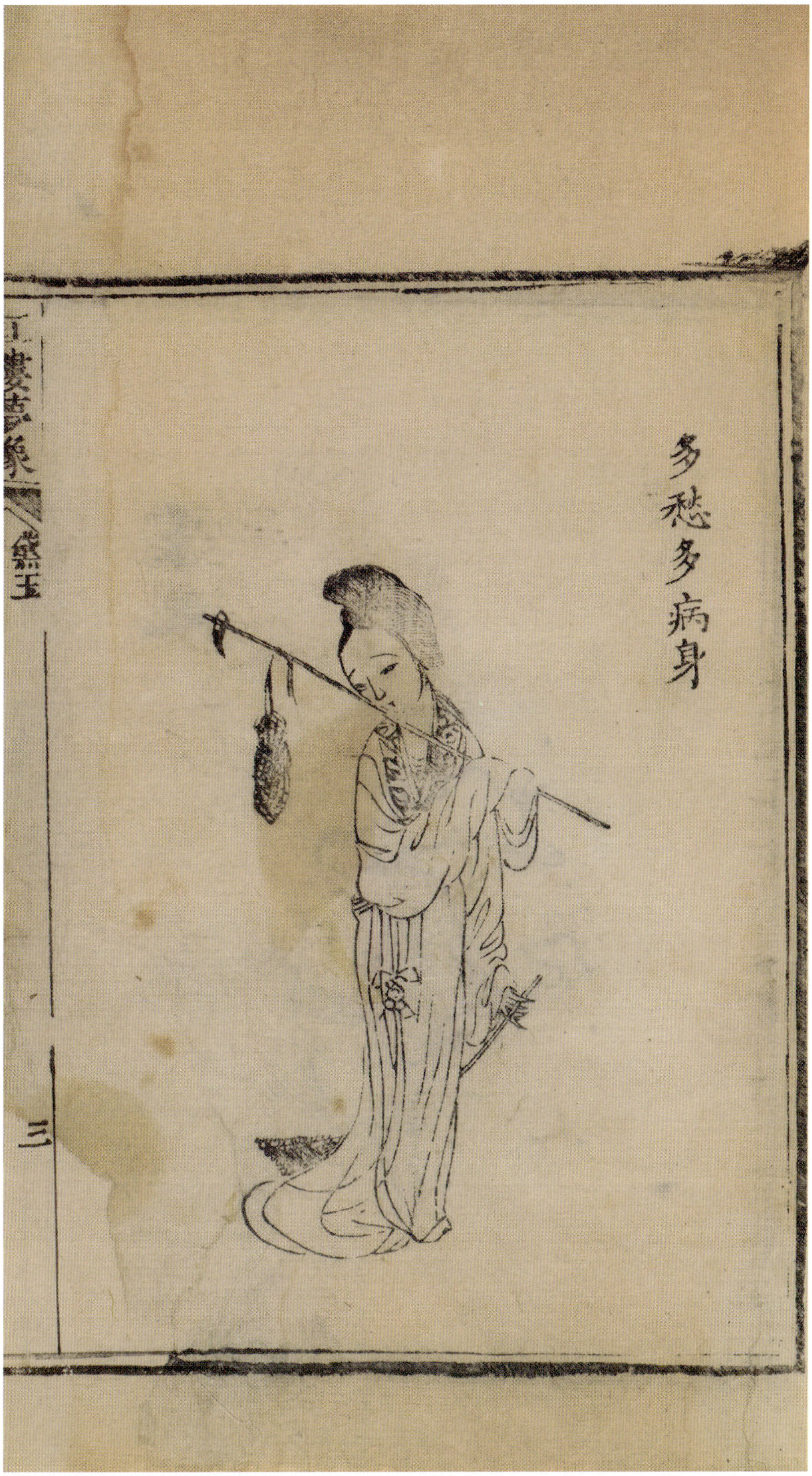
多愁多病身
黛玉
三

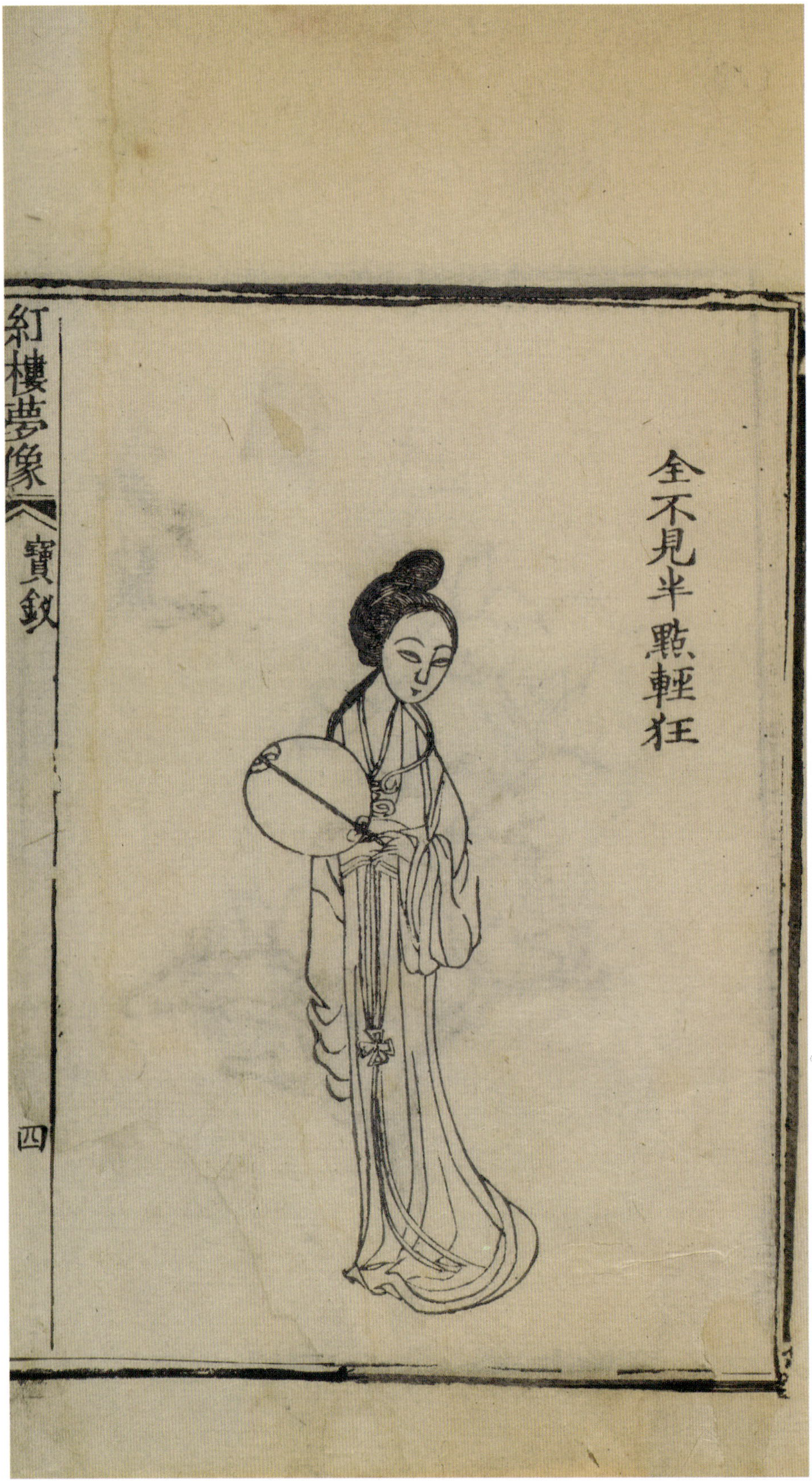
紅樓夢像
寶釵
四
全不見半點輕狂

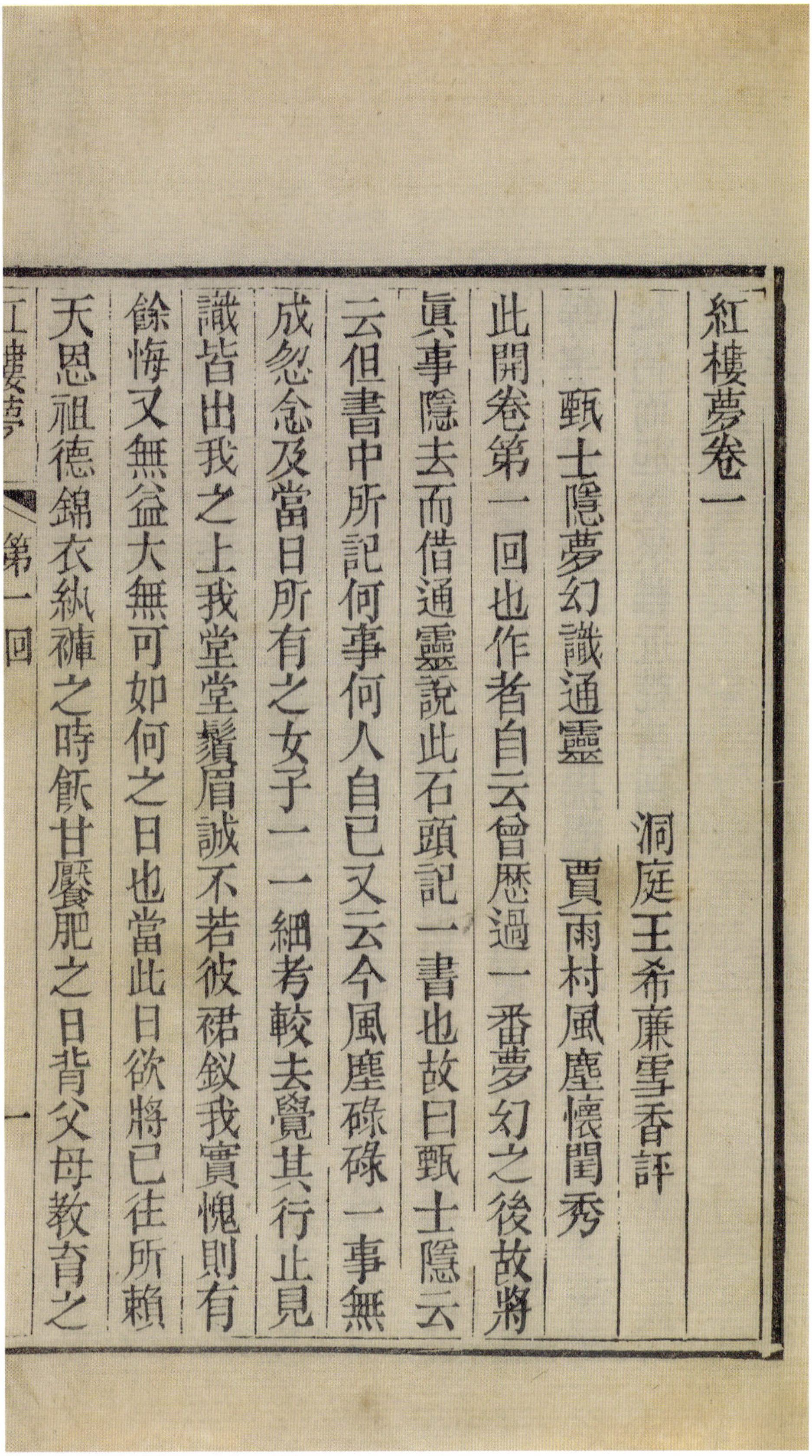

紅樓夢卷一

洞庭王希廉雪香評

甄士隱夢幻識通靈　賈雨村風塵懷閨秀

此開卷第一回也作者自云曾歷過一番夢幻之後故將眞事隱去而借通靈說此石頭記一書也故曰甄士隱云云但書中所記何事何人自已又云今風塵碌碌一事無成忽念及當日所有之女子一一細考較去覺其行止見識皆出我之上我堂堂鬚眉誠不若彼裙釵我實愧則有餘悔又無益大無可如何之日也當此日欲將已往所賴天恩祖德錦衣紈袴之時飫甘饜肥之日背父母教育之

紅樓夢　第一回　一

書　名：繪圖評點兒女英雄傳
作　者：文康撰
版　本：清光緒十三年（1887）勤裕草堂托上海著易堂書局鉛印本
數　量：6册
鑒藏印：留餘

兒女英雄傳評話

第一回

還讀我書室主人評

隱西山閉門課驥子　捷南宮垂老占龍頭

兒女英雄傳的大意。都在緣起首回交代明白。不再重敘。這部書究竟傳的是些甚麼事。一班甚麼人。出在那朝那代。列公壓靜。聽說書的慢慢道來。這部書近不說殘唐五代。遠不講漢魏六朝。就是我朝大清康熙末年。雍正初年的一樁公案。我們淸朝的制度。不比前代。龍飛東海。建都燕京。萬水朝宗。一統天下。就這座京城地面。聚會着天下無數的人才。眞個是冠蓋飛揚。車馬輻輳。與國同休的。先數近支遠派的宗室覺羅。再就是隨龍進關的滿州蒙古漢軍八旗。內務府三旗。連上那十七省的文武大小漢官。何止千門萬戶。說不盡的九天閶闔開宮殿。萬國衣冠拜冕旒。這都不在話下。如今單講那正黃旗漢軍有一家人家。這家姓安。是個漢軍世族舊家。這位安老爺本是弟兄兩個。大哥早年去世。止剩他一人。雙名學海。表字水心。人都稱他安二老爺。（全部人物出場各別均極用意無一率筆不獨十三妹之千廻百折始露姓名也安水心乃書中之主腦經有楔子在前此處自不妨竟用正起毋庸別尋機杼中峯矗立老幹無枝正不必以直致爲疑）論他的祖上。也曾跟着太汗老佛爺征過高麗。平過察哈爾。仗着汗馬功勞上頭。掙了一個世職。進關以後。累代相傳。京官外任都做過。到了這安二老爺身上。世職襲次完結。便靠着讀書上進。所喜他天性高明。又肯留心學業。因此上見識廣有學問。超羣。二十歲上。就進學中舉。怎奈他文齊福不至。會試了幾次。任憑是篇篇錦繡。字字珠璣。會不上一名進士。到了四十歲開外。還依然

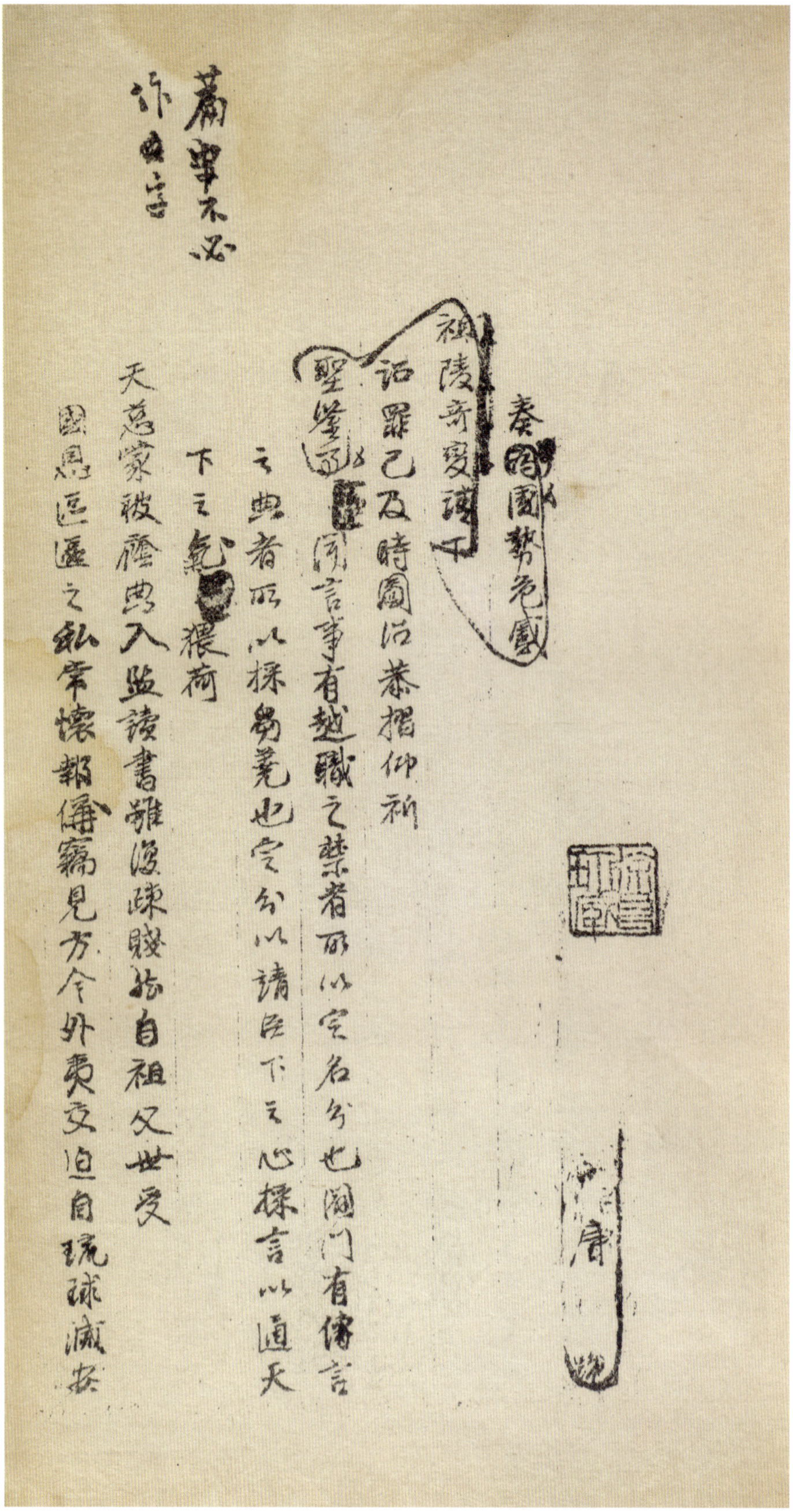

奏為國勢危蹙
祖陵奇變請下
詔罪己及時圖治恭摺仰祈
聖鑒事竊以[redacted]聞言事有越職之禁者所以定名分也闢門有傳言
之典者所以採芻蕘也定分以請臣下之心採言以通天
下之氣[redacted]猥荷
天慈蒙被廕典入監讀書雖復疎賤然自祖父世受
國恩區區之私常懷報稱竊見方今外夷交迫自琉球滅安

蕭事不必作此言

康

書　名：南海先生遺稿
作　者：康有爲撰，沈曾植批
版　本：民國間上海有正書局石印本
數　量：1册

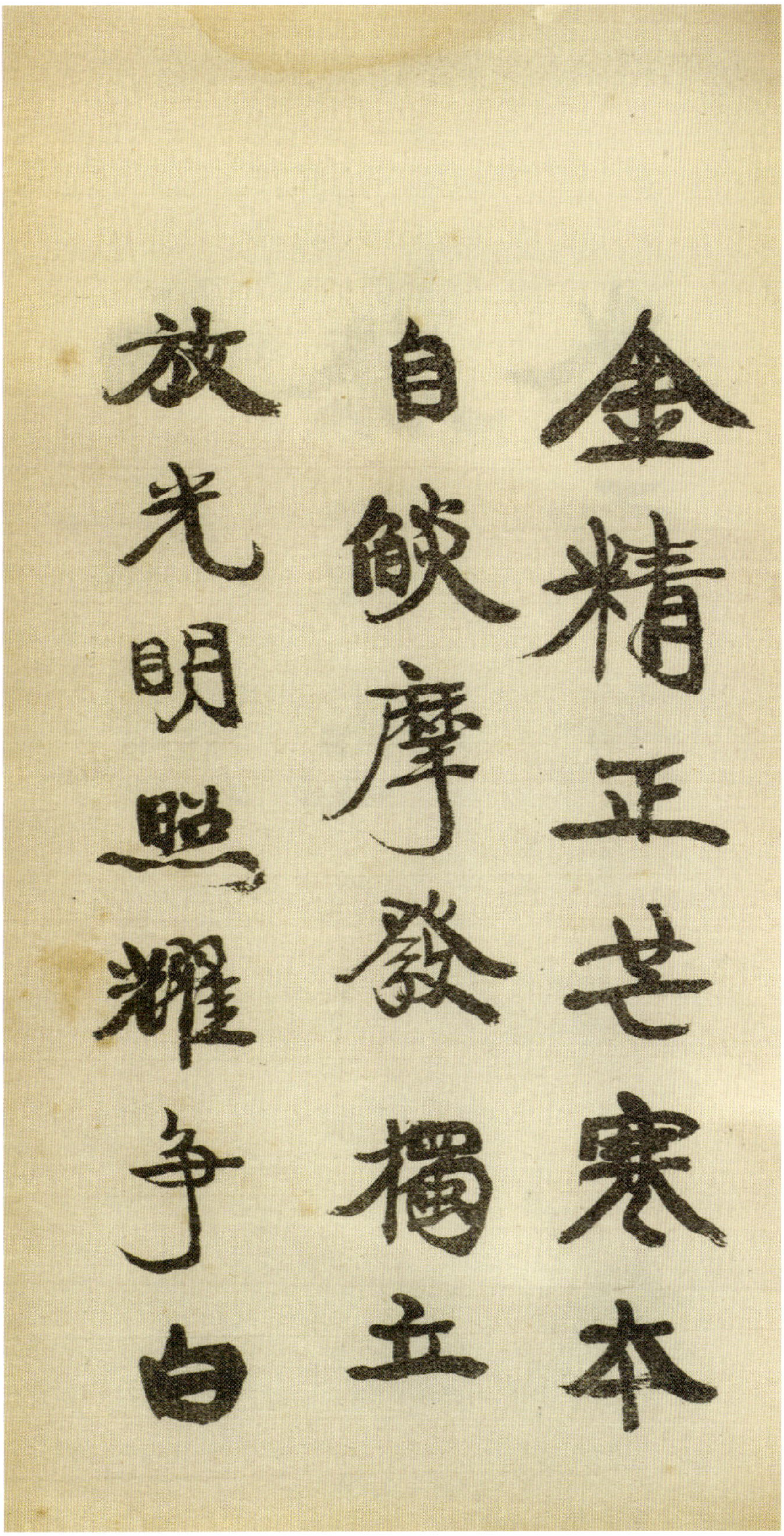
金精正芒寒本
自歛摩發獨立
放光明照耀爭白

自序

中國歷史可讀耶？二十四史兩通鑑九通五紀事本末乃至其他別史雜史等都計不下數萬卷，幼童習焉，白首而不能殫，在昔猶苦之，況於百學待治之今日，學子精力能有幾者？中國歷史可不讀耶？然則此數萬卷者，以之覆瓿，以之當薪；舉凡數千年來我祖宗活動之跡足徵於文獻者，認爲一無價值，而永屏諸人類文化產物之圈外；非惟吾儕爲人子孫者所不忍，抑亦全人類所不許也。既不可不讀而又不可讀，其必有若而人焉竭其心力以求善讀之，然後出其所讀者以供人之讀，是故新史之作，可謂我學界今日最迫切之要求也已。近今史學之進步有兩特徵。其一，爲客

書　名：中國歷史研究法
作　者：梁啟超著
版　本：民國十一年（1922）商務印書館排印本
數　量：1册

中國文化史稿　第一編

新會梁啓超著

中國歷史研究法

第一章　史之意義及其範圍

史者何？記述人類社會賡續活動之體相，校其總成績，求得其因果關係，以爲現代一般人活動之資鑑者也。其專述中國先民之活動供現代中國國民之資鑑者，則曰中國史。

今宜將此定義分析說明：

一　活動之體相：　人類爲生存而活動，亦爲活動而生存。活動休止，則人道或幾乎息矣。凡活動，以能活動者爲體，以所活動者爲相。史也者，綜合彼參與活

書　名：飲冰室合集
作　者：梁啟超著
版　本：中華書局1936年排印本
數　量：40册
鑒藏印：曼殊室藏

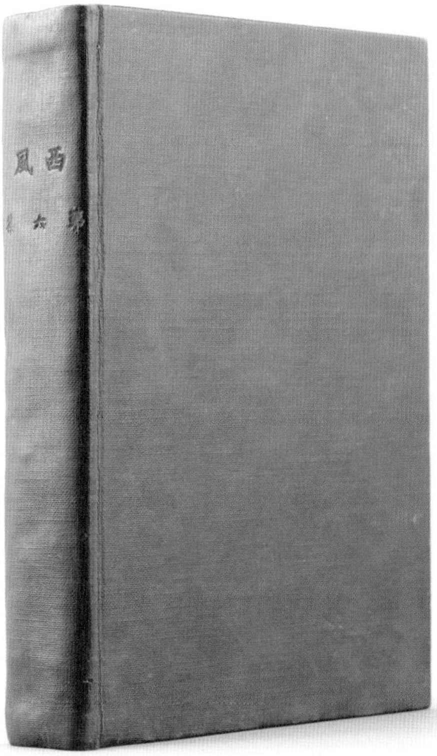

書　名：西風合訂本（第六卷第十三期至第三十六期）
數　量：1册

書　名：西風副刊合訂本
數　量：1册

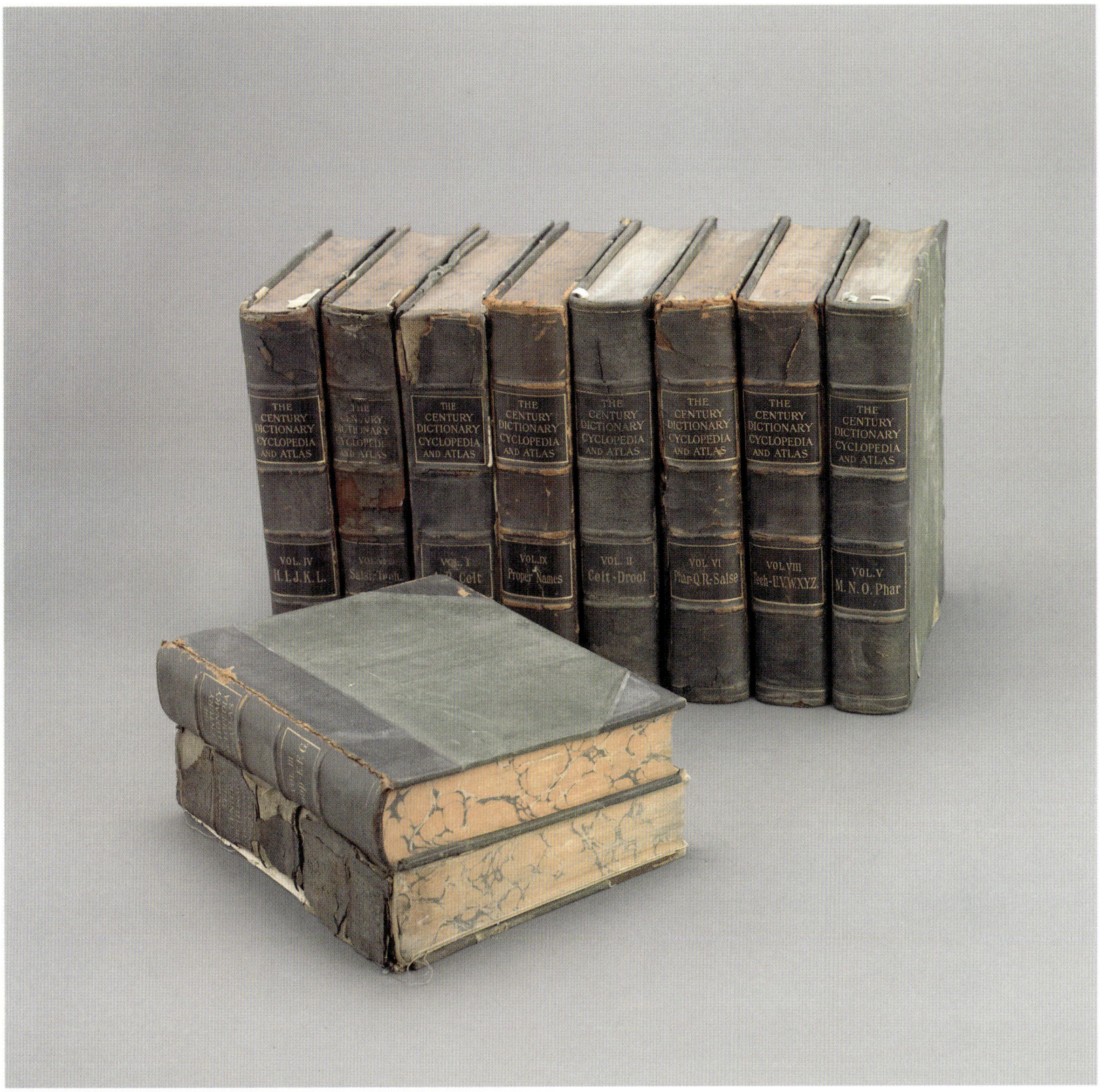

書　名：The Century Dictionary Cyclopedia And Atlas
數　量：10冊

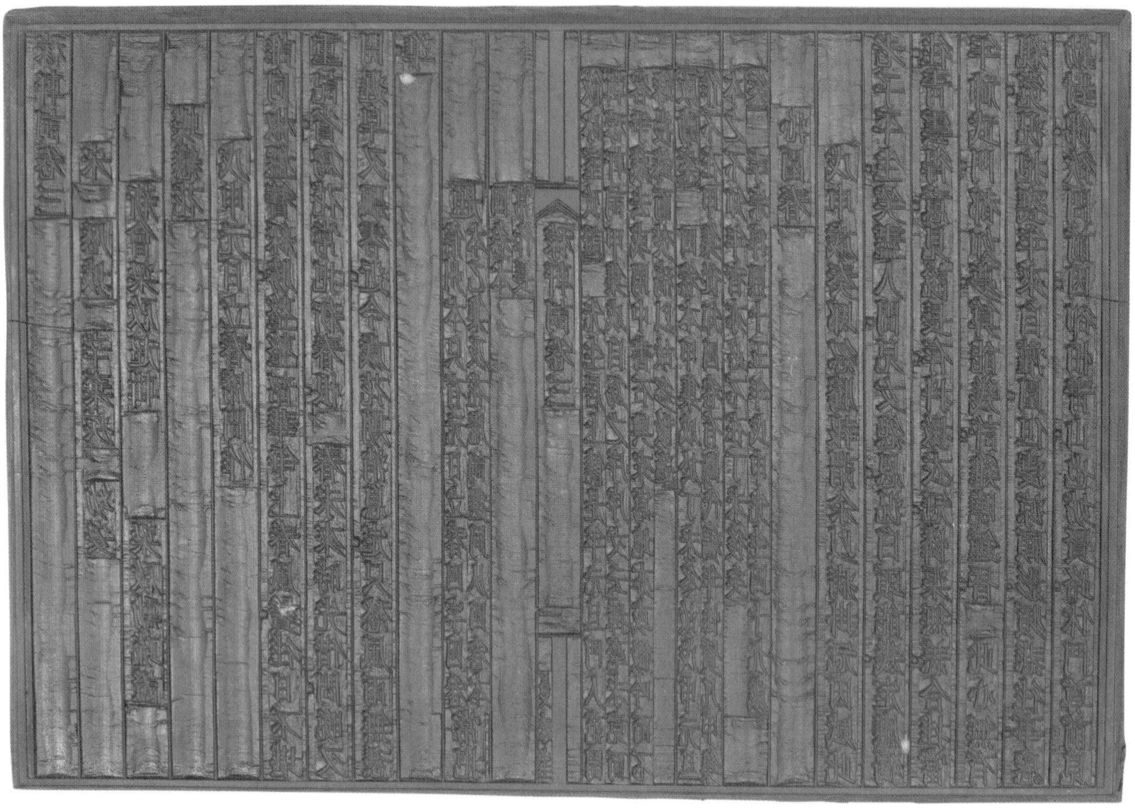

名　稱：稼軒詞疏證梁啟勳自刻木版
數　量：147枚

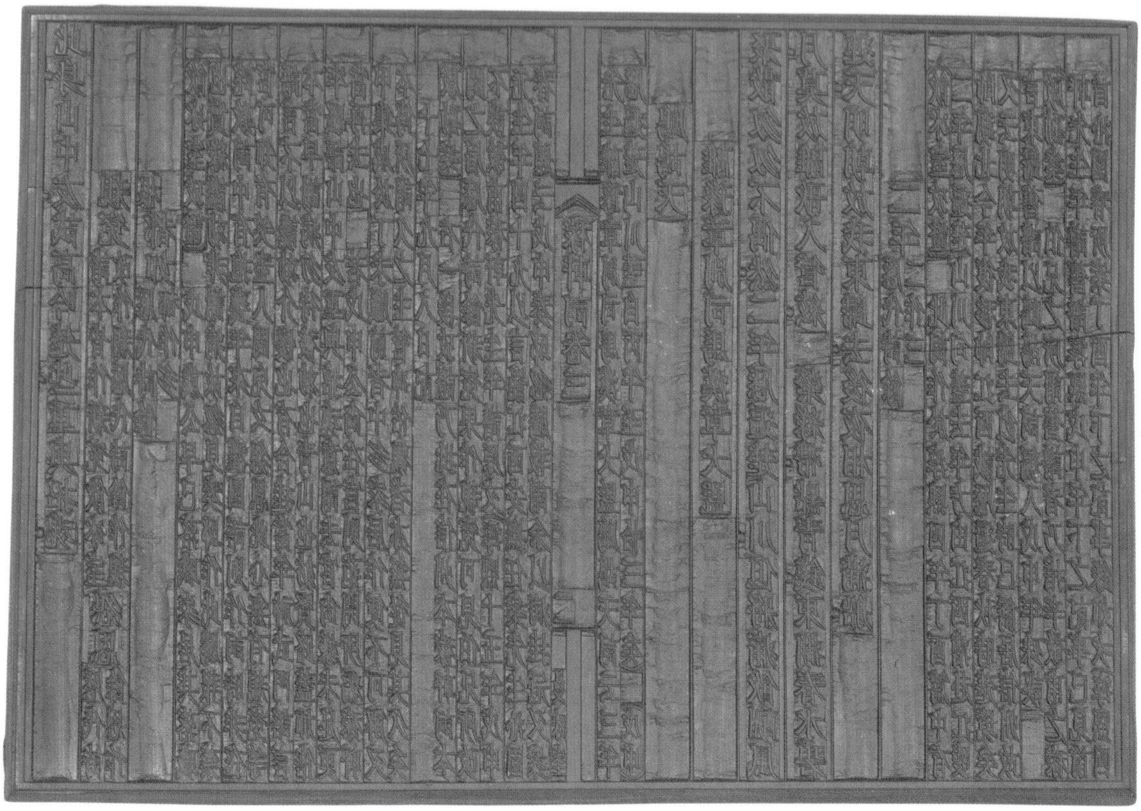

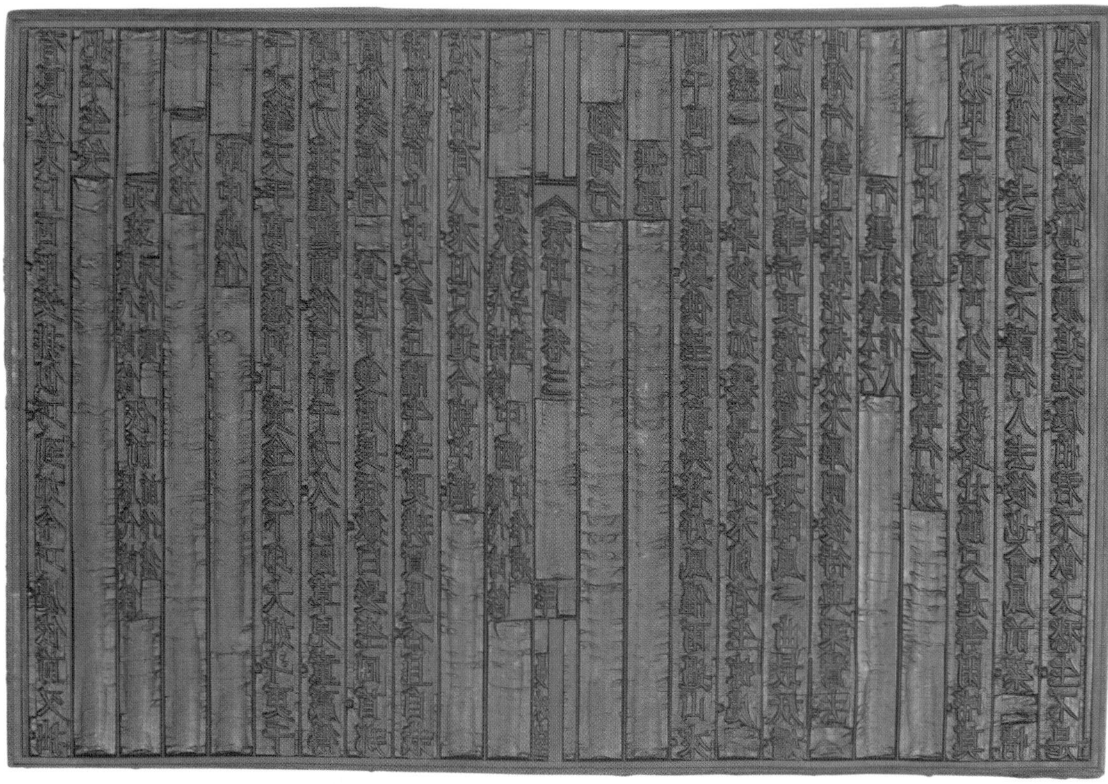

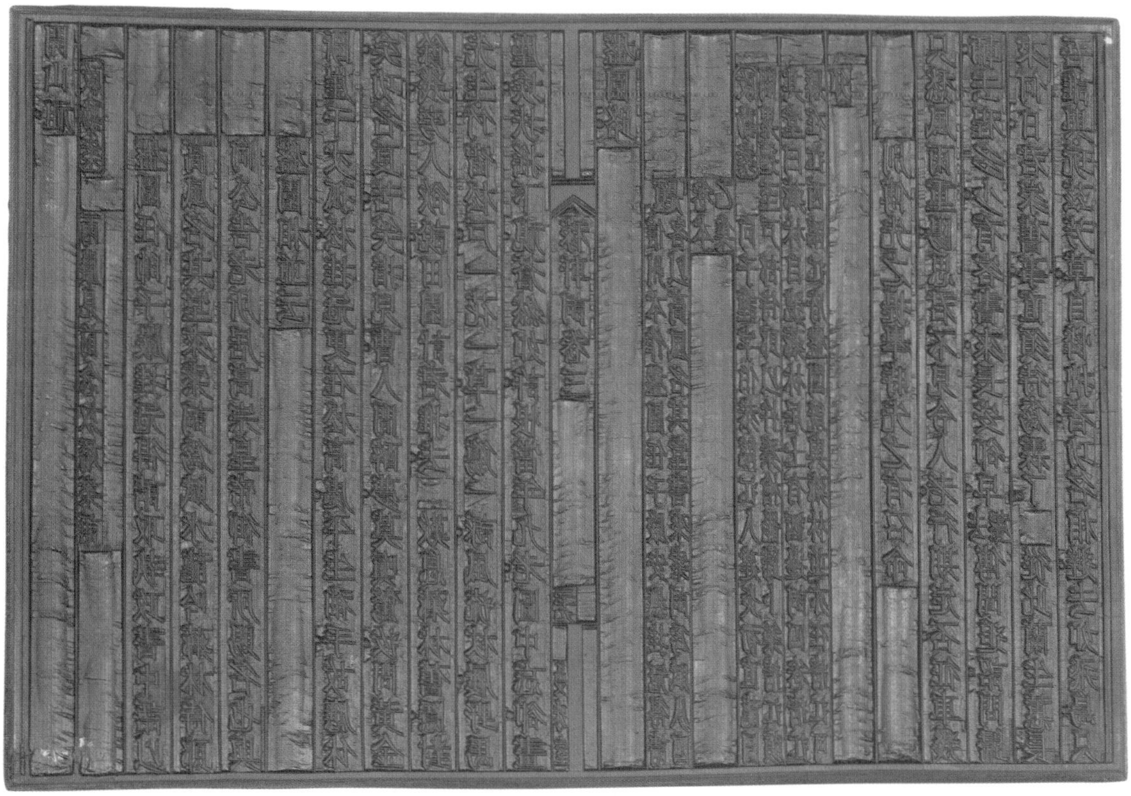

器物

名　稱：梁啟超手書康有爲訃告銅板
尺　寸：51×11.5×2.5厘米

名　稱：梁啟超曾用紅木框平面鏡
尺　寸：80×52厘米

名　稱：梁啟超曾用壁飾（刺綉）
尺　寸：128×50.5厘米

名　稱：梁啟超曾用博古圖案地毯
尺　寸：99×190厘米

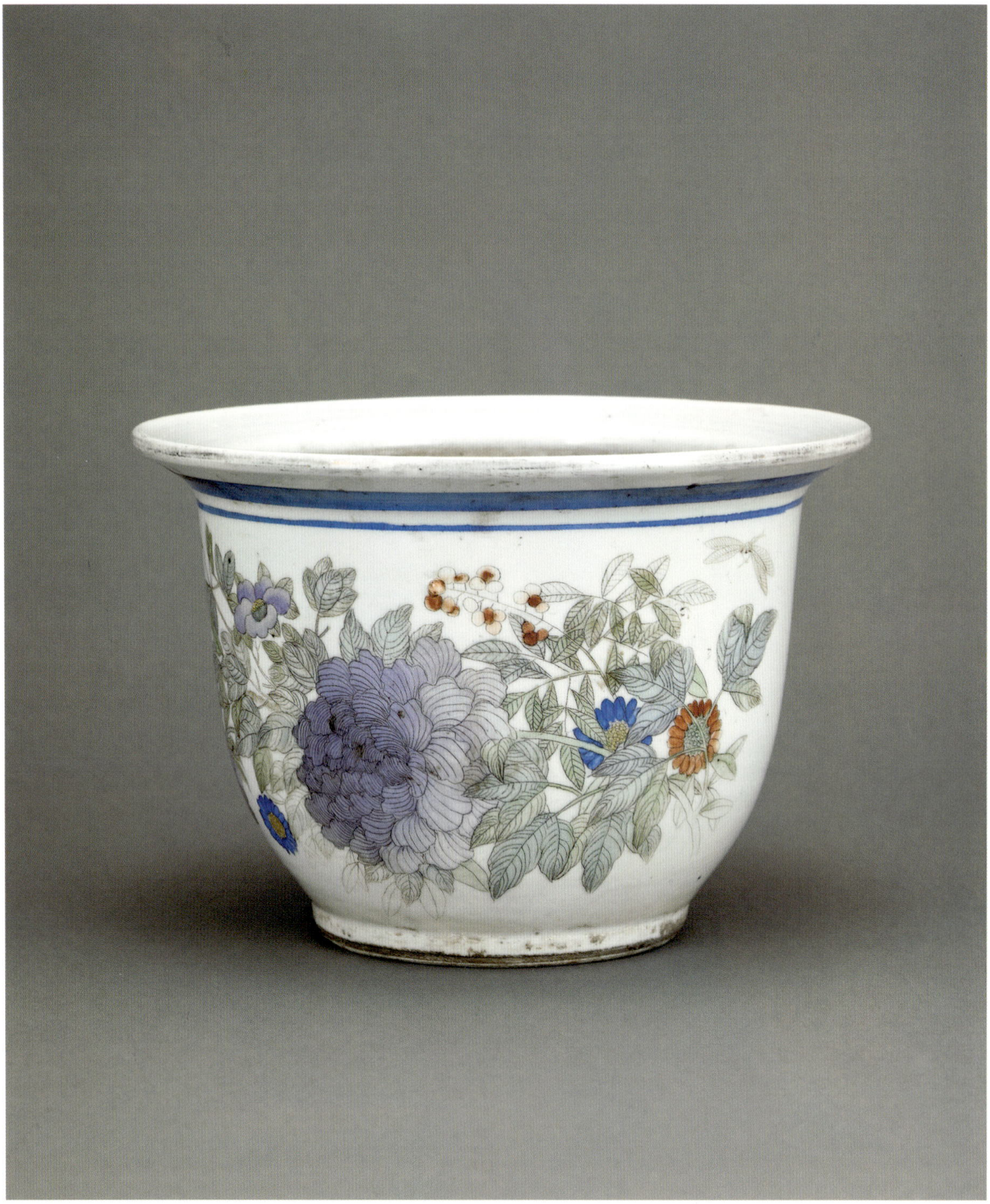

名　稱：潘學海贈梁啟超粉彩花蟲紋花盆
尺　寸：高15.5厘米

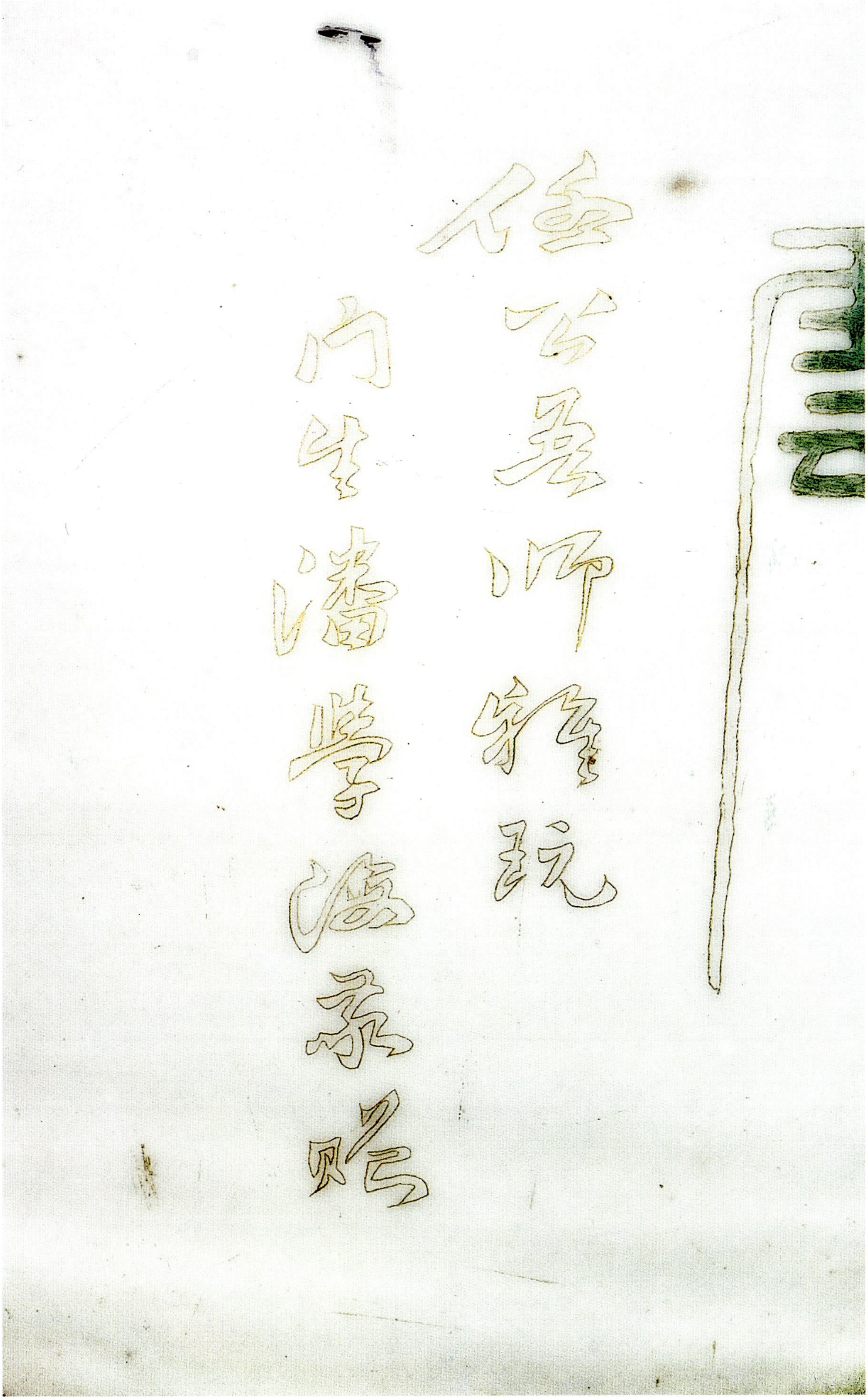
任公吾師雅玩
門生潘學海承貽

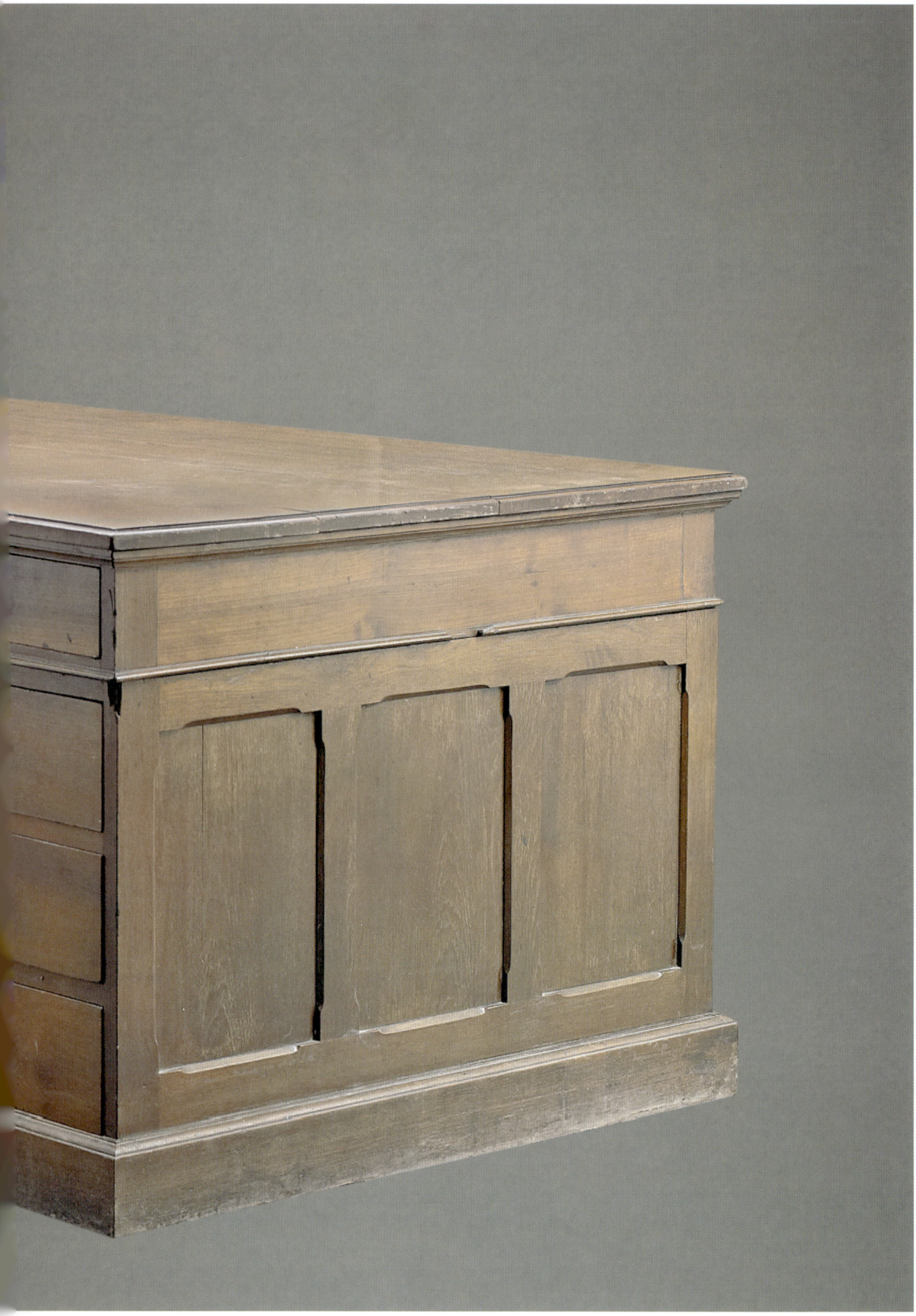

名　稱：梁啟超曾用寫字臺
尺　寸：214×107×78厘米

名　稱：梁啟超曾用桌案案面之一
尺　寸：220.5×53.5厘米

名　稱：梁啟超曾用桌案案面之二
尺　寸：223×51厘米

名　稱：梁啟超曾用書桌
尺　寸：112×35.5×82厘米

名　稱：梁啟超曾用脚踏
尺　寸：94×37.5×18厘米

名　稱：梁啟超曾用手杖
尺　寸：長133.5厘米

名　稱：老相册
尺　寸：36.5×27厘米
備　注：内有請柬1張（1983年），烟盒紙6張，照片74張，畫册内頁16張